上海市美国问题研究所

U1013881

# 美国竞争性对华战略
# 及其对"一带一路"的影响

赵明昊◎著

世界知识出版社

图书在版编目（CIP）数据

美国竞争性对华战略及其对“一带一路”的影响 / 赵明昊著 . —北京：世界知识出版社，2023.5

ISBN 978-7-5012-6651-7

Ⅰ. ①美… Ⅱ. ①赵… Ⅲ. ①美国对外政策—对华政策—研究 ②“一带一路”—国际合作—研究 Ⅳ. ①D871.20②F125

中国国家版本馆 CIP 数据核字(2023)第 070869 号

责任编辑 刘豫徽
责任出版 李　斌
责任校对 张　琨

书　　名 美国竞争性对华战略及其对“一带一路”的影响
Meiguo Jingzhengxing Duihua Zhanlüe Jiqi dui “Yidaiyilu” de Yingxiang
作　　者 赵明昊

出版发行 世界知识出版社
地址邮编 北京市东城区干面胡同 51 号（100010）
经　　销 新华书店
网　　址 www.ishizhi.cn
投稿信箱 lyhbbi@163.com
电　　话 010-65265923（发行）　010-85119023（邮购）
印　　刷 艺堂印刷（天津）有限公司
开本印张 710 毫米×1000 毫米　1/16　19½印张
字　　数 274 千字
版次印次 2023 年 5 月第一版　2023 年 5 月第一次印刷
标准书号 ISBN 978-7-5012-6651-7
定　　价 89.00 元

本书的研究和出版得到国家社科基金项目、复旦大学亚洲研究中心2022年度课题、上海市美国问题研究所的支持，特致谢忱！

# 目 录

# 绪 论

2017年1月上台的特朗普政府，坚持推行“美国优先”路线，持续调整美国的内外政策，采取以“压制性回缩”为特征的大战略，着重提升美国经济竞争力和军事实力，降低承担国际领导责任的成本。[①] 特朗普政府宣扬所谓“大国竞争”的“新时代”，将中国视为首要对手，并大力构建和实施竞争性对华战略。特朗普政府力图以单边主义、双边施压等为手段，对美国同盟体系、现行国际规则等进行深度重塑，从而强化对美国“对手”的压制，构建更能体现美国实力优势、更好维护美国主导权势的国际秩序。在美国战略界人士看来，应对“中国挑战”在美国国家安全议程中占据核心位置，中国倡导的“一带一路”合作给美国的利益带来冲击。[②] 在处理对华关系方面，特朗普政府将“竞争”理念进一步前置，力求逐步实现以“全政府”方式对华展开“全方位竞争”。2017年12月，特朗普政府发布《国家安全战略报告》《国防战略报告》等文件，对中国的内外政策加以指摘，将中国明确定位为“修正主义国家”和美国的“战略竞争者”，而且将对华竞争上升到“自由世界秩序与压制

---

① Stephen M. Walt, “Has Trump Become a Realist,” *Foreign Policy*, April 17, 2018; Hal Brands and Colin Kahl, “Trump's Grand Strategic Train Wreck,” *Foreign Policy*, January 31, 2017; Robert Kagan, “Trump's America Does Not Care,” *The Washington Post*, June 14, 2018.

② Michael Pillsbury, *The Hundred-Year Marathon: China's Secret Strategy to Replace America as the Global Superpower* (New York: Henry Holt and Company, 2015), pp. 30–31; Geoff Dyer, *Contest of the Century: The New Era of Competition with China and How American Can Win* (New York: Alfred A. Knopf, 2014).

性世界秩序之间的地缘政治竞争”的高度。这些报告凸显了美国和中国处于战略竞争状态的现实，在很大程度上体现了美国战略界的共识，标志着美国试图集中力量应对“中国挑战”。[①] 应当看到，美国对“中国威胁”的认知已经涉及经济、安全、外交、意识形态等诸多方面，美国政府日益从“全方位竞争”的角度制定和实施对华政策。

美国竞争性对华战略的出现，具有深刻的动因，并将从根本上影响中美关系的未来走势。一方面，21 世纪以来尤其是 2008 年世界金融危机后，国际秩序自身面临诸多挑战。经济全球化陷入低潮、民粹主义在西方国家的勃兴、跨大西洋同盟日益显现的“裂痕”、地缘冲突的回归以及移民族群矛盾的恶化等表明，第二次世界大战后美国主导建立并在冷战后向非西方世界逐步扩展的“自由主义国际秩序”（liberal international order）陷入日益深化的危机。[②] 美国国家安全战略出现以应对“大国竞争”为核心目标的重大转向，并将中国视为比俄罗斯等国更具威胁性的力量。[③] 这一调整无疑加剧了中美关系承受的结构性压力。另一方面，中美关系中的“竞争性因素”持续上升。2008 年金融危机发生后，在美国国家实力和“华盛顿共识”（Washington Consensus）受到冲击的同时，中国经济保持快速发展，军事安全实力和国际影响力不断增强，有关中美之间“权力转移”（power shift）的讨论不断升温。加之南海争端、网络

① 早在 20 世纪初，美国国防部净评估办公室主任安德鲁·马歇尔等就认为中国将是美国在 21 世纪面对的最重要对手，并支持白邦瑞（Michael Pillsbury）等人悉心研究应对中国崛起的长期战略，见安德鲁·克雷佩尼维奇、巴里·沃茨：《最后的武士：安德鲁·马歇尔与美国现代国防战略的形成》，张露、王迎晖译，世界知识出版社，2018，第 276—285 页。

② Robert Kagan, “Trump Marks the End of America as World’s ‘Indispensable Nation’,” *Financial Times*, November 20, 2016; Patrick Porter, “A World Imagined: Nostalgia and Liberal Order,” *Policy Analysis*, no. 843, The Cato Institute, June 5, 2018.

③ 虽然美俄关系不睦，但特朗普政府内部的确存在拉拢俄罗斯共同制衡中国的意图。2018 年 10 月，总统国家安全事务助理约翰·博尔顿表示，希望与俄罗斯政府讨论中国问题。正如沃尔特·米德所言，“特朗普并不认为俄罗斯对美国的重要利益构成重大的经济或军事威胁”（Walter Mead, “How Trump Plans to Change the World,” *The Wall Journal Street*, June 10, 2018）。

安全、科技竞争等因素激化中美博弈，美国战略界逐步形成“对华接触失败论”以及新一波“中国威胁论”，开始将中国定位为美国面对的首要的、全面的、全球性的战略竞争者。①

应看到，美国对华战略正经历以“大国竞争”为导向的范式性转变，而“一带一路”成为美国对华展开施压的焦点领域之一。2018 年 8 月，在特朗普签署的“2019 财年国防授权法案”中，美国国会要求制定“全政府”（whole-of-government）对华战略，即综合使用经济、政治、外交、军事、信息战等各种手段赢得与中国的战略竞争。② 如何推进对华战略竞争的“可操作化”，如何将竞争从理念和意愿转化为具体、有效的政策，如何建立和完善与对华战略竞争相适应的政策机制，如何管理美中两国的竞争等问题，成为美国方面筹谋的重点。在美国构建和实施对华竞争性战略的进程中，美国方面不断加大针对“一带一路”的制衡，不仅从舆论上对“一带一路”加以消极评判，还在提供替代性发展融资、主导基础设施建设标准等方面对中国进行施压。随着“一带一路”建设的不断推进，美国方面明确将“一带一路”视为中国大战略的组成部分，日益担忧中国在全球范围内挑战和损害美方利益。从“一带一路”问题可以看出，美国对华认知呈现“威胁膨胀”（threat inflation）现象，即过度夸大了中国带来的所谓“威胁”。③ 美国方面对“一带一路”的认知趋于负面，其认为中国欲借“一带一路”对欧亚大陆进行控制，并进而谋求

---

① Pei Minxin, “An Assertive China, the New Normal?” *The Diplomat*, November 24, 2010; Alastair Iain Johnston, “How New and Assertive Is China's New Assertiveness?” *International Security* 37, no. 4 (Spring 2013): 14–31; Andrew Erickson and Adam Liff, “Not-So-Empty Talk: The Danger of China's ‘New Type of Great Power Relations’ Slogan,” *Foreign Affairs*, October 9, 2014.

② Adam Smith, “Fiscal Year 2019 National Defense Authorization Act Conference Report Summary,” US House Armed Services Committee, p. 5.

③ Dan Blumenthal, Testimony before US Senate Foreign Relations Committee, Hearing on “The China Challenge, Part Ⅰ: Economic Coercion as Statecraft,” July 24, 2018; Nadege Rolland, “China's Belt and Road Initiative: Underwhelming or Game-Changer?” *The Washington Quarterly* 40, no. 1 (2017): 136–138.

“全球霸权”。在美方人士看来，“一带一路”对美国国家利益带来的现实和潜在影响主要包括以下五个方面：第一，“一带一路”影响美国企业的商业利益，会使中国企业在相关国家的不公平竞争优势得以强化。第二，“一带一路”影响全球供应链以及国际贸易和金融体系，进而损害第二次世界大战后美国在全球经济体系中占据的中心地位。第三，“一带一路”推动人民币国际化，将逐步侵蚀美元在国际货币体系中的首要地位。第四，“一带一路”会导致中国技术标准的国际化，尤其是在5G等新经济领域，从而不可避免地削弱美国在全球的“技术领导地位”。第五，“一带一路”将使相关国家重新审视与美国的经济、外交和军事关系，特别是中国在“一带一路”共建国家支持修建的军民两用基础设施以及获得的相关特权，将影响美国在全球的军事部署，损害美国的军力投射能力。① 近年来，美国方面宣扬“债务陷阱论”“滋生腐败论”“产能污染论”“破坏安全论”“输出模式论”“规则替代论”等一系列消极论调，试图从舆论层面对“一带一路”施压。②

围绕如何加大对“一带一路”的制衡，美国方面还采取了实际举措。2017年以来，特朗普政府不断充实、细化“自由而开放的印太战略”（Free and Open Indo-Pacific Strategy），从经济、安全、民主治理等方面多管齐下，力图将“印太战略”打造为制衡“一带一路”的主要平台。美

---

① Dan Blumenthal, Testimony before the House Permanent Select Committee on Intelligence, Hearing on “China's Worldwide Military Expansion,” May 17, 2018; Hunter Marston, “The US Needs a Reality Check on China's Belt and Road,” *The Diplomat*, May 31, 2018; Daniel Kliman, “China Dreams of America Alone,” *The National Interest*, August 6, 2018.

② 2018年5月，哈佛大学肯尼迪政府学院学者就中国的“债务外交”问题发布报告，该报告是为美国国务院准备的。报告列出16个中国的“目标国”。这些国家首先接受中国数百亿美元的贷款，后来无法支付，然后中国就会利用这些债务换取其他战略资源。这16个国家包括瓦努阿图、菲律宾、柬埔寨、老挝、泰国、马来西亚、斯里兰卡、汤加和密克罗尼西亚等。报告说，中国的“债务外交”很可能在中国削弱美国及其盟友战略优势的行动中扮演重要角色，并改变亚洲的力量平衡，参见 Sam Parker and Gabrielle Chefitz, “Debtbook Diplomacy: China's Strategic Leveraging of Its New-found Economic Influence and the Concequences for US Foreign Policy,” Harvard Kennedy School, May 2018。

国还深化与日本、澳大利亚、印度等国的协作，为“印太”地区国家提供更多低息贷款，用于发电站、道路、桥梁、港口等基础设施的建设。东南亚地区则是美国与中国展开竞争的主要区域，中美在南太平洋岛国的博弈态势也日益显著。同时，美国方面还在南亚、欧洲、非洲等方向采取诸多应对“一带一路”的举措，如干扰中巴经济走廊建设、着眼对华竞争制定美国对非洲新战略、利用“三海倡议”（Three Seas Initiative）[①] 在中东欧地区对冲“一带一路”合作。此外，在发展援助机制和国际多边发展机构层面，美国也在加大针对中国的竞争力度。除了根据“善用投资促进发展法”（BUILD Act）组建“美国国际发展金融公司”（DFC）等新机构，美国方面还力图保持在世界银行等国际多边机构中的领导地位，限制国际组织参与“一带一路”相关合作。

无疑，在美国推行对华竞争性战略的大背景下，美国对“一带一路”合作的认知充满偏见，其相关政策举措对“一带一路”具有消极影响。考虑到各国在基础设施等方面的巨大需求，中美在国际发展领域的竞争不应是零和性的、对抗性的。如何界定这种竞争的内涵、目标、范围和规则，如何对竞争进行有效管理，是需要被破解的重要难题。[②] 中国方面更加重视“一带一路”的高质量发展。当前和未来一个时期，“一带一路”需要更加妥善地应对大国战略博弈带来的挑战，尤其是要处理好“美国因素”的现实和潜在影响。“一带一路”建设中的美国因素，既指美国政府针对“一带一路”采取的相关政策以及美国战略界、商界等对“一带一路”的反应，也涉及相关国家和地区组织与中国围绕“一带一路”互动进程中的美国影响。应当看到，美国在很多“一带一路”伙伴国拥有经济利益和安全存在。在“一带一路”沿线，有20多个国家有美

---

① “三海倡议”（Three Seas Initiative），又名“波罗的海、亚德里亚海、黑海倡议”，系波兰、罗马尼亚、立陶宛等国在能源、交通、数字基础设施等领域的合作倡议。——作者注

② Kevin Rudd, “How to Avoid an Avoidable War,” *Foreign Affairs*, October 22, 2018.

国驻军或与美国存在军事同盟关系。美国的“主要非北约盟友”① 中有不少国家如巴基斯坦、埃及等，也是“一带一路”建设的重要合作伙伴。随着“一带一路”合作在欧洲地区的扩展，其牵涉很多北约成员国。近年来，美国政府提出并推动了相关的地区经济一体化方案，如“印太经济愿景”“亚太全面能源伙伴计划”“湄公河下游倡议”等，这些美国主导的经济合作方案，也会给“一带一路”建设带来影响。②

同时，也要防范相关国家对中国打“美国牌”，利用“美国因素”制造麻烦。应看到，共建“一带一路”的国家和地区组织在与中国开展合作时，其中一些较重视美国方面的反应和影响，它们还会在中美博弈的视角下看待“一带一路”。“一带一路”建设的重点合作国家与美国多有紧密联系。比如，东南亚国家和美国之间的经贸和投资关系仍然十分强劲，泰国、菲律宾等国还是美国的条约盟友。美国政府长年为巴基斯坦提供军事和经济发展援助，尤其是对巴基斯坦军方有着较为深刻的影响。在中亚地区，哈萨克斯坦则是美国重点拉拢的国家，该国国内精英的“崇美”心理比较明显。此外，欧洲智库学者在评析中欧“一带一路”框架下的合作时，也强调需要重视美国因素，他们甚至还提出欧美

① 截至2021年1月，美国的“主要非北约盟友”包括阿根廷、澳大利亚、巴林、巴西、哥伦比亚、埃及、以色列、日本、约旦、科威特、摩洛哥、新西兰、巴基斯坦、菲律宾、卡塔尔、韩国、泰国和突尼斯。参见“Major Non-NATO Ally Status,” U. S. Department of States, January 20, 2021, https://www. state. gov/major-non-nato-ally-status/。

② Ernest Bower and Prashanth Parameswaran, “US Moves to Strengthen ASEAN by Boosting the Lower Mekong Initiative,” *Commentary*, Center for Strategic and International Studies, July 24, 2012; “US-Asia Pacific Comprehensive Energy Partnership,” http://www. state. gov/e/enr/c56576. htm; Fatema Sumar, “Shaping the Future of Trade and Connectivity in the Indo-Pacific,” Remarks at CII Kolkata Business Luncheon, May 8, 2014, http://www. state. gov/p/sca/rls/rmks/2014/226364. htm; Richard Weitz, “US New Silk Road Initiative Needs Urgent Renewal,” *The Central Asia-Caucasus Analyst*, Central Asia-Caucasus Institute, March 4, 2015.

联手制衡“一带一路”的建议。[①]

总之，“一带一路”倡议体现了一种以互联互通为导向的（connectivity-oriented）外交战略思维，有助于中国探索和施展“协进型国际领导力”，[②] 推动构建人类命运共同体。“一带一路”建设涉及经济、安全、外交、国际发展等诸多领域，它对中美关系的战略性、长期性影响值得探究，两国围绕“一带一路”展开的互动关系将体现21世纪大国竞争的重要特征和趋势。[③] 特朗普政府推动的竞争性对华战略，促使围绕“一带一路”问题的中美互动进入新阶段，中美在地缘经济、国际机制、发展模式等方面的竞争更趋深化。在美国力图加大对“一带一路”制衡的情况下，中国需要不断优化“一带一路”建设的规划、规则和机制，尽量减少可能被美方利用的空间，力争使“一带一路”为中美关系的良性重塑发挥助力。[④] 中国方面可以吸引通用电气公司、霍尼韦尔公司（Honeywell）等更多美国企业参与“一带一路”合作，特别是发挥美国企业在服务业方面的优势，通过“第三方合作”为中美经贸关系创造新的互补性。[⑤] 此外，中美双方可以探讨如何共同提供“全球公共产品”，

---

① Hans Kundnani, “Leaving the West behind: Germany Looks East,” *Foreign Affairs*, January/February, 2015; Jonathan Pollack and Philippe Le Corre, “Why China Goes to Europe,” The Brookings Institution, July 29, 2015, http://www.brookings.edu/blogs/order-from-chaos/posts/2015/07/29-europe-engagement-china-pollack-lecorre.

② 赵明昊：《中国的“强国外交”：方位、方向与方略》，《现代国际关系》2017年第8期。

③ “一带一路”对全球范围内中美势力均衡的改变具有潜在的重要影响。米尔斯海默曾就中美安全竞争的加剧提出警告，尤其是他认为“中国会明显想要限制美国在别处投射力量的能力，好让自己更可能取得亚洲的地区霸权”，见约翰·米尔斯海默：《大国政治的悲剧》（修订版），王义桅、唐小松译，上海人民出版社，2015，第10章。

④ Jonathan Hillman, “China's Belt and Road Is Full of Holes,” *CSIS Briefs*, Center for Strategic and International Studies, September 2018, pp. 4-6.

⑤ Karl Friedhoff, “BET On Southeast Asia: Bending BRI to US Advantage,” PacNet #50, Pacific Forum, Center for Strategic and International Studies, July 24, 2018; *China's Belt and Road Initiative: Motives, Scope, and Challenges*, PIIE Briefing 16-2, Peterson Institute for International Economics, March 2016, https://piie.com/publications/piie-briefings/chinas-belt-and-road-initiative-motives-scope-and-challenges.

在国际发展领域构建新型伙伴关系。① 中美还可以围绕“一带一路”探索安全合作的路径，在打击跨国有组织犯罪、维护海上交通运输线安全等方面展开政策对话与行动协调。②

为了更好地管控“一带一路”框架下的中美博弈并促进相关合作，本研究提出以下四方面建议。

第一，增强对“一带一路”建设中的“美国因素”的细致分析。要持续、深入地研判美国政府的国际经济政策以及对中亚、南亚、东南亚、中东等地区的外交政策调整，分析这种调整对“一带一路”建设产生的影响。通过高质量的中美战略对话，减少和消除美方对“一带一路”的误解，与时俱进地阐述中国对“一带一路”国际合作的意图和预期，尤其是加深其对“我们不‘输出’中国模式”的理解。借助美国商会等平台，对美国国内经济界、金融界、战略界人士宣介“一带一路”建设的进展，也需以更加自信、开放的姿态讨论“一带一路”面临的难题。

第二，对美国部分人士关于“一带一路”的不实和恶意指责进行及时有力、有针对性的批驳，防止中方在国际舆论场“失声缺位”。可以围绕国际规则、反腐败、绿色发展、多边治理等涉及“一带一路”的舆论问题，加大宣介《“一带一路”融资指导原则》等文件的实施情况。随着“一带一路”建设向纵深发展，美国方面对“一带一路”的“抹黑”可能会出现新动作，对于美国部分人士的不实指责，要敢于“碰硬”。针

① *Building "Situations of Strength": A National Security Strategy for the US*, The Brookings Institution, February 2017, summary, pp. 34-35, https://www.brookings.edu/wp-content/uploads/2017/02/fp_201702_ofc_report_web.pdf.

② Timothy R Heath, Kristen Gunness, Cortez A. Cooper, "The PLA and China's Rejuvenation," Report by RAND Corporation, December 2016, Summary xiii, http://www.rand.org/content/dam/rand/pubs/research_reports/RR1400/RR1402/RAND_RR1402.pdf.

对“债务陷阱论”等论调，要注重用事实和数据给予有力回应。① 加大对“一带一路”积极影响和各方合作进展的宣传。针对美国所强调的“高标准”，中方可强调“一带一路”建设既要体现国际通行做法，也要兼顾不同国家国情和发展需求。

第三，积极防范和解决“一带一路”建设存在的风险和问题，增加合作透明度，避免被美国用来离间中国与相关国家的关系。推动“一带一路”向高质量发展转变，包括提升合作项目的实际成效和风险管控、强化融资可持续性、增进国际合作的开放性和透明度等。② 建立健全由国内多部门和国外利益攸关方参与的联合会商机制，及时查找风险隐患，注重将符合“一带一路”建设需求的国际共识上升为国际规则。此外，加大与世界银行、国际货币基金组织、欧洲复兴开发银行等机构的合作，共同支持相关国家的能力建设。要高度重视巴基斯坦、斯里兰卡、哈萨克斯坦等重点合作国，预防相关项目出现重大安全、政治和社会问题。增大“一带一路”项目招标、政府采购等流程的公开性和透明度，加强对中国企业的规范、培训和引导，提升其质量意识和履行企业社会责任的能力。

第四，为美国和西方企业参与“一带一路”建设打造更多“接口”，落实好“三方合作”，加大利益和风险共担，努力实现共赢多赢。推动西方商业界进一步融入“一带一路”合作，既有助于增强“一带一路”建

① 2019 年 5 月，美国知名咨询公司荣鼎集团（Rhodium Group）发布的报告认为，中国政府借“一带一路”制造“债务陷阱”的指称似乎站不住脚。荣鼎集团根据过去五年中国对外贷款重新谈判的 40 个案例进行分析后发现，确认发生资产扣押情况的只有斯里兰卡的汉班托塔港。而在其他大多数案例中，贷款重新谈判的结果对借贷方和放贷方是较为平衡的，包括延长还款期限和时间，以及部分甚至全部债务免除，Agatha Kratz, Allen Feng, and Logan Wright, “New Data on the ‘Debt Trap’ Question,” Rhodium Group, April 29, 2019, https://rhg.com/research/new-data-on-the-debt-trap-question/。此外，中国财政部于 2019 年 4 月发布《“一带一路”债务可持续性分析框架》，旨在与国际社会一道，共同致力于为“一带一路”建设提供可持续融资，实现包容性增长，防止债务危机。

② 范恒山：《推动共建“一带一路”向高质量发展转变》，《人民日报》2018 年 10 月 29 日，第7 版。

设的开放性、包容性和可持续性，也能够缓解中国和相关西方国家之间的经贸摩擦，形成利益共享格局。实际上，通用电气公司等一批美国企业以及德国西门子公司、汇丰银行等已经参与“一带一路”建设，并从中获得可观收益。[①] 美国智库大西洋理事会发布的报告也指出，“一带一路”可以为中美两国提供“新的合作平台”。[②] 日本自2017年下半年以来持续调整针对“一带一路”的策略，中日两国企业将围绕节能环保、提升产业水平和促进交通物流等领域进行合作，共建泰国“东部经济走廊”等项目。[③] 可邀请相关美国企业参与中日“一带一路”合作，进而探索构建和拓展新时代“中国—西方国家—发展中国家”多方合作共赢关系。

---

① “Western Firms Are Coining It along China's One Belt, One Road,” *The Economist*, August 3, 2017; Keith Bradsher, “US Firms Want in on China's Global ‘One Belt, One Road’ Spending,” *The New York Times*, May 14, 2017.

② Gal Luft, “Silk Road 2.0: US Strategy toward China's Belt and Road Initiative,” *Atlantic Council Strategy Paper*, No. 11, The Atlantic Council, October 2017, pp. 4-5.

③ Tobias Harris, Testimony before the US-China Economic and Security Review Commission, Hearing on “China's Belt and Road Initiative: Five Years Later,” January 25, 2018, pp. 2-4.

# 第一章
# “特朗普主义”与中美关系的战略转型

2017 年 1 月上台的特朗普政府，面对国内“建制派”等势力带来的压力，以“美国优先”为纲大力调整美国的内外政策，展现出强有力的“破局者”姿态。在处理同盟关系、开展经贸合作、承担国际责任等方面，特朗普政府采取了一系列具有“非美国”特征的举措，以美国相对强大的国家实力为依托，以单边主义、保护主义、交易主义等为手段，坚持“实利至上”，谋求“以实力保和平”，破坏以规则为基础的国际秩序。特朗普政府的执政目标、方式、风格尤其是其以“压制性回缩”为特征的大战略，不仅给国际秩序的演进带来深刻影响，也对中美关系的长期发展构成重大挑战。认识美国自身大战略的变化，是把握中美关系战略转型趋势的前提；只有认清中美关系战略转型的基本趋势和阶段性特征，才能更好地理解“一带一路”建设的美国因素并筹谋中美竞合关系的塑造。

## 第一节 特朗普执政与美国大战略的调整

特朗普坚定奉行“美国优先”理念，在美国国内民粹主义社会思潮的加持下，努力突破"建制派"力量的束缚，在推进大规模税改、加大移民限制、减少贸易逆差、增强军力建设等方面力图实现其有关"美国优先"的竞选承诺。应当看到，即便特朗普已经下台，但他的政策却给美国尤其是美国所主导的"自由主义国际秩序"带来深刻影响。正如丽贝卡·弗里德曼·莱斯娜（Rebecca Friedman Lissner）等人所言，特朗普的崛起"代表了对美国在自由主义国际秩序方面领导力的根本性挑战"，"美国优先"预示着一种不同于既往的美国大战略愿景。① 因此，在考察美国对华竞争性战略时，有必要认真探讨"特朗普主义"或特朗普大战略，以及它对美国外交的深刻影响。可以说，在特朗普治下，美国的总体对外战略呈现出一种"压制性回缩"（repressive retrenchment）态势。罗伯特·卡根（Robert Kagan）甚至将特朗普治下的美国描述为"流氓超级大国"。② 美国自身的深刻变化不仅对当今世界国际秩序的演变产生深远影响，也是促动中美关系战略转型的根本性因素之一。

美国国内经济、社会和政治面临的诸多挑战，尤其是民粹主义的长期化和扩大化，是特朗普政府实施"压制性回缩"大战略的动力源。冷战结束以来，美国大力推进经济全球化，但造成国内制造业"空心化"、技术优势流失、贫富差距扩大等问题，2007—2008 年发生的世界金融危机使得经济全球化对美国构成的负面效应更为突出。③ 金融危机后，美国国内的社会分裂、族群矛盾、政治极化愈演愈烈，特朗普所提出的"美国优先"理念正是诞生于这种特定的社会背景和政治生态之中，具有很强的民意基础。④ 客观而言，经济全球化加剧了美国国内利益分配不均等

① Rebecca Friedman Lissner and Mira Rapp-Hooper, "The Day after Trump: American Strategy for a New International Order," *The Washington Quarterly* 41, no. 1(Spring 2018): 15-18.

② Robert Kagan, "Trump's America Does Not Care," *The Washington Post*, June 14, 2018.

③ Michael Spence, "Globalization and Unemployment," *Foreign Affairs*, July/August, 2011.

④ Richard Wike, Bruce Stokes, Jacob Poushter and Janell Fetterolf, "US Image Suffers as Publics around World Question Trump's Leadership," The Pew, June 26, 2017, http://www.pewglobal.org/2017/06/26/u-s-image-suffers-as-publics-around-world-question-trumps-leadership/.

问题，导致白人中下层民众与“全球主义者”和其他精英阶层的深重对立，前者反对美国承担过多国际责任，美国的“内顾”（inward-looking）倾向日益增强。[①] 奥巴马执政时期推行的自由主义、进步主义改革未能有效缓解这一矛盾，并引发某种有利于特朗普执政的“回弹效应”。尤其是，宣扬“白人至上主义”的“另类右翼”（Alternative Right）运动以及“左翼民粹”现象在美国逐渐兴起，进一步加大美国国内的种族、阶层裂痕。[②] 2017 年 3 月，知名的《外交政策》杂志进行的调查显示，30%的受访美国学者认为美国国内将爆发第二次“内战”。[③]

在政治领域，特朗普以“反建制派”的形象步入美国政坛，他上台执政后并未试图努力弥合共和党、民主党两党之争，反而进一步利用甚至促进国内的“分裂”来巩固自身执政基础。面对各方面的反对力量，特朗普上台后处于一种“持续竞选”状态，他并不在意赢得广泛支持，而是着力维护选民基本盘，深化铁杆支持者的拥护。在共和党与民主党的分立日趋加深的背景下，特朗普政府大量依靠总统行政令方式推进政策议程，在国会难以得到民主党议员支持。与此同时，共和党内部也发生分化。一部分共和党国会议员成立“自由连线”（Freedom Caucus），对特朗普的施政构成一定阻力。[④] 但是，共和党总体上出现“特朗普化”的现象，特朗普本人及其所宣扬的政治理念的影响力不可低估。此外，特朗普还严词批评美国国内精英构成的“深层国家”（deep state），激烈

---

① “What Americans Think about America First,” 2017 Survey of American Public Opinion and US Foreign Policy, Chicago Council on Global Affairs, https://digital.thechicagocouncil.org/what-americans-think-about-america-first.

② Dante Ramos, “Donald Trump’s Alt-Right Problem,” *The Boston Globe*, July 5, 2016; “Donald Trump’s Alt-Right Brain,” Editorial, *The New York Times*, September 5, 2016.

③ Jesse Walker, “Are We Headed for a Second Civil War?” *Los Angeles Times*, August 20, 2017.

④ Eliza Collins, “What Is the House Freedom Caucus and Why Is Trump Attacking Its Members?” *USA Today*, March 30, 2017.

攻击《纽约时报》、美国有线新闻网（CNN）等主要媒体。① 在特朗普等人的推动下，美国的国内政治变得越发极化、分裂。美国前国务卿奥尔布赖特等人忧心美国已经陷入一种“非自由民主”（illiberal democracy）的困境，甚至认为特朗普具有“法西斯主义”倾向，美国民主体制面临前所未有的考验。②

在美国国内出现上述深刻变化的背景下，特朗普政府以“美国优先”为纲，展现出从全球事务中不断“抽身”的态势，具有以“经济民族主义”对抗“全球主义”、以强调“主权”的双边方式取代多边主义的倾向，试图在简单的扩张和收缩、国际主义和孤立主义之外走出维护美国霸权的“第三条道路”——“压制性回缩”。一方面，特朗普政府坚持内政优先、实力优先，以较为狭隘的方式界定美国国家利益，努力降低美国在参与和领导全球事务方面的成本。③ 特朗普在对待美国同盟关系方面体现出“交易主义”理念，将美国提供的安全保障承诺视为商品，要求美国的盟友和安全伙伴增加“付费”并切实承担自身责任，其对国际发展、全球治理等方面的大国合作兴趣显著下降，做出退出联合国气候变化《巴黎协定》、退出联合国人权理事会等决策。④ 另一方面，特朗普政府推进的这种“回缩”又具有显著的“压制性”。特朗普具有根深蒂固的“零和博弈”思维，认为美国长期遭受不公平对待，虽然有强大实力但却没有受到应有的尊重。其欲充分利用美国相较于其他大国仍然极

---

① Jon D. Michaels, “Trump and the ‘Deep State’,” *Foreign Affairs*, September/October 2017; Conrad Black, “Trump's War on the Deep State,” *The National Interest*, February 14, 2018; Evan Osnos, “Trump vs. The ‘Deep State’,” *The New Yorker*, May 21, 2018.

② Mary Papenfuss, “Madeleine Albright Sounds the Alarm on Fascism and Donald Trump,” *The Huffington Post*, April 6, 2018.

③ Patrick Stewart, “Trump and World Order: The Return of Self-help,” *Foreign Affairs*, March/April 2017.

④ Ishaan Tharoor, “After Clinton, Trump's Real Enemy is ‘Globalism’,” *The Washington Post*, November 3, 2016.

为强大的国家经济、技术、安全实力，并以双边主义方式放大这种实力优势，通过“贸易战”等讹诈性、霸凌性手段，逼迫对手做出较大让步。此外，特朗普信奉“以实力保和平”和“强人”哲学，主张恢复美国的“军事荣耀”，更有力地巩固美国在军事安全方面的主导地位，提升军事手段在对外政策中的地位。[①]

为推进“压制性回缩”大战略，特朗普还采取了一些具有反建制色彩、突破美国外交传统方式的策略手段。第一，公开质疑美国同盟和北约的重要性，将欧盟称为“对手”（foe），甚至对盟友进行“分化”。[②]比如，特朗普蔑视欧洲一体化进程，批评英国政府在“脱欧”问题上不彻底，向法国总统马克龙建议退出“欧盟”，用激烈言辞指责德国总理默克尔。第二，不愿背负“政治正确”的包袱，对价值观因素相对而言不太重视。[③] 美国国内舆论指责特朗普对俄罗斯总统普京、匈牙利总理欧尔班等“威权主义领导人”抱有好感，用“粪坑”等粗俗词汇形容非洲国家。此外，特朗普政府在2018年5月推出的“零容忍”移民政策导致约3000名非法移民儿童与父母强制分离，受到广泛批评。第三，敢于突破一些外交禁忌，敢想敢干，好出风头，大搞“峰会外交”而不太重视后果。不顾国内外反对声音，特朗普政府发布“穆斯林入境禁令”，将美国驻以色列使馆搬迁至耶路撒冷。在朝鲜并未明确承诺“弃核”的情况下，特朗普与朝鲜领导人金正恩在新加坡举行会面，引发不少争议。第四，善变而不重诺，意欲“立威”而非“立信”，甚至是反复无常、出尔反尔。特朗普将“不可预测性”作为赢得交易的手段，在对外经贸谈判等

---

① Hal Brands and Colin Kahl, “Trump's Grand Strategic Train Wreck,” *Foreign Policy*, January 31, 2017; Steve Holland, “Trump Seeks ‘Historic’ US Military Spending Boost, Domestic Cuts,” Reuters, February 28, 2017.

② Philip Rucker and Robert Costa, “Trump Questions Need for NATO, Outlines Noninterventionist Foreign Policy,” *The Washington Post*, March 21, 2016; Brett Samuels, “Trump Labels the European Union a ‘Foe’,” *The Hill*, July 15, 2018.

③ Richard N. Haass, “Liberal World Order: R. I. P.,” *Project Syndicate*, March 21, 2018.

方面不遵守既定原则和承诺，通过推特等释放混乱的政策信号，倾向于采取“极限施压”方式逼迫对手就范。由此，有研究者指出，特朗普的世界观、战略理念和政策手段相当保守陈腐，其所作所为与19世纪的美国总统米勒德·菲尔莫（Millard Fillmore）和詹姆斯·布坎南（James Buchanan）十分类似。①

需要强调的是，特朗普政府所采取的“压制性回缩”并不是简单的收缩，也不意味着美国要放弃全球领导地位，它实际上是一种“以退为进、欲退还进”的大战略，是针对全球化催生国内矛盾、大国战略竞争回归、美国霸权相对衰落等重大挑战而提出的解决方案，旨在重新打造更加对美国有利、更加能够为美国所主导的经济全球化模式和国际体系。实际上，在“回缩”态势上，奥巴马和特朗普两任政府之间具有一定的延续性，即美国愈加关注国内的“国家建设”，愈加不愿在美国之外“背包袱”，希望探索低成本维护霸权之道，只不过奥巴马选择的是自由主义、制度主义的路线，而特朗普则是“强现实主义”的路线。② 对于美国的这种“回缩”，美国国防大学战略学者T. X. 黑姆斯（T. X. Hammes）从全球化视角提出了颇具启发性的解释。他认为，全球化在过去几十年间奠定了美国大战略的基础，如今却出现逆转，而这种状况也将决定未来一个时期美国大战略的选择。首先，机器人、人工智能和3D打印等新兴技术的发展，将削弱低劳动力成本地区在制造业方面的优势，这为美国海外企业的“回流”创造了条件。其次，温室种植等技术降低了从其他国家进口农产品的重要性，发达国家可以把工业和农业生产转移到距

① Lara M. Brown, “The Know-Nothing President and the Demise of a Major Political Party,” *The Hill*, July 5, 2018; Paul Grossinger, “Why Donald Trump Reminds Me of Millard Fillmore,” *The Huffington Post*, October 31, 2017.

② Charles Krauthammer, “The Obama Doctrine: Leading from Behind,” *The Washington Post*, April 28, 2011; Jake Sullivan, “The World after Trump: How the System Can Endure,” *Foreign Affairs*, March/April 2018.

离国内市场较近的区域。最后，随着美国实现“能源独立”目标以及国内能源使用效率的提高，美国将更少地从国外尤其是中东地区进口石油等资源。由此，全球化进程的一系列深刻变化致使美国大战略不可避免地变得更趋“内向”。①

2019 年 5 月，美国国务卿迈克·蓬佩奥（Mike Pompeo）在克莱蒙特研究所（Claremont Institute）发表演讲，阐释特朗普政府外交政策的核心理念。蓬佩奥的讲话包括以下四个要点：（1）特朗普政府的外交政策既非自由国际主义（liberal internationalism）也非新保守主义（neo-conservatism），而是更接近保守国际主义：提倡美国在参与全球事务时应更加关注自身的特定利益，防止国际组织凌驾于美国的国家利益之上；（2）特朗普政府反对激进的自由国际主义，但也反对孤立主义的外交政策，注重从美国国家利益出发参与全球事务、培育盟友；（3）特朗普政府无意以武力输出“美国模式”，但会以美国的自由主义价值观谴责独裁国家；（4）“美国优先”并非孤立主义口号、也非毫无道德原则的“马基雅维利式”外交。蓬佩奥强调，在追求自身国家利益的同时，美国会与战略目标相同的国家建立牢固的联盟关系，共同缔造更有序的世界。②

无疑，特朗普政府的“压制性回缩”大战略对国际秩序的演变具有深刻的影响。有学者指出，特朗普成为“后美国世纪”的真正揭幕者，过去 70 多年美国领导建立的“自由主义国际秩序”陷入危机。③ 普林斯顿大学教授约翰·伊肯伯里（G. John Ikenberry）等认为，在过去两百年间，西方民主国家一直在努力构建开放的、以规则为基础的（rule-based）

---

① T. X. Hammes, “The End of Globalization? International Security Implications,” *Yale Global*, August 2, 2016, https://yaleglobal.yale.edu/content/end-globalization-international-security-implications.

② Walter Russell Mead, “What ‘America First’ Means to Pompeo,” *The Wall Street Journal*, May 13, 2019.

③ Christopher Preble, “Is This the End of the Liberal World Order?” *The National Interest*, August 3, 2018, https://nationalinterest.org/feature/end-liberal-world-order-27792.

的国际秩序，尤其是在第二次世界大战后美国运用权力和规则，围绕着多边机制、同盟、特殊关系等，扩展了自由主义国际秩序。美国“受他国邀请而进行领导”，借助同盟体系保障和平，并且反过来用自己的权力和财富为其他国家提供“服务”，推动以资本、贸易、技术、人员自由流动为目标的全球化，使其他国家尤其是盟国享受安全与发展红利，而美国的权力则受到国际机制的约束。然而，特朗普治下的美国试图解构这一“自由主义国际秩序”，特朗普“利用深植于战后秩序的巨大实力差异，牺牲美国盟友和伙伴的利益”，“迅速摧毁70年来那种有助于维护世界秩序、防范国际混乱的信任和共同使命感”，“特朗普的世界就是全面斗争。不存在基于共同价值观的关系。只存在实力决定的交易。这正是一个世纪以前令我们陷入两次世界大战的那种世界”。①

当然，也有学者认为，“自由主义国际秩序”实际上是一个“神话”，并且导致美国过去数十年陷入“过度扩张”（overstretch），特朗普的所作所为并不是“自由主义国际秩序”衰败的原因而是其结果。“无休止地缅怀‘自由秩序’”不仅是“反历史的”（ahistorical），而且还会损害美国对其大战略进行深入评估和重新设计的能力。② 哈佛大学教授格雷汉姆·艾利森（Graham Allison）指出，“长期和平”并非自由主义秩序的产物，而是苏联和美国在冷战的45年里保持危险的均势以及随后短暂的美国主导时期的副产品；尽管特朗普是损害既有国际秩序的关键因素，但他远非全球安全的最大威胁；美国不应寻求回到一个想象中的、照美国自己的模样塑造世界的过去，而应当仅限于维持一个“保持多样性”（safe for diversity）的世界秩序，从而使得美国能够集中力量在国内重建可自行维持的自由主义民主体制。③

---

① Robert Kagan, “Trump’s America Does Not Care,” *The Washington Post*, June 14, 2018.

② Patrick Porter, “A World Imagined: Nostalgia and Liberal Order,” *Policy Analysis*, no. 843, Cato Institute, June 5, 2018, pp. 2-3, pp. 15-17.

③ Graham Allison, “The Myth of the Liberal Order,” *Foreign Affairs*, June/August 2018.

总之，特朗普的“压制性回缩”大战略对既有的国际秩序构成强烈冲击，美国“霸权变霸道”的现实、“非自由民主”问题以及跨大西洋联盟日益突出的裂痕使得西方主导的国际秩序面临内生性危机。正如美利坚大学教授阿米塔·阿查亚（Amitav Acharya）等人所言，“世界秩序”实际上从未被建立起来，冷战结束后出现的，只不过是由美国主导的西方世界秩序逐渐向非西方国家扩展；换言之，“美国的世界秩序”面临危机，而真正意义上的“世界秩序”仍在形成之中。① 无疑，特朗普的“压制性回缩”大战略增加了国际秩序演进的不确定性和动荡性，这对中美关系的总体环境和战略转型构成重要影响。

## 第二节　美国对华战略定位的重大变化

从历史的长视角看，美国对华战略认知和总体政策取向的变化，都服从于美国自身大战略的调整。比如，冷战中后期，为了实现施压苏联的目标，中国一度被视为美国的战略伙伴，美国对华军事和情报合作水平甚至不亚于其盟友。克林顿总统执政时期，作为“接触与扩展”（Engagement and Enlargement）大战略的一部分，美国在促进中国融入国际经济体系等方面发挥了重要推动作用。在特朗普政府以“美国优先”为纲实施“压制性回缩”大战略的背景之下，美国对华战略认知和总体政策取向也在发生极为深刻的转变，明确将中国视为美国“首要的、全面的、全球性的战略竞争者”，其对华政策取向呈现一种全方位的强硬转向，一种不同于以往的竞争性对华战略逐步成型。

2017 年 12 月，特朗普政府发布首份《国家安全战略报告》，该文件

① 阿米塔·阿查亚：《美国世界秩序的终结》，袁正清、肖莹莹译，上海人民出版社，2017，第 3—6 页。

提及中国30余次，将中国定义为“修正主义国家”（revisionist power）和“对手”（rival），并在经济关系、地区角色、意识形态等方面对中国大加指责。① 很大程度上，这是一份以应对“中国威胁”为导向的国家安全战略报告，而这种情况在冷战结束后尚属首次。2018年1月，美国国防部发布2014年以来的首份《国防战略报告》，在涉及中国的表述基调方面与《国家安全战略报告》保持一致。② 时任美国国防部长詹姆斯·马蒂斯（James Mattis）在报告发布会上强调，中国和俄罗斯是“修正主义国家”，“寻求建立一个与它们专制模式相符合的世界”，虽然美国还将继续打击恐怖主义，但“大国竞争，而不是恐怖主义，现在是美国国家安全的首要关注点”。2001年“9·11”恐怖主义袭击发生后，美国的国家安全战略曾长期聚焦于打击恐怖主义。上述特朗普政府《国防战略报告》的主要执笔人、国防部负责战略和部队部署的助理部长帮办埃尔布里奇·科尔比（Elbridge Colby）表示：“这份战略报告代表着根本性转变，其重点将是优先准备打仗，尤其是为大国战争做准备。”③

应当看到，特朗普政府的官方言论以及美国国家战略文件中的涉华表态，基本反映了美国战略界逐步形成的一种新的“中国观”。大致说来，这一“中国观”的演变经历了三大时间节点。第一个时间节点是2007—2008年，当时金融危机在欧美多国发生，西方国家经济困局加深，以新自由主义为基础的“华盛顿共识”受到质疑。美国战略界感到，随着中国经济发展保持稳中有进，中国国内开始出现一种有关“西方衰落、

① The White House, *National Security Strategy of the United States of America*, December 2017, pp. 2-3.

② Department of Defense, *Summary of the 2018 National Defense Strategy of the United States of America: Sharpening the American Military's Competitive Edge*, https://www.defense.gov/Portals/1/Documents/pubs/2018-National-Defense-Strategy-Summary.pdf.

③ Lolita C. Baldor, "China and Russia Outpace Terrorism as US Military's Top Security Priorities, Pentagon Says," Associated Press, January 19, 2018; Aaron Mehta, "National Defense Strategy Released with Clear Priority: Stay ahead of Russia and China," Defense News, January 19, 2018.

中国崛起”的“必胜主义”情绪，美国的“中国观”开始发生变化。[①] 2010 年，中国国内生产总值超越日本成为世界第二大经济体，中国国际地位显著提升，加之中美双方围绕南海争端、“亚太再平衡”、网络安全等问题的矛盾凸显，这构成美国战略界“中国观”演变的第二个重要节点。[②]

第三个时间节点大致在 2014—2015 年，正如美国知名中国问题专家何汉理（Harry Harding）所言，面对中共十八大以来中国发展走向和外交姿态的新变化，美国战略界围绕对华政策展开过去 50 多年来“最为激烈的辩论”。[③] 不少美国战略界人士认为，加速崛起的中国将是美国面临的最大的长期性威胁，主张将美国对华政策从“接触”向“遏制”方向回调。[④] 甚至一向对华态度温和的前常务副国务卿詹姆斯·斯坦伯格（James Steinberg）、约翰斯·霍普金斯大学教授兰普顿（David Lampton）等人也认为美中关系到了重大“临界点”，存在进一步恶化甚至走向全面对抗的危险。2014 年 10 月，主要认同民主党理念的鸽派军方将领、前北约盟军最高司令韦斯利·克拉克（Wesley Clark）在《纽约时报》撰文称，中国近期的国内政策和“胁迫性”外交表明，冷战结束以来美国对华实施的“建设性接触”政策已告失败，“中国变得更自信、更强硬，也更封闭”，美国对两国关系前路之坎坷不应抱有任何幻想，是时候对中国动真格的了。[⑤]

值得注意的是，这一阶段美国战略界“中国观”的变化与其对“新型大国关系”理念的误解和消极态度密不可分。为了避免中美陷入崛起

---

① 基辛格：《论中国》，胡利平等译，中信出版社，2012，第 509 页。

② Alastair Iain Johnston, “How New and Assertive Is China’s New Assertiveness?” *International Security* 37, no. 4 (Spring 2013): 14-31.

③ Harry Harding, “Has US China Policy Failed?” *The Washington Quarterly*, Fall 2015, pp. 95-96.

④ Robert D. Blackwill and Ashley J. Tellis, *Revising U. S. Grand Strategy toward China*, Council Special Report No. 72, New York: Council on Foreign Relations, March 2015.

⑤ Wesley Clark, “Getting Real about China,” *The New York Times*, October 10, 2014.

国和霸权国相互冲突的“修昔底德陷阱”，中国方面倡导构建中美“新型大国关系”。2012 年 2 月，时任国家副主席习近平访问美国。访问前夕，习近平接受美国《华盛顿邮报》书面采访时指出，宽广的太平洋两岸有足够空间容纳中美两个大国，需要努力把两国合作伙伴关系塑造成 21 世纪的新型大国关系。2013 年 6 月，习近平主席在与美国总统奥巴马举行会晤时，用“不冲突、不对抗、相互尊重、合作共赢”界定中美新型大国关系的内涵。但是，美国方面却曲解了这一倡议。美国海军战争学院教授艾立信（Andrew Erickson）等专家认为，“大国”一词使中国与美国平起平坐，无形中降低了欧洲、日本等美国传统盟友和印度等新兴大国伙伴的地位，会招致这些国家的不满。他们还担心“新型大国关系”所主张的“不冲突、不对抗”，实际上“冻结”了美国必要时以武力捍卫同盟的承诺义务，给中国“侵犯”美国及其盟友的利益提供了空间。此外，他们认为“相互尊重”内容模糊，造成中国可以借此将自身核心利益“泛化”，使美国失去讨价还价的可能，况且中美彼此的核心利益本就有很多相互冲突之处。他们还认为“合作共赢”仍较空泛，指责中国在朝鲜核、伊朗核等问题上对美配合不够，在其他领域也缺乏可操作的、可视度高的合作方案。显然，上述对“新型大国关系”的严重误读是美国战略界“中国观”出现显著负面变化的集中体现。①

2017 年 1 月特朗普政府上台后，美国战略界对中国的负面认知进一步上升，“中国强硬论”“中国取代美国论”“中国另起炉灶论”“中国政治渗透论”等消极论调甚嚣尘上，要求对华采取强硬政策路线的声音日趋增多。比如，特朗普中国政策顾问、国防部前官员白邦瑞（Michael Pillsbury）宣称，中国长期对美国进行“战略欺诈”，中国和美国之间的较量是一场“百年马拉松”；中国的真实战略意图就是削弱美国的全球领

---

① Andrew Erickson and Adam Liff, “Not-So-Empty Talk: the Danger of China’s ‘New Type of Great Power Relations’ Slogan,” *Foreign Affairs*, October 9, 2014.

导地位，并且把美国赶出亚洲，美国需要加大对中国的压制。[①] 特朗普另一核心智囊彼得·纳瓦罗（Peter Navarro）甚至称，帮助中国加入世界贸易组织是美国迄今犯下的最大错误，中国的崛起导致了“美国的衰落”。2017 年 3 月，前助理国务卿谢淑丽（Susan Shirk）等民主党背景的战略界人士也在一份共同撰写的报告中表示，奥巴马政府对华政策“过软”，对中国的“反击”不力。[②] 同年 9 月，美军参谋长联席会议主席约瑟夫·邓福德（Joseph Dunford）毫不掩饰地表示，到 2025 年中国将成为美国的最大威胁。[③] 这一判断基本上成为美国军方和情报界的共识。

需要指出的是，美国对华战略认知在中共十九大之后出现新一轮消极变化，美方对中国方面提出的“新时代”产生显著误判。2017 年 10 月，中共十九大报告提出中国特色社会主义进入“新时代”，未来 30 年中国将按照两步走的战略安排建设“富强民主文明和谐美丽的社会主义现代化强国”。此外，该报告还指出，中国特色社会主义道路的成功经验，给世界上那些既希望加快发展又希望保持自身独立性的国家和民族提供了全新选择，为解决人类问题贡献了中国智慧和中国方案。进入“新时代”的中国聚焦“解决人民日益增长的美好生活需要和不平衡不充分的发展之间的矛盾”，势必将为世界的和平发展带来更多机遇。然而，部分美国战略界人士却对中国的长期意图进行刻意曲解，错误地认为进入“新时代”的中国意欲实施地缘扩张和意识形态输出，谋求用中国的“新时代”取代美国的“旧时代”，试图在亚太地区推进“新朝贡”

---

① Michael Pillsbury, *The Hundred-Year Marathon: China's Secret Strategy to Replace America as the Global Superpower*, New York: St. Martin's Griffin, 2016.

② Susan Shirt, "Trump and China: Getting to Yes with Beijing," *Foreign Affairs*, March/April 2017; Orville Schell and Susan Shirk, "US Policy toward China: Recommendations for a New Administration," Task Force Report of Asia Society, February 2017, http://asiasociety.org/files/US-China_Task_Force_Report_FINAL.pdf.

③ Ryan Browne, "Top US General: China Will Be 'Greatest Threat' to US by 2025," CNN, September 27, 2017.

（Neo-Tributary）方略。[①]

其中，尤以“另类右翼运动”旗手、白宫前首席战略师史蒂夫·班农（Steve Bannon）散布的相关言论为甚，他以“儒家重商威权主义模式”（Confucian mercantilist authoritative model）描述中国的制度，妄称中国借“一带一路”、《中国制造2025》等谋求全球霸权，并煽动全世界的民粹主义者联合起来对抗中国。班农诬称，中共十九大标志着中国正在走上争夺全球霸权的道路，“儒家重商威权主义”正在击败西方自由民主和自由市场资本主义模式；全球化的问题恰恰是中国造成的，中国早已对西方打响“经济战”，通过输出过剩产能等方式摧毁西方国家的工业能力，导致美欧中产阶层日益穷困。班农还宣扬，过去美欧的“全球主义”精英结成“达沃斯党”（Party of Davos），他们从中国的发展中得到大量利益，因此不愿对抗中国，而现在民粹主义者已经觉醒，将从根本上改变面对中国时的软弱和被动。[②]

特朗普在推出首份《国家安全战略报告》时宣称，美国面对全球竞争的“新时代”。显然，特朗普政府眼中的“新时代”与中国所说的“新时代”是截然不同的，前者强调的是竞争和对抗的一面。应当看到，2010年前后启动、2015年前后逐步“白热化”的美国对华政策辩论，到了2017年基本形成了一种新的共识。[③] 在美国深度调整内外政策的同时，美国战略界的“中国观”日趋消极，毫不讳言要加大应对与中国之间的

---

① Abraham Denmark, “A New Era of Intensified US-China Competition,” *Asia Dispatches*, Asia Program, the Wilson Center, January 4, 2018, https://www.wilsoncenter.org/blog-post/new-era-intensified-us-china-competition.

② Guy Taylor, “Steve Bannon in Japan, Rails against China’s ‘Hegemonic’ Ambitions,” *The Washington Times*, November 15, 2017.

③ Kurt M. Campbell and Ely Ratner, “The China Reckoning: How Beijing Defied American Expectations,” *Foreign Affairs*, March/April 2018.

“战略竞争”。[①] 不仅很多共和党政界人士炒作新一轮“中国威胁论”，民主党人、前国务卿玛德琳·奥尔布赖特（Madeleine Albright）等也明确提出，中国而不是俄罗斯才是美国最大的对手。[②] 民主党籍众议员、众议院美中关系工作组联席主席里克·拉森（Rick Larsen）坦言，“在国会，有国家安全对华鹰派、贸易对华鹰派和人权对华鹰派。他们彼此交流后，才意识到他们全都厌恶中国……在过去几年中，这三个群体相互找到彼此，并在国会内营造了一种不同以往的共识，对应把重心放在哪里也有了共识”。[③]

美国对“中国威胁”的认知不仅涉及经济、安全、外交、意识形态等诸多方面，而且还具有越发突出的种族主义色彩，体现了一种所谓“黄白矛盾”（黄种人和白种人之间的矛盾）。2019 年 5 月，时任美国国务院政策规划主任凯伦·斯金纳（Kiron Skinner）公然宣称，中国是美国历史上面对的第一个非白种人的强大竞争对手，双方之间存在一种不同文明和意识形态的争斗，特朗普政府正设法应对与中国之间的“文明冲突”，包括拟定与冷战初期对苏联政策“X 电报”相类似的“X 文件”。这一表态绝非美方随意为之，它是特朗普政府力推的对华“战略竞争”的一部分，是面向美国和西方国家社会而进行的战略动员，清晰体现了美国战略界尤其是特朗普重要智囊的对华战略认知和战略定位。此外，随着“一带一路”建设的推进，美国担忧中国在全球范围内挑战美方利益。2018 年 3 月，美国参议院军事委员会举行名为“全球威胁”的听证会，美国国家情报总监丹·科茨（Dan Coats）、国防情报局局长罗伯特·

① Aaron L. Friedberg, “Competing with China,” *Survival: Global Politics and Strategy* 60, no. 3 (June 2018).

② Owen Crane, “Watch Out for China, Not Russia, Says Former US Secretary of State,” *The Vision Times*, June 5, 2018, http://www.visiontimes.com/2018/06/05/watch-out-for-china-not-russia-says-former-u-s-secretary-of-state.html.

③ Bonnie Girard, “A Bipartisan Congressional Group Supports Trump’s Tough-on-China Approach,” *The Diplomat*, April 5, 2019.

阿什利（Robert Ashley）等称，中国花费巨资加紧提升太空作战等能力，并在全球范围内利用经贸等手段构建自身地缘战略地位，对美国的影响力构成严重威胁。[①]

总之，特朗普政府将美国的对华战略推向了一个全新的阶段。自 20 世纪 90 年代初，美国历经克林顿、小布什和奥巴马政府，它们大致分别采取“接触 + 演变”“接触 + 防范”“接触 + 规制”的对华战略。[②] 到了特朗普政府上台前后，很多美国战略界人士都认为，过去几十年旨在通过“接触”中国促进其实现“市场化 + 民主化”的战略已经失败。[③] 特朗普执政以来，美国国内的涉华论调更趋消极，中国是美国“首要的、全面的、全球性的战略竞争者”成为美国政策界的一种新共识，美国对华战略进入更为突出竞争和对抗的“后接触”时期。[④]

## 第三节　中美博弈新态势

2017 年以来，在特朗普政府不断加大对华施压的背景下，中美博弈呈现新态势。美国在经济、安全、政治、全球治理等多个领域强化了针对中国的压制，但是这些举措也给美国自身带来不少负面影响。特朗普政府掀起的“贸易战”等攻势并未让中国屈服，双方的较量进入更加复杂的新阶段。

---

① Patricia Zengerle and Eric Walsh, “US Intelligence Chief Warns of China Spending to Boost Influence,” Reuters, March 6, 2018.

② 参见达巍：《美国对华战略逻辑的演进与“特朗普冲击”》，《世界经济与政治》2017 年第 5 期。

③ Wesley Clark, “Getting Real about China,” *The New York Times*, October 10, 2014.

④ Aaron L. Friedberg, Testimony before the House Armed Services Committee Hearing on Strategic Competition with China, February 15, 2018, pp. 6 – 8, https: //docs. house. gov/meetings/AS/AS00/20180215/106848/HHRG-115-AS00-Wstate-FriedbergA-20180215. pdf.

## 一、中美博弈的新变化

2017 年前后，美国战略界开始从“大国竞争”的视角看待和处理对华政策。[①] 这实际上反映了中美关系在实力对比、政策取向、博弈领域、国际地位等方面出现的重大变化，两国如何适应博弈新态势无疑是重大挑战。2017 年，中国国内生产总值（GDP）超过 80 万亿人民币（约合 12 万亿美元），这相当于美国 GDP（18.5 万亿美元）的 65%。[②] 随着中国在军事、外交、文化等领域不断强化自身能力，在中美总体实力差距相对缩小但呈现“非对称平衡”（asymmetric parity）形态的背景下，[③] 美国方面对两国博弈加剧的担忧势将进一步增强，双方寻求应对博弈之道的挑战也会越发艰难复杂。应对这一挑战的关键前提在于准确把握和分析中美博弈的新变化，概言之，主要体现在以下四个方面。

第一，两国经贸关系从“压舱石”变为博弈焦点，美国方面以“对等”“公平贸易”等为由对华加大施压，并大力维护其“技术领导地位”。提升美国经济竞争力是特朗普施政的重中之重，其《国家安全战略报告》明确强调“经济安全就是国家安全”的理念，并且称中国对美国进行“经济侵略”。特朗普政府的施政口号是“让美国重新伟大”，而在其看来，中国在经贸问题上的诸多做法是导致美国不再伟大的关键因素，包括所谓“强制性技术转移、窃取知识产权、对国有企业补贴”等。根

---

① Uri Friedman, “The New Concept Everyone in Washington Is Talking about: How Exactly Did Great-Power Competition Go from Being an ‘Arcane Term’ a Few Years ago to ‘Approaching a cliché’?” *The Atlantic*, August 6, 2019.

② 《2017 年国内生产总值迈过 80 万亿元门槛 年增长 6.9%》，国务院新闻办公室网站，2018 年 1 月 18 日，http://www.scio.gov.cn/xwfbh/xwbfbh/wqfbh/37601/37783/zy37787/Document/1617215/1617215.htm。

③ Brantly Womack, “On the World Stage, a New Era of US-China Parity Has Begun,” *The Hill*, April 18, 2018.

据美方的统计，2016年美国和中国的贸易逆差约为3470亿美元，占美国贸易逆差总额的70%。特朗普及其核心幕僚将中国描述为导致美国经济陷入困境的“罪魁”之一，指责中国依靠“不公平贸易”等手段对美国进行“经济侵略”，使美国成为输家。①

2017年以来，美国贸易代表罗伯特·莱特希泽（Robert Lighthizer）、总统高级顾问纳瓦罗等“激进鹰派”人物的政策影响力上升，其不惜通过阻挠中美“全面经济对话”等方式加大对华施压，发起针对中国的数个“不公平贸易”调查。美国多位重要国会议员主张强化美国外国投资委员会（CFIUS）职能，进一步严格审查中国企业在美国的直接投资，考虑以“经济安全”“文化安全”为由限制中国投资，并将美国外国投资委员会的审查范围扩大到美国的海外合资企业，防范中美合资企业威胁美国的经济和国家安全。在技术创新领域，美国方面进一步加大对中国的打压，强化涉及高新技术的“出口管制”，大力维护美国的“技术领导地位”。② 其他相关举措还包括对到美国学习科技、工程等专业的中国留学生签证进行限制等，以减少所谓“非传统情报收集者”实施的经济“侵犯”。2018年5月9日，美国参议院外交事务委员会下设的多边国际发展、多边机构暨国际经济、能源和环境政策小组委员会举行听证会。美国智库信息技术和创新基金会主席罗伯特·阿特金森（Robert Atkinson）在书面证词中提出，从太空到生物技术到信息和通信技术产品到互联网、清洁能源和电子媒体，几乎每一个先进技术领域，美国和其他的外国企业都受到了中国“创新重商主义”（innovation mercantilism）的伤害。“在制定掠夺性经济和贸易政策以及付诸实施方面，中国自成一

---

① “How China's Economic Aggression Threatens the Technologies and Intellectual Property of the United States and the World,” White House Office of Trade and Manufacturing Policy, June 2018, https://www.whitehouse.gov/wp-content/uploads/2018/06/FINAL-China-Technology-Report-6.18.18-PDF.pdf.

② Timothy R. Heath and William R. Thompson, “Avoiding US-China Competition Is Futile: Why the Best Option Is to Manage Strategic Rivalry,” *Asia Policy* 13, no. 2 (April 2018): 105-107.

格，无人能比。中国全面展示了‘创新重商主义’。这些政策寻求给予中国先进技术行业的制造商不公平的优势”。他提出，中国的手段包括强制技术转让，将本地制造作为市场准入的条件；盗窃外国知识产权，在某些领域限制或是直接拒绝进入；操控技术标准；给国企特别优惠政策；或强制外国公司以低价出售专利许可；大规模补贴；政府对收购或投资外国公司进行补贴；等等。[①] 应当看到，特朗普政府对华不仅打“贸易战”也打“技术战”，将中美经济相互依赖作为开展大国竞争的筹码，中美经贸博弈对两国关系、全球经济治理的长期性、全局性影响不容轻视。正如美国战略与国际问题研究中心副主席詹姆斯·刘易斯（James Lewis）所言，“贸易战”不仅关乎贸易赤字、技术优势等问题，而是一场“更广泛的战略对抗”。[②]

第二，中美两国在亚太地区的关系更趋紧张，美方指责中国寻求“把美国赶出亚太”并借助所谓“掠夺性经济”“南海军事化”等手段谋取地区霸权。早在奥巴马执政时期（2009—2017 年），美国就大力推进“亚太再平衡”战略，这适逢中国从“地区大国”向“地区强国”、从“陆权国家”向“陆海强国”实现跨越的进程，在亚太地区百年来首次出现中国和美国“短兵相接”的态势。随着“一带一路”倡议的提出和推进，美国战略界日益担心中国以经济合作为先导，打造“去美国化”的地区和国际秩序。尤其是，美国方面对中方在 2014 年提出的“亚洲新安全观”抱持极大疑虑，指责中国在南海、东海主权和海洋权益争端以及中印边境冲突中日益强势。在这一背景下，美国战略重心总体东移的

---

① Robert D. Atkinson, Testimony before Subcommittee on Multilateral International Development, Multilateral Institutions, and International Economic, Energy, and Environmental Policy, Senate Committee on Foreign Relations, May 9, 2018, https://www.foreign.senate.gov/imo/media/doc/050918_Atkinson_Testimony.pdf.

② James Andrew Lewis, “There is More to the Trade War than Trade,” *Commentary*, Center for Strategic and International Studies, April 6, 2018, https://www.csis.org/analysis/there-more-trade-war-trade.

态势不断延续，并开始在“印太”地缘战略框架下加快构筑制衡中国的“联合阵线”，推动二战后形成的亚太“轴辐同盟体系”向“网络化安全架构”转换，更加注重深化地缘经济和地缘安全政策的相互协调。

2017 年 11 月，特朗普政府正式提出“自由而开放的印太战略”（下称“印太战略”），力图通过实施“印太战略”，打造制衡中国地区新格局。美方在阐释其“印太战略”时指出，所谓“自由”的重要含义之一是指该地区国家不受他国胁迫且在本国国内维护自由民主体制，所谓“开放”强调的是“印太”地区海上交通线以及贸易和投资的开放性。特朗普政府高官多次公开批评所谓中国的“掠夺性经济”以及不透明的地区基础设施投资，无端指责“一带一路”合作会致使相关国家遭遇“债务陷阱”，损害其主权权益并破坏地区安全。自提出“印太战略”以来，美方不断推动该战略的细化和操作化，包括完善美日印澳四边机制（Quad），将美军太平洋司令部更名为印太司令部。特朗普政府推出“印太经济愿景”和安全合作倡议，与日本、澳大利亚等盟友在支持地区基础设施、能源安全、数字经济和网络安全方面采取联动举措。①

值得警惕的是，特朗普政府在台湾问题上频频采取挑衅性举措，美台往来尤其是军事安全关系明显得到强化，美国“以台制华”的图谋越来越露骨。在特朗普政府担任助理国防部长的薛瑞福（Randall Schriver）等鹰派人士公然称，台湾地区是美国“印太战略”的一部分。卡内基国际和平基金会高级研究员阿什利·特里斯（Ashley Tellis）称，特朗普政府的国家安全战略，体现了美国对“一带一路”的关切，两国对“印

① Michael R. Pompeo, Remarks on “America’s Indo-Pacific Economic Vision”, July 30, 2018; US Security Cooperation in the Indo-Pacific Region,” Fact Sheet, Office of the Spokesperson, US Department of State, August 4, 2018; “US Secretary of Commerce Wilbur Ross Announces Programs to Increase US Commercial Engagement in the Indo-Pacific Region,” Office of Public Affairs, US Department of Commerce, July 30, 2018, https://www.commerce.gov/news/press-releases/2018/07/us-secretary-commerce-wilbur-ross-announces-programs-increase-us.

太”地区的愿景不同，美国必须反制中国对美国主导地位的挑战。特里斯认为，在这种情况下，美国应改变以往只从双边角度来看待美台关系的做法，而是要从“一体化”的“印太”战略角度看待美台关系，美国必须确保台湾地区具有足够防卫能力，方能减轻“印太”地区其他盟友的负担。此外，美国智库“德意志马歇尔基金会”高级研究员杰米·弗莱（Jamie Fly）提出，蔡英文当局提出的“新南向政策”，与美国维持“印太”地区自由开放的目标一致，在中国大陆不断压制台湾当局的“国际空间”之际，美国需协助扩展台湾地区与区域伙伴的联系，将台湾当局纳入区域对话机制，包括推动台湾当局参与美日印澳四边机制的活动。①

在“印太战略”之下，美国方面加大对南海争端的介入力度。美军在南海区域的“航行自由行动”日趋常态化，军方的自由裁量权较前上升。特朗普政府还借助“印太战略”持续加大对印度的拉拢，努力将印度打造为可有力制衡中国的“全球性力量”。② 对此，美国卡内基国际和平基金会高级研究员史文（Michael D. Swaine）认为，“印太战略”旨在“确保地区盟友意识到中国崛起可能带来的风险”，目的是让所有地区成员“共同对抗中国”。③ 印度国家海洋基金会执行主任、“印太”问题研究专家古尔普里特·库拉纳（Gurpreet S. Khurana）不无忧心地指出，“印太”成为引发“新冷战”的地缘政治概念。④

第三，美国方面指责中国试图打造“平行秩序”和“替代秩序”，中

---

① 钟辰芳：《美专家：美应将台湾纳入印太战略》，美国之音，2018 年 1 月 9 日，https://www.voachinese.com/a/indo-pacific-20180108/4198756.html。

② Alyssa Ayres, “Will India Start Acting like a Global Power?” *Foreign Affairs*, November/December 2017.

③ Michael D. Swaine, “A Counterproductive Cold War with China,” Snapshot, *Foreign Affairs*, March 2, 2018.

④ Gurpreet S. Khurana, “Trump’s New Cold War Alliance in Asia is Dangerous,” *The Washington Post*, November 14, 2017.

美围绕国际机制和国际秩序问题的博弈日趋凸显，“机制制衡”（institutional balancing）成为两国战略竞争的新方式。进入21世纪以来，新兴经济体和发展中国家与西方国家之间的实力对比发生显著变化，但世界银行、国际货币基金组织等国际治理机制却未能实现相应的、及时的变革。中共十八大以来，中国领导人高度重视全球治理问题，强调要积极推动全球治理体制向着更加公正合理的方向发展，为实现“两个一百年”奋斗目标、实现中华民族伟大复兴的中国梦创造更加有利的条件。[①] 但是，在不少美国战略界人士看来，中国试图通过倡建金砖国家新开发银行、亚洲基础设施投资银行等新机制，在西方主导的秩序之外“另起炉灶”，构建以中国为中心的“平行秩序”和“替代秩序”，推行中国版本的经济全球化。美国方面对中国主导的国际秩序充满疑惧。普林斯顿大学教授约翰·伊肯伯里提出，唯一有可能取代自由主义国际秩序的就是“北京共识”，但围绕“北京共识”组织起来的国际秩序“将是一个分裂的、充满重商主义和贸易保护主义色彩的集合体，所有人都会深受其害”。[②]

在经济层面，美国方面担心中国通过推动《区域全面经济伙伴关系协定》（RCEP）构筑排除美国的亚太经贸圈。特朗普政府宣布退出《跨太平洋伙伴关系协定》（TPP），并认为《全面与进步跨太平洋伙伴关系协定》（CPTPP）的条款对美国来说也不公平。美国对区域经济一体化机制的影响力因此而受损。在安全层面，美方对中国借助“亚洲相互协作与信任措施会议”（亚信会议）机制、上海合作机制等扩展地区安全影响力保持警惕，希借助“印太稳定倡议”“海上安全倡议”等打造美国主导的地区安全架构，并通过拒绝邀请中国参与“环太平洋”联合军演等方式“孤立”中国。在国际发展层面，美国最初即对亚洲基础设施投资

① 《习近平：推动全球治理体制更加公正更加合理》，新华网，2015年10月13日，http://www.xinhuanet.com/politics/2015-10/13/c_1116812159.htm。

② G. John Ikenberry, "The Future of the Liberal World Order," *Foreign Affairs*, May/June, 2011.

银行进行抵制，至今仍拒绝加入。同时，为抗衡中国影响力，特朗普政府对世界银行增加 130 亿美元的资助，并支持亚洲开发银行进行改革，给予美国海外私人投资公司（OPIC）、"世纪挑战集团"（Millennium Challenge Corporation）等机构更多资金和更广泛的投资权力。2018 年 4 月，海外私人投资公司总裁雷·沃伯纳（Ray Washburne）在参加美国国会听证会时指出，需要"现代的、21 世纪的机制"与中国进行竞争。[①]此外，布鲁金斯学会等美国智库的专家也在持续研究如何进一步完善美国参与国际多边性开发体系的策略，以提升美国的全球领导力。[②]

第四，美方人士炒作"中国政治渗透论"，指责中国针对美国等西方民主国家使用"锐实力"（sharp power）扩大政治影响，借助"一带一路"对相关国家输出政府主导的发展模式，中美之间的意识形态和发展模式之争成为美国战略界关注的新焦点。美国方面担心中国借助强大的经济实力强化对发展中国家的政治影响力。例如，斯坦福大学胡佛研究所高级研究员弗兰西斯·福山（Francis Fukuyama）提出，中国利用"一带一路"倡议向其他国家出口自己的发展模式，一场历史性的发展模式之争在中国与美欧西方国家之间上演，而这会影响全球政治的未来，"如果我们不行动起来，就有可能将欧亚大陆以及世界其他重要地域的未来拱手让给中国以及中国的发展模式"。[③]此外，美国方面担心中国的"政治渗透"已经扩展至民主国家，进而借助所谓"锐实力"等话题对中国进行新一轮的"妖魔化"。[④] 2017 年 12 月，美国国家民主基金会发布题为《锐实力：威权国家不断增长的影响力》（*Sharp Power: Rising Authoritarian*

① Josh Zumbrun and Stephen Fidler, "White House Sets Aside Skepticism, Backs Funding Increase for World Bank," *The Wall Street Journal*, April 22, 2018.

② Anthony F. Pipa, Advancing US Leadership Through Multilateral Participation, Policy Brief, The Brookings Institution, July 31, 2018, https://www.brookings.edu/wp-content/uploads/2018/07/Blum2018_Pipa_PolicyBrief.pdf.

③ Francis Fukuyama, "Exporting the Chinese Model," *The Straits Times*, December 30, 2015.

④ Michael Swaine, "The US Can't Afford to Demonize China," *Foreign Policy*, June 29, 2018.

*Influence*）报告，称中国针对阿根廷、波兰、斯洛伐克等“年轻的”民主国家，以文化交流、智库合作、建立媒体伙伴关系等方式进行“政治渗透”，对相关国家的民主价值观和政治体制构成威胁。① “锐实力”这一颇具煽动力的概念的出现，实际上是金融危机以来美国国内热议“国家资本主义”问题的延续，反映出美国对中国政治体制和意识形态的误解。②

此外，美国战略界人士还担心，中国在美国国内实施所谓“影响力行动”（influence operations）。2017 年底，特朗普政府发布的《国家安全战略报告》诬称，中国、俄罗斯等国利用网络等手段加大对美国和西方国家的政治影响力。2017 年 12 月，美国“国会—行政部门中国委员会”（CECC）举办题为“中国的长臂：输出中国特色的威权”听证会，炒作中国通过外宣等方式获取政治影响力、控制敏感话题等。马尔科·鲁比奥（Marco Rubio）、汤姆·科顿（Tom Cotton）等美国国会议员要求清查中国政府在美国的“外国代理人”，限制中国旨在对美国媒体、智库、大学等施加政治影响的“长臂”。2018 年 11 月，斯坦福大学胡佛研究所发布题为《中国影响力和美国利益：推动建设性警觉》（*China's Influence and American Interests: Promoting Constructive Vigilance*）的报告，称中共显著增强了在美国国内开展的“锐实力”活动，挑战和破坏“美国的核心自由、规范和法律”，“不仅是中国威权体制的价值观与大多数美国人所持有的价值观相斥，同时也有越来越多的证据表明中共将言论、出版、集会、宗教和结社自由这些美国理念视为维护其一党统治形式的挑战”，中国相关行动的规模和力度都要比俄罗斯更大，美国和中国之间的确存

① Juan Cardenal, et al., *Sharp Power: Rising Authoritarian Influence*, National Endowment for Democracy, December 2017, pp. 13–17.

② Aaron L. Friedberg, “Implications of the Financial Crisis for the US-China Rivalry,” *Survival* 52, no. 4, 2010; Nancy Birdsall and Francis Fukuyama, “The Post-Washington Consensus: Development after the Crisis,” *Foreign Affairs*, March/April, 2011.

在走向文明冲突的前景。这份报告由多位美国的中国问题专家共同撰写。参与写作该报告的《华盛顿邮报》知名记者潘文（John Pomfret）认为，中美之间的一场文明冲突隐约可见。[①] 2019 年 2 月，民主党资深政治人士、美国前国务卿奥尔布莱特在众议院特别情报委员会作证时表示，“在世界上民主还是威权主义占上风，这将对美国的安全需求带来极大的影响”，“美国必须制定和执行能够反制俄罗斯和中国的反民主运动的全面战略”。2019 年 5 月，在众议院外交事务委员会举办的听证会上，普林斯顿大学教授、曾任美国前副总统切尼国家安全事务助理的范亚伦（Aaron Friedberg）称，美中问题的根源主要在于中国共产党的本质，这不是两种文明之间的斗争，而是针锋相对的两种政治体系的竞争，以及为世界和亚洲提供什么样愿景的竞争。[②]

值得注意的是，美国方面是在全球“威权主义”和“强人政治”回归的视角下看待“中国威胁”，宣扬中国与俄罗斯等国结成意识形态联盟，在全球范围推升对自由民主体制的怀疑和不满。例如，美国进步中心高级政策分析师卡洛琳·肯尼（Carolyn Kenney）称，中俄对其他国家实施渗透，俄罗斯的动机是削弱、破坏现行国际体系和西方民主体制，其手段带有秘密、强力和腐败特征；中国的目标是为了让国际体系和他国内政符合其自身利益需要，倾向于寻找代理人和使用经济手段；先进技术则使中俄展开的“影响力行动”更具威胁性。[③] 由此，美国试图推动澳大利亚、德国、新西兰等盟国提升对所谓中国“政治渗透”的反击。

---

① “Can Constructive Vigilance Avert US-China Clash of Civilizations?” DemDigest, November 30, 2018, https://www.demdigest.org/can-constructive-vigilance-avert-u-s-china-clash-of-civilizations/.

② Aaron L. Friedberg, Testimony before the House Foreign Affairs Committee, “Smart Competition: Adapting US Strategy toward China at 40 Years,” May 8, 2019.

③ Carolyn Kenney, Max Bergmann and James Lamond, “Understanding and Combating Russian and Chinese Influence Operations,” Center for American Progress, February 28, 2019, pp. 6–9, https://www.americanprogress.org/issues/security/reports/2019/02/28/466669/understanding-combating-russian-chinese-influence-operations/.

近年来，在美国的大力动员之下，“大西方”联手应对中国“政治崛起”的态势悄然浮现。[①]比如，德国墨卡托中国研究所、全球公共政策研究所等欧洲国家智库与美国“国家民主基金会”进行密切、深度配合，发布相似主题和观点的报告，在国际舆论中渲染中国“锐实力”。曾任澳大利亚总理高级顾问的媒体人士约翰·加诺特（John Garnaut）向美方全面提供澳大利亚应对中国“锐实力”的政策经验。

为了对中国加大意识形态方面的施压力度，特朗普政府采取了很多举措，包括强化美国的反间谍和反情报行动、重点盯防中国展开“影响力行动”的机构、加大披露中共与相关中国机构之间的联系、设立西方国家应对中国“政治战”“信息战”的机构等。特朗普政府还在美国国务院设立“全球接触中心”（Global Engagement Center），重组建立“美国全球媒体署”（US Agency for Global Media）等机构，使其在对华意识形态攻势中扮演核心角色，而美国情报和司法部门等也深度参与其中。有中国学者认为，特朗普政府推动美国出现“新麦卡锡主义”，“在对中国崛起的疑虑总体上升的大背景下，美国学界、政界及美国社会出现一种以‘恐中’‘反中’为主要特征的新的‘政治正确’”，“新麦卡锡主义”对中美关系带来的负面影响不可低估。[②]

总之，特朗普执政以来，美国在不同领域加大对华战略竞争，而且这一竞争具有突出的总体性、跨域性和联动性。比如，中美“贸易战”很大程度上也是“政治之争”，其根本矛盾在于两国政府—社会关系和经济发展方式的深刻分歧。此外，中美经贸冲突和国家安全问题相互缠绕，美国将经济问题“安全化”。尤其是美国战略界人士担心本国军工产业链对中国企业的依赖程度加深，他们因此宣扬要与中国在经济和技术上

---

① John Garnaut, Testimony to US House Armed Services Committee Hearing on State and Non-State Actor Influence Operations: Recommendations for US National Security, March 21 2018, https://docs.house.gov/meetings/AS/AS00/20180321/108048/HHRG-115-AS00-Wstate-GarnautJ-20180321.pdf.

② 赵梅：《警惕麦卡锡主义在美国沉渣泛起》，《现代国际关系》2018 年第 6 期，第 6—7 页。

“脱钩”。美国企业研究所高级研究员卜大年（Dan Blumenthal）、新美国安全中心副总裁伊利·拉特纳（Ely Ratner）等美国智库学者热炒所谓中国“经济胁迫”“政治战”以及“灰色地带”等问题，他们主张制定能够应对中国的“全面战略”。这些事实都表明，在特朗普执政时期，美国对华打压进入到一个全新的阶段。①

## 二、美国战略界如何看特朗普政府对华政策

特朗普政府上台后，显著、持续调整美国对华战略，从经贸关系、地区安全、国际机制、人文交流、信息舆论等多方面对中国加大施压，将对华展开“全方位竞争”作为美国对华政策调整的主基调。美国对中国的战略定位、威胁认知、策略选择等呈现冷战结束以来乃至中美正式建交以来最为深刻的变化。在明确将中国视为首要对手的情况下，特朗普政府对华政策的目标、态势和打法也呈现相应的负面变化。从目标层面看，20 世纪 70 年代以来美国对华战略可以概括为“对冲性接触”，即通过“接触”按照美国意图改造中国并将中国拉入美国主导的国际体系，同时借助打造亚太同盟、加大军事压制等手段进行“对冲”（hedge），防范与中国在台海等地区爆发武装冲突。美国力图以“对冲性接触”，对中国的崛起进行管理。然而，到了特朗普执政时期，美国对华政策进入“后接触”时期，从“对冲性接触”转向“全面性规锁”，意在阻滞乃至打断中国崛起的势头。正如布鲁金斯学会高级研究员乔纳森·波拉克（Jonathan D. Pollack）和杰弗里·贝德（Jeffrey A. Bader）所言，“对许多美国人来说，关键性议题不再是如何处理与中国的关系，而是如何抵

① 参见 2018 年 7 月美国参议院对外关系委员会举行的“中国挑战”系列听证会的相关证词和讨论情况，https://www.foreign.senate.gov/hearings/the-china-challenge-part-1-economic-coercion-as-statecraft-072418。

制或者是阻止（如果可能的话）中国向全球大国迈进的步伐”。[①] 从态势层面看，相较于奥巴马政府，特朗普政府的对华政策出现“反守为攻”的变化，其进攻性、霸凌性、冒险性十分突出，在台湾问题等方面主动打牌、制造动荡，摆出一副不惜也不惧与中国发生严重冲突的架势。从打法层面看，奥巴马政府对华“软硬兼施”且重视国际规则和多边打压，特朗普政府则是打破常规，将“退群”与“建群”相结合，施压各方在美国和中国之间“选边站队”，借助美国在冷战期间积累的“阵营对抗”经验加快建立围堵中国的“统一阵线”。

应看到，特朗普政府以强硬姿态处理对华关系的做法具有一定的两党共识、府会共识和朝野共识基础。美国知名外交评论人士、塔夫茨大学教授丹尼尔·德雷兹纳（Daniel Drezner）认为，“抛开党派偏见，外交政策领域的多个派别一致认为，中国值得美国采取更强有力的应对”。[②] 不仅传统基金会、企业研究所、哈德逊研究所、新美国安全中心等保守派智库对特朗普政府对华政策大加赞赏，战略与国际问题研究中心、对外关系委员会、亚洲协会、美国进步中心等智库发布的相关报告表明，它们总体上认同特朗普政府对华强化战略竞争的努力。正如澳大利亚前总理、亚洲协会政策研究院（Asia Society Policy Institute）主席陆克文所指出的，在一定程度上，美国国内呈现出一种“新麦卡锡主义”氛围，这也导致美国战略界人士日益将对华强硬作为新的“政治正确”。尤其是，2018 年以来，共和党战略精英在对华认知方面出现向特朗普和班农思想靠拢的倾向。2019 年 3 月，班农等人发起成立具有浓重冷战色彩的组织“当前危险委员会：中国”，该组织以应对“共产党中国对美国的生

---

① Jonathan D. Pollack and Jeffery A. Bader, “Looking before We Leap: Weighing the Risks of US-China Disengagement,” The Brookings Institution, July 18, 2019, https://www.brookings.edu/research/looking-before-we-leap-weighing-the-risks-of-us-china-disengagement/.

② Daniel Drezner, “The China Gap,” *The Washington Post*, January 31, 2019.

存和意识形态威胁”为使命。[①]

首先，美国智库专家认为，特朗普政府对华政策取得的最突出的“成就”在于，其成功地引导了美国前所未有地关注“中国挑战”，并给予中国“战略竞争者”这一明确定位。对外关系委员会高级研究员、美国前驻印度大使罗伯特·布莱克威尔（Robert Blackwill）称，2001 年以来美国政府就误判了中国的战略意图，中国对美国国家利益和民主价值观的威胁越来越大，特朗普政府发挥了“唤醒美国”的作用，“在北京果断地将大部分亚洲国家纳入其轨道并远离美国的时候，如果没有特朗普政府对中国实力日益增长的危险进行持续的政治推动，美国可能还在继续其梦游”。[②] 捍卫民主基金会高级研究员、前副总统切尼国家安全助理约翰·汉纳（John Hannah）则称，“特朗普政府迄今为止对国家安全最重要的贡献或许就是毫不掩饰地将中国视为美国长期利益的主要威胁”。[③] 其次，美国战略界人士认为特朗普政府准确地将经济和技术竞争作为其对华战略的重中之重，认为其对抗性的贸易政策有可能让中国在诸多经贸政策方面“改弦更张”。如普林斯顿大学教授范亚伦（Aaron Friedberg）等人称，“这些报复性、保护性措施已经显著地控制了中国决策者的注意力，迫使他们更加认真地展开谈判，至少带来了实现最终变革的可能性”。[④] 再次，他们认为特朗普政府在南海问题上的应对较奥巴马政府更加强硬，美军不顾中方不满持续开展“航行自由行动”，且在地域范围上深入西沙海域，重视巩固美方在“印太”尤其是西太平洋地区的军力优

---

① Wendy Wu, “Cold War is Back: Bannon Helps Revive US Committee to Target ‘Aggressive, Totalitarian Foe’ China,” *South China Morning Post*, March 26, 2019.

② Robert Blackwill, “Trump’s Foreign Policies Are Better Than They Seem,” Council Special Report No. 84, Council on Foreign Relations, April 2019, p. 16.

③ John Hannah, “Trump’s Foreign Policy Is a Work in Progress,” *Foreign Policy*, February 14, 2019.

④ Charles W. Boustany and Aaron L. Friedberg, “Answering China’s Economic Challenge: Preserving Power, Enhancing Prosperity,” *NBR Special Report No. 76*, The National Bureau of Asian Research, February 2019, p. 27.

势，利用美国海岸警卫队力量等回应“灰色地带”挑战，美国战略界人士妄称这些举措有助于抑制中国的地缘政治扩张势头。最后，他们赞扬特朗普政府开始注重在地缘经济方面“回击”中国，尤其是认为美国加大对“一带一路”的制衡符合自身的长期利益。

当然，美国战略界在总体肯定特朗普政府对华政策的同时，也指出其存在不可忽视的问题、失误和弱点。

一是认为特朗普政府的相关政策损害了美国的全球领导地位和国际机制，从长期看这不利于美国赢得对华竞争。战略和预算评估中心高级研究员、约翰·霍普金斯大学教授哈尔·布兰兹（Hal Brands）指出，“尽管特朗普政府已经提高了军事开支，动摇了与中国的关系，并且清晰阐明需求一种更具竞争性的大战略，它也采取了很多削弱国际秩序和令美国在地缘政治方面更无力的举措”。① 尤其是在大多数美国战略人士看来，特朗普选择退出《跨太平洋伙伴关系协定》（TPP）是个败笔，而《跨太平洋伙伴关系协定》是“美国对日益强大的中国经济能做出的最重大地缘经济回应机制”。此外，美国进步中心中国项目主任韩美妮（Melanie Hart）等人认为，特朗普政府在气候变化等问题上采取了过于消极的政策，这为中国填补国际领导的“真空”提供了机遇，美国将会为此付出巨大代价。②

二是认为特朗普政府在经贸问题上“四面出击”，致使美国难以与欧洲、日本等发达国家结成更有力的对华“统一阵线”。前助理国务卿、加州大学圣地亚哥分校教授谢淑丽等人指出，美国不应武断地认为，在对抗中国方面，盟友和伙伴必然会与美国站在一起。特朗普政府采取的对

---

① Hal Brands, “Grand Strategy for a New Twilight Struggle,” in “New Voices in Grand Strategy,” Center for a New American Security, 2019, p. 20, https://s3.amazonaws.com/files.cnas.org/documents/Grand-Strategy-Report-Final-online-1.pdf?mtime=20190408141828.

② Melanie Hart and Kelly Magsamen, *Limit, Leverage, and Compete: A New Strategy on China*, Center for American Progress, April 2019, pp. 21–23.

华“脱钩”将引起全球产业链和贸易关系的急剧重组，而这会给美国的盟友和伙伴带来不少冲击，难免损害它们对美国的信任。换言之，特朗普政府低估了双边交易会带来的多边破坏性后果，“如果美国仅寻求与中国达成双边协议，这会带来一种风险，即造成会增加他国负担的结果”。而在中美技术竞争问题上，很多美国战略界和商界人士担心，特朗普政府的相关对华政策举措可能会损害美国自身的“创新生态”和产业竞争力。美国卡内基国际和平基金会高级研究员裴敏欣（Minxin Pei）认为，不同于美苏冷战，中美是两个相互关联且与世界深度融合的经济体，当今最具决定性的争夺将发生在经济领域（贸易、技术投资）；一些美国战略思想家已经认识到，美国要想赢得这场冷战，就必须切断与中国的商业关系，并说服其盟友也这样做，但这种做法需要付出高昂的代价，要求美国不仅要承担自己的损失，还要对盟友损失进行补偿。在 5G 争夺中，美国的盟友在所谓“安全威胁”和技术推迟的成本之间犹豫不决，美国并没有表现出任何奖励或补偿的意图；相反，在对钢铁和铝制品征税的过程中，特朗普政府表现出对盟友经济利益的漠不关心，美国与盟友在经济领域的斤斤计较，实际上是在中美较量中进行“自我裁减军备”。① 布鲁金斯学会高级研究员乔纳森·波拉克（Jonathan Pollack）和杰弗里·贝德（Jeffery Bader）则指出，“中国现在是世界上最大的贸易国，与包括美国盟友和伙伴在内的供应链深度融合。在亚洲、非洲和欧洲的基础设施投资中中国日益活跃，在多边贷款中也是如此。中国的产品（包括电信等一些高科技领域的产品）具有价格优势，受到全球市场的喜爱。也许最重要的是，除了美国自身，没有任何力量能支持美国，以阻

① Pei Minxin, “The High Costs of New Cold War,” *Project Syndicate*, March 14, 2019, https://www.project-syndicate.org/commentary/cold-war-us-china-trade-allies-by-minxin-pei-2019-03.

止中国在全球和地区经济中发挥越来越大的作用”。①

三是认为特朗普政府仍然缺乏“持久而全面”（enduring and encompassing）的对华战略，政府内部协调存在不少问题。白宫国家安全委员会前中国事务主任、布鲁金斯学会高级研究员何瑞恩（Ryan Hass）等人认为，特朗普政府对“中国威胁”的判定应更为精准，而不要随意夸大；美国在对华政策上应追求可实现的、现实的目标；美国可以指责“一带一路”等，但也要能够提出可行的“替代方案”。美国海军军事学院教授艾立信（Andrew Erickson）称，美国应当奉行“竞争性共处”原则，“不要整体打压中国，而是要反对它的有害行为”。很多美国智库专家认为，避免美中陷入恶性对抗和冲突符合美国的利益，遏制中国或者是与中国开打“新冷战”并非可行的政策选择，因而美国仍然需要对中国进行必要的对话，寻求管控竞争的更好方式。此外，布鲁金斯学会东北亚项目主任、美国在台协会前主席卜睿哲（Richard Bush）等人认为，在台湾问题等紧张因素更趋凸显的情况下，美中双方之间的危机管控机制未能得到特朗普政府的足够重视，而且美国国务院等机构缺少熟悉台湾问题的专家。②此外，不少人认为，美国政府对华政策的内部协调和执行机制存在一些问题。对外关系委员会亚洲问题专家希拉·史密斯（Sheila Smith）称，特朗普政府内部以及政府与司法和立法部门之间的严重分裂，导致难以在外交政策中整合美国资源，而且美国政府内部的专业知识和经验缺乏也是一大问题。③

---

① Jonathan Pollack and Jeffery Bader, “Looking before We Leap: Weighing the Risks of US-China Disengagement,” The Brookings Institution, July 18, 2019, https://www.brookings.edu/research/looking-before-we-leap-weighing-the-risks-of-us-china-disengagement/.

② Richard Bush, “U.S.-Taiwan Relations in the Trump Administration,” *Asia Policy*, no. 23, 2017, pp. 29–35; J. Stapleton Roy, “Trump's Incredibly Risky Taiwan Policy,” ChinaFile, April 19, 2018, https://www.chinafile.com/reporting-opinion/viewpoint/trumps-incredibly-risky-taiwan-policy.

③ Sheila Smith, “US Policy in Asia Heads from Bad to Worse,” *East Asia Forum*, February 10, 2019, https://www.eastasiaforum.org/2019/02/10/us-policy-in-asia-heads-from-bad-to-worse/.

# 第二章

# 美国战略界对“一带一路”的主要认知

2013年中国政府提出“一带一路”合作倡议，对此美国一开始并没有做出强有力回应。虽然美方拒绝加入中国倡设的亚洲基础设施投资银行（亚投行），但奥巴马政府高级官员很少公开谈及或是明确批评“一带一路”倡议。此后，“一带一路”建设取得诸多进展，国际社会给予普遍支持。[①] 在“一带一路”建设不断推进的情况下，美国方面开始将“一带一路”视为中国大战略的组成部分，日益担忧中国在全球范围内挑战和损害美方利益。“一带一路”成为美国对华认知呈现“威胁膨胀”（threat inflation）现象的重要推动因素。[②] 在特朗普政府对华展开“全方位竞争”的背景下，如何评估“一带一路”对美国国家利益和国际领导地位的影响，如何强化对“一带一路”有效制衡等问题，成为美国战略界人士对华政策辩论的焦点。总体而言，美方人士对“一带一路”的认知日趋负面，认为中国欲借“一带一路”对欧亚大陆进行控制，并进而

① “一带一路”建设被写入中国共产党章程，被中国政府定位为推动构建人类命运共同体的重要实践平台，参见杨洁篪：《以习近平外交思想为指导　深入推进新时代对外工作》，《求是》2018年第15期。

② Dan Blumenthal, Testimony before US Senate Foreign Relations Committee, Hearing on “The China Challenge, Part Ⅰ: Economic Coercion as Statecraft,” July 24, 2018; Nadege Rolland, “China's Belt and Road Initiative: Underwhelming or Game-Changer?” *The Washington Quarterly* 40, no. 1(2017): 136–138.

谋求“全球霸权”。他们还宣扬“债务陷阱论”“滋生腐败论”“产能污染论”“破坏安全论”“输出模式论”“规则替代论”等一系列消极论调。[①] 与此同时，针对如何加大对“一带一路”的制衡，美国战略界人士还提出不少政策建言。

## 第一节　美国官方对“一带一路”的回应

奥巴马政府对“一带一路”倡议并无积极表态，尤其是对中国倡导设立的亚投行采取了明显的抵制政策。着眼于应对亚洲等地区巨大的基础设施建设融资挑战，中国政府在 2013 年提出建立亚投行，并邀请相关国家成为该行创始成员国。奥巴马政府对此反应强烈，时任美国财政部部长雅各布·卢（Jacob Lew）以亚投行达不到管理和贷款方面的“全球最高标准”为借口，多次劝说美国盟友和伙伴国不要加入这一机制。但最终，英国、德国、法国、韩国、澳大利亚等国不顾美国阻力，决意成为亚投行创始成员国。2016 年 1 月 16 日，亚投行正式运营。此后，美国重要盟友加拿大等国也选择加入亚投行。

虽然奥巴马政府在亚投行问题上做出消极回应，但并未对“一带一路”倡议予以全盘否定。特别是到了奥巴马政府执政后期，它还试图就此与中方深化沟通，探索合作的可能性。2015 年 3 月，时任美国常务副国务卿安东尼·布林肯（Antony Blinken）在布鲁金斯学会就“中亚的长久愿景”发表演讲称，中国在中亚是非常重要的参与者，中国的参与并非“零和游戏”，有助于加强亚洲在陆上和海上的互联互通，与美国的努力也可形成相互补充，“中亚可以重振它作为全球商业、理念和文化重要

① Joel Wuthnow, Testimony before the US-China Economic and Security Review Commission, Hearing on “China's Belt and Road Initiative: Five Years Later,” January 25, 2018, pp. 2–4.

交汇点的历史角色”。[①] 同年 5 月，当时负责南亚和中亚事务的助理国务卿妮莎·比斯瓦尔（Nisha Biswal）表示，中亚不是进行“零和性的地缘战略对抗的空间”，包括中国在内的每个国家都可扮演建设性角色，美国欢迎亚投行等新多边机制在遵守国际规则的条件下满足该地区国家的紧迫需要。[②] 时任助理国务卿帮办理查德·霍格兰德（Richard Hoagland）也提出，“中国在中亚地区开发的能源、道路和交通基础设施与美国的努力并不冲突而且完全是互补的”。[③] 2015 年 6 月，霍格兰德访华并与中国国家发展和改革委员会官员商讨如何使“新丝绸之路”计划与“丝绸之路经济带”建设互为补充，探索美中在第三国合作的具体形式。[④]

实际上，中国政府也早已明确表示“一带一路”倡议不会刻意将美国排除在外。2015 年 9 月，习近平主席对美国进行国事访问期间指出，“一带一路”是开放包容的，欢迎美国参与到“一带一路”的合作中来。2016 年 2 月 25 日，王毅外长在战略与国际问题研究中心发表演讲，并围绕互联互通、产能合作等内容介绍“一带一路”建设的进展，他表示，“中国的国际产能合作计划是开放的，不仅跟所有有意愿的国家进行产能合作，也欢迎三方合作。如果把中国的先进装备、充足的融资和发达国

---

① Anthony Blinken, “An Enduring Vision for Central Asia,” Remarks at the Brookings Institution, March 31, 2015, http://www.state.gov/s/d/2015/240013.htm.

② Nisha Biswal, “Central Asia in a Reconnecting Eurasia,” Remarks at Center for Strategic and International Studies, May 12, 2015, http://www.traceca-org.org/en/traceca/.

③ “US Support for the New Silk Road,” http://www.state.gov/p/sca/ci/af/newsilkroad/; Richard Hoagland, “Central Asia: What's Next,” Remarks at Georgetown University, March 30, 2015, http://www.state.gov/p/sca/rls/rmks/2015/240014.htm. Also see Andrew Korybko, “The Hoagland-Blinken Doctrine is Washington's Updated Plan for Central Asia,” *Oriental Review*, April 13, 2015, http://orientalreview.org/2015/04/13/the-hoagland-blinken-doctrine-is-washingtons-updated-plan-for-central-asia-i/; Marc Grossman, “Seven Cities and Two Years: The Diplomatic Campaign in Afghanistan and Pakistan,” *Yale Journal of International Affairs*, Summer 2013, http://yalejournal.org/wp-content/uploads/2013/06/YJIA-SUMMER-VOL8-ISSUE2-FINAL-A7-Grossman-Copy.pdf.

④ 《美方：中国的一带一路与美国新丝路互补》，大公网，2015 年 6 月 5 日，http://news.takungpao.com/world/roll/2015-06/3020164.html。

家，比如美国的一些技术和关键部件结合起来，这种产能合作就将更加有效地推动各国经济发展，从而促进世界繁荣”。①

2017年1月，特朗普正式上台执政。一些美国有识之士呼吁特朗普政府审慎对待美中关系，包括调整应对“一带一路”的策略。美国中央情报局前局长、特朗普国家安全和外交事务顾问詹姆斯·伍尔西（James Woolsey）公开撰文称，美国应支持中国在全球事务中寻求更大发言权，奥巴马政府反对中国倡导设立的亚投行是一个“战略性错误”，希望特朗普政府对“一带一路”做出“热烈得多的”回应。② 带有共和党保守派色彩的传统基金会是特朗普团队倚重的重要智库。该会高级研究员威廉姆·威尔逊（William Wilson）认为，中国通过推动“一带一路”建设志在“走向全球”，美国不必将此视为对自身利益的威胁，而是应努力保持自己在世界上的深度介入。③

与此同时，中国方面积极引导特朗普政府全面看待中美关系，尽量降低两国关系的不确定性，并通过“做大蛋糕”的方式来解决中美经贸摩擦，包括邀请美国参与“一带一路”合作，在基础设施、能源等领域扩大务实合作。2017年4月，中美两国元首在美国佛罗里达州举行首次会晤。习近平主席对特朗普明确表示，欢迎美国参与“一带一路”框架内合作。作为“百日计划”的早期收获之一，中美双方于5月上旬达成“十点共识”，其中包括美方“认识到‘一带一路’倡议的重要性”，将派出代表参加“一带一路”国际合作高峰论坛，中方则受邀赴美参加

---

① 《发展中的中国和中国外交——王毅在美国战略与国际问题研究中心的演讲》，外交部网站，2016年2月26日，https://www.mfa.gov.cn/web/ziliao_674904/zyjh_674906/201602/t20160226_9869801.shtml。

② James Woolsey, "Under Donald Trump, the US Will Accept China's Rise—As Long As It Doesn't Challenge the Status Quo," *South China Morning Post*, November 10, 2016.

③ William T. Wilson, "China's Huge 'One Belt, One Road' Initiative Is Sweeping Central Asia," *The National Interest*, July 27, 2016.

“选择美国投资峰会”。[①] 5 月 14 日，作为特朗普政府代表，白宫国家安全委员会亚洲事务高级主任马修·波廷杰（Matthew Pottinger）在北京出席“一带一路”国际合作高峰论坛时表示，美国欢迎“一带一路”倡议在促进基础设施互联互通方面的努力，美国企业已准备参与“一带一路”项目并提供“最有价值的商品和服务”，美国驻华使馆与美国企业还将共同组建“一带一路”工作小组负责推动具体进展。与此同时，波廷杰也强调，“一带一路”的相关合作需要确保招投标过程公开、透明，需要通过“高质量的融资”以防范无法承受的债务负担，需要考虑到项目东道国的公民社会组织的意见。[②] 及至 2017 年 6 月，杨洁篪国务委员赴华盛顿主持首轮中美外交安全对话，特朗普在会见杨洁篪时表示，美方愿同中方在“一带一路”有关项目上进行合作。

然而，2017 年下半年以来，美国国务卿雷克斯·蒂勒森（Rex Tillerson）及其继任者迈克·蓬佩奥、国防部长詹姆斯·马蒂斯、国家情报总监丹·科茨（Dan Coats）、国防情报局局长罗伯特·阿什利（Robert Ashley）等高级官员，以及很多美国国会议员开始在公开场合发表质疑和批评“一带一路”的言论。他们称，中国通过实施“一带一路”倡议，在全球范围内推行“掠夺性经济”，制造损害他国主权权益的“债务陷阱”，破坏美国的国际领导地位。2017 年 6 月，印度总理莫迪访问美国期间，特朗普与其发表联合声明称，应通过透明的、负责任的债务融资举措建设基础设施，促进地区的互联互通，并确保尊重主权和领土完整，法治和环境保护规则。[③] 这被认为是美国官方开始明确针对“一带一路”

① Joint Release: Initial Results of the 100-Day Action Plan of the US-China Comprehensive Economic Dialogue, US Department of Commerce, May 11, 2017, https: //www. commerce. gov/news/press-releases/2017/05/joint-release-initial-results-100-day-action-plan-us-china-comprehensive.

② 波廷杰：《“一带一路”很大程度上是一种机遇》，财新网，2017 年 5 月 17 日，http: //special. caixin. com/2017-05-17/101091524. html。

③ The White House, “United States and India: Prosperity through Partnership,” *Joint Statement of US President Donald Trump and Indian Prime Minister Narendra Modi*, June 26, 2017.

采取反制。2017年10月，在美国参议院军事委员会举行的听证会上，马蒂斯称，“在一个全球化的世界，有很多条‘带’和很多条‘路’，没有哪个国家应将自己置于掌控‘一带一路’的位置”。[①] 他还特别提出中巴经济走廊等项目有损地区安全。同月，在出访印度前夕，国务卿蒂勒森在美国智库战略与国际问题研究中心（CSIS）发表演讲称，“一带一路”使相关国家背上巨额债务，它们不仅在未来更加难以获得外部融资，还会面临债转股和债务违约的问题，这一局面难以支持这些国家的长期发展。蒂勒森还称，“我们需要与印度合作以确保印太逐步成为一个和平、稳定和不断繁荣之地，而不是变为一个充满失序、冲突和掠夺性经济的地区”。[②]

蒂勒森的继任者蓬佩奥则是有过之无不及，不仅在多个场合批评“一带一路”，还直接施压巴基斯坦、巴拿马、以色列等国警惕来自中国的投资，要求这些国家减少与中国之间的经济合作。例如，2018年10月，在访问巴拿马期间，蓬佩奥称巴拿马人应对中国国有企业的“掠夺性经济活动”（predatory economic activity）保持警惕，他还诬称，“当中国找上门来，对你们国家的民众来说并不总是好事”，但却拒绝指出他认为有问题的具体项目。[③] 2019年3月，蓬佩奥在美国国家评论学会主办的一次活动上表示，中国努力在世界各地建造港口，不是因为中国希望成为优秀的造船者或海上航行的守护者，而是在每一个项目中都包含了国家安全的因素；他暗示，“一带一路”是借助政府支持、低于市场价格、充斥掠夺性贷款的“不具经济性的提议”（a non-economic offer），而美国

---

① Ankit Panda, “Is the Trump Administration about to Take On China’s Belt and Road Initiative?” *The Diplomat*, October 19, 2017.

② Remarks by Rex Tillerson at Center for Strategic and International Studies on “Defining Our Relationship with India for the Next Century,” October 18, 2017.

③ Edward Wong, “Mike Pompeo Warns Panama agaist Doing Business with China,” *The New York Times*, October 19, 2018.

正“奋力确保世界上的每个人都认识到这一威胁”。[①] 2018 年 8 月，特朗普本人在私人场合表示，“一带一路”倡议“可能扰乱全球贸易并具有冒犯性”。[②] 10 月，副总统彭斯在保守派智库哈德逊研究所专门就对华政策发表演讲，称中国利用“债务外交”扩大影响力，将斯里兰卡等国港口据为己有，进而建立军事基地。[③] 11 月，在亚太经合组织（APEC）会议上，彭斯含沙射影地表示，美国不会“提供限制性的带或单行道的路”（constricting belt or a one-way road）。

值得注意的是，很多美军战区司令以及其他军方领导人从军事安全的角度对“一带一路”提出公开批评，这也从一个重要侧面表明美国对“一带一路”的制衡具有战略性色彩。2018 年 2 月，美军太平洋司令部司令哈利·哈里斯（Harry Harris）称，“一带一路”使中国能够影响全球航道，它是中国的一种有协调的、战略性的努力，旨在替换美国及其在“印太”地区的盟友和伙伴的位置，“全球咽喉要道”（global chokepoints）都会因“一带一路”而受到压力。[④] 同年 4 月，哈里斯的继任者（更名后的“印太司令部”司令）菲利普·戴维森（Philip Davidson）表示，通过“一带一路”中国想要“塑造一个与它自己的威权模式相符合的世界，并破坏国际规范，比如商业和信息的自由流动”。[⑤] 此外，美军非洲司令部司令托马斯·沃德豪瑟（Thomas Waldhauser）、南方司令部司令库尔

---

① Michael Pompeo, Conversation with Rich Lowry at the National Review Institute's 2019 Ideas Summit, March 28, 2019, https://www.state.gov/conversation-with-rich-lowry-at-the-national-review-institutes-2019-ideas-summit/.

② Annie Karni, "Trump Rants behind Closed Doors with CEOs," *The Politico*, August 8, 2018.

③ Ibid.; Remarks by Vice President Pence on the Administration's Policy toward China, The White House, October 4, 2018.

④ "All Global Chokepoints under OBOR Pressure: Admiral Harris," *The Economic Times*, February 15, 2018.

⑤ Bill Gertz, "US Admiral Outlines New Military Buildup to Counter China," *Asia Times*, April 24, 2018.

特·蒂德（Kurt Tidd）等也公开质疑“一带一路”向非洲和拉美地区的扩展。①

一些美国国会议员也就“一带一路”发表了负面评论，并要求特朗普政府对其加大制衡力度。比如，民主党籍参议员加里·彼得斯（Gary Peters）称，“一带一路”是中国“确保控制陆上和海上利益，并企图最终控制欧亚大陆和侵占那里的自然资源”的战略，这与美国的政策迎头相对。② 2018 年 5 月，美国参议院对外关系委员会下属的多边国际发展、多边机构暨国际经济、能源和环境政策小组委员会就国际“掠夺性经济手段”以及美国需如何回应举行听证会。该小组委员会主席、共和党籍参议员托德·扬（Todd Young）在听证会上表示：“美国的国家安全主要依赖于经济基础。多年来，中国和其他国家掠夺性的经济手段已经损害了这个基础。如果这个问题得不到解决，这些掠夺性手段不仅将进一步置美国的繁荣于危险之中，也会将我们的国家安全置于危险之中。”③ 2018 年 8 月，16 名联邦参议员联名致信美国财政部长姆努钦（Steve Mnuchin）和国务卿蓬佩奥，在信中他们提出，“一带一路”倡议的目标是“建立一个在经济上最终由中国主导的世界秩序”，美国必须对此加以抗衡。④

---

① *Posture Statement of Admiral Kurt W. Tidd before the 115th Congress Senate Armed Services Committee*, February 15, 2018, pp. 5-6.

② “US Backs India on OBOR, Says It Crosses ‘Disputed’ Territory,” *The Hindustan Times*, October 4, 2018.

③ “A Multilateral And Strategic Response to International Predatory Economic Practices,” Hearing before the Subcommittee on Multilateral International Development, Multilateral Institutions, and International Economic, Energy, and Environmental Policy, U. S. Senate Committee on Foreign Relations, May 9, 2018, https://www.foreign.senate.gov/imo/media/doc/05%2009%2018%20A%20Multilateral%20Response%20to%20International%20Predatory%20Economic%20Practices.pdf.

④ “Grassley, Senators Express Concerns over China’s ‘Debt Trap’ Diplomacy with Developing Countries,” Senator Grassley, August 10, 2018, https://www.grassley.senate.gov/news/news-releases/grassley-senators-express-concerns-over-china-s-debt-trap-diplomacy-developing.

## 第二节　美国智库专家如何看“一带一路”

过去几年来，随着“一带一路”建设不断推进，美国智库和战略界人士对“一带一路”研究的深入程度不断提升。美国国内主要智库纷纷设立专门研究项目，对“一带一路”的相关进展和信息加以跟踪研判。如战略与国际问题研究中心设立“连接亚洲”项目，全国亚洲研究局设立“新丝路经济走廊”项目等。此类项目多得到美国大企业和实力较强的基金会支持。相关智库陆续发布涉及“一带一路”的研究报告，试图影响政策讨论和制定。比如，彼得森国际经济研究所就“一带一路”撰写专题报告，深入分析其经济、政治和外交影响。兰德公司则围绕“一带一路”如何影响中国与中亚国家关系，以及中国在中东地区的角色变化等问题发布相关成果。值得注意的是，美国智库还邀请“一带一路”沿线国家人士参与其研究项目，力图从“第三方”视角探析“一带一路”。比如，彼得森国际经济研究所邀请保加利亚前副总理兼财政部长西麦昂·迪扬科夫（Simeon Djankov）加入“一带一路”课题组，负责研究中国与中东欧国家围绕“一带一路”开展的相关合作与问题。[①] 随着“一带一路”建设取得实质性进展，美国智库专家对“一带一路”的研究日趋深入、具体，并明确呼吁美国政府推出相应政策举措以加大制衡力度。在分析美国智库对“一带一路”的认知方面，可以将2017年下半年作为一个时间分界点。在此之前可称为“第一阶段”，这是“一带一路”倡议提出的初期，美国智库专家对“一带一路”的分析侧重于宏观

① *China's Belt and Road Initiative: Motives, Scope, and Challenges*, PIIE Briefing 16 - 2, Peterson Institute for International Economics, March 2016, https://piie.com/publications/piie-briefings/chinas-belt-and-road-initiative-motives-scope-and-challenges.

层面。在此之后可称为“第二阶段”。

在第一阶段，美国战略界人士对“一带一路”倡议表达了担心和疑虑。他们多认为，“一带一路”倡议是中国的“马歇尔计划”，中国意欲借此将经济实力转化为地缘政治影响力，建立和巩固自身对欧亚大陆的控制，并在国际秩序方面“另起炉灶”，推动“以中国为中心”的新型全球化，这将对美国的国家利益产生重大影响，或会削弱美国在第二次世界大战后所获霸权地位的基础。[①] 具体而言，美国战略界人士对“一带一路”的认知包括以下四个方面。

第一，担心中国通过“一带一路”抗衡美国的“亚太再平衡”，进而将“美国的亚太”转变为“中国的周边”。比如，布鲁金斯学会高级研究员杜大伟（David Dollar）等认为，中国提出“一带一路”倡议是对美国重返亚太的反制，“一带一路”建设如成功实施，将进一步强化中国在地区经济发展中的“核心”作用，有助于中国编织以自身为中心的经济圈。美国国家利益中心学者凯尔·丘奇曼（Kyle Churchman）称，地缘战略动机促使中国提出“一带一路”计划，设法突破美国在西太平洋的包围；“美国在中国西部地区的影响力远不如在中国东部沿海附近大，随着华盛顿将重心转移到亚太地区，这进一步促使北京‘向西去’”；另一个地缘战略动机在于软实力，中国希望通过提供基础设施项目资助，赢得共建“一带一路”国家的好感。[②]

第二，担心中国以经济合作为先导，推进与相关国家之间的政治和安全领域合作，打造“去美国化”的地区秩序。比如，美国海军战争学院专家詹姆斯·霍姆斯（James Holms）等称，中国不仅想要“条条大路

① Raymond F. Burghardt, “Managing Competition: A US-China Strategic Dialogue Report,” National Committee on American Foreign Policy, March 26, 2018, p. 3; Daniel Kliman, Testimony before US-China Economic and Security Review Commission, Hearing on “China's Belt and Road Initiative: Five Years Later”, January 25, 2018, pp. 2-3.

② Kyle Churchman, “Beijing's Boldest Plan Yet Faces West,” *The National Interest*, January 12, 2016.

通北京”，还希望借助“海上丝绸之路”连通太平洋与印度洋，使中国海上力量进一步“西进”。对外关系委员会高级研究员易明（Elizabeth Economy）等表示，中国通过“丝绸之路经济带”计划加大与俄罗斯的合作，中俄有可能进一步排挤美国在中亚地区的存在，打造“新的反美轴心”，进而削弱美国在整个欧亚大陆腹地的影响力。① 此外，一些美国智库专家还担心，在中国经济增长放缓的背景下，如果中国难以保持“一带一路”建设的可持续性，一旦出现大规模金融风险等问题，或是中国难以处理好相关的环境、社会和安全风险，“一带一路”就可能会给美国在部分国家的利益带来危害。

第三，担心中国借助“一带一路”挖美国墙角，拉拢美国的盟友和伙伴。战略与国际问题研究中心高级研究员甘思德（Scott Kennedy）等人称，欧洲国家不顾美国劝阻加入亚投行，表明中国有能力在美国和其盟友之间打入楔子。布鲁金斯学会高级研究员乔纳森·波拉克（Jonathan Pollack）等提出，在“一带一路”驱动下，欧洲国家正拉近与中国的关系，中国欲在欧洲实施“分而治之”策略，为了确保世界经济秩序不被中国所左右，美国和欧洲必须加大内部协商。② 美国全国亚洲研究局（NBR）项目主任纳德吉·罗兰（Nadege Rolland）称，“如果欧洲逐渐转向亚洲而不是关注大西洋，如果中国成功将自己与俄罗斯、中亚、东欧和中东更加紧密地联系在一起，美国政策制定者或许将被迫彻底地改变他们对这些地区甚至是整个世界的传统方略”。③

第四，担心“一带一路”对国际规则和规范造成冲击，甚而给美国

① James Holmes, “China's ‘String of Pearls’: Naval Rivalry or Entente in the Indian Ocean?” *The World Politics Review*, March 1, 2016.

② Jonathan Pollack and Philippe Le Corre, “Why China Goes to Europe,” The Brookings Institution, July 29, 2015, http://www.brookings.edu/blogs/order-from-chaos/posts/2015/07/29-europe-engagement-china-pollack-lecorre.

③ Nadege Rolland, “China's New Silk Road”, *NBR Commentary*, February 12, 2015, The National Bureau of Asian Research, http://nbr.org/downloads/pdfs/psa/rolland_commentary_021215.pdf.

等西方国家的发展模式带来深层次挑战。在美国大西洋理事会高级研究员罗伯特·曼宁（Robert Manning）等人看来，中国并没有按照西方国家的期待成为“负责任的利益攸关方”，反而是通过“一带一路”、亚洲基础设施投资银行等打造“并行的机制”。[①] 斯坦福大学高级研究员弗兰西斯·福山甚至提出，中国将利用“一带一路”倡议向其他国家出口自己的发展模式，一场历史性的发展模式之争正在中国与美欧西方国家之间上演，而这会影响全球政治的未来。福山忧心忡忡地呼吁：“如果我们不行动起来，就有可能将欧亚大陆以及世界其他重要地域的未来拱手让给中国以及中国的发展模式。”[②]

随着研究的不断深入以及“一带一路”在国际社会获得更多支持，一些美国智库专家对“一带一路”的认知开始出现若干积极变化。一是认为美国不应该对“一带一路”倡议反应过度。中央情报局前官员、战略与国际问题研究中心高级研究员张克斯（Christopher Johnson）等人呼吁，美国不应盲目夸大“一带一路”的地缘政治意涵，需要认真对待这一将深刻影响中国内外政策的重要倡议，应深化对“一带一路”相关进展的分析，寻求更坚实的信息基础和更明智的应对之道。[③] 二是认为“一带一路”并不必然导致中美之间的“零和博弈”。彼得森国际经济研究所所长亚当·波森（Adam Posen）、对外关系委员会东南亚项目主任约书亚·柯兰奇克（Joshua Kurlantzick）等称，美国国内有不少人对“一带一路”抱有“等着看它失败”的态度，但是“让中国失败”并不必然对美国有利，在促进地区发展等问题上，美中不完全是“你输我赢”的关系，

① Robert Manning and James Przystup, “How George Kennan Would Contend with China's Rise,” *The National Interest*, June 30, 2015.

② Francis Fukuyama, “Exporting the Chinese Model,” *The Straits Times*, December 30, 2015.

③ Christopher Johnson, “President Xi Jinping's ‘Belt and Road’ Initiative,” Report of the CSIS Freeman Chair in China Studies, Center for Strategic and International Studies, March 2016.

不妨考虑“让中国成功”。[①] 三是认为“一带一路”将为美中两国扩展合作提供新机遇，而美国可从中受益。曾供职于白宫国家安全委员会的南亚问题专家、美国进步中心高级研究员阿莉尔·维耶（Ariella Viehe）称，“一带一路”与美国提出的“新丝绸之路”计划具有很多共同目标，两者如能实现“串联”，可更好地完成相关重大项目。[②]

值得注意的是，一些美国战略界人士还主张跳出两国关系的框限，从国际秩序、全球治理的层面看待和回应“一带一路”。2017 年 2 月，布鲁金斯学会发布的《打造“实力现状”：美国国家安全战略》（*Building "Situations of Strength": A National Security Strategy for the US*）报告指出，中国并不想要推翻现行国际秩序，而是想要在其中发挥更大作用，并希望有机会为现行秩序增加新的内容，包括牵头组建亚投行和提出“一带一路”倡议；美国应满足中国的合理要求，否则中国将会与他国合力构建新的替代秩序。[③] 还有美国智库专家提出，美国政府可通过积极回应“一带一路”，鼓励中国在人道主义救援、灾害治理、流行性疫病防控、应对难民危机等方面做出更多贡献。谢淑丽等专家领衔撰写的报告则建议特朗普政府全面审视中国的全球治理政策，对中国提出的倡议要进行深入研究而不是动辄拒绝，一方面要考虑美国的利益，另一方面也要考虑这些倡议在提供国际公共产品方面的积极作用；考虑到亚太地区的复杂性，不同机制之间的适度竞争是有益的，特朗普政府应考

---

① 笔者参与了美国彼得森国际经济研究所有关“一带一路”的研究项目，亚当·波森（Adam Posen）在讨论中多次做出这一表态；Joshua Kurlantzick, "Let China Win. It's Good for America," *The Washington Post*, January 15, 2016。

② Ariella Viehe, "US and China Silk Road Visions: Collaboration not Competition," in Rudy de Leon and Yang Jiemian (eds.), *Exploring Avenues for China-US Cooperation on the Middle East*, Center for American Progress, July 2015.

③ *Building "Situations of Strength": A National Security Strategy for the US*, The Brookings Institution, February 2017, Summary, pp. 34-35, https://www.brookings.edu/wp-content/uploads/2017/02/fp_201702_ofc_report_web.pdf.

虑加入亚投行。[①]

2017年下半年之后是“第二阶段”，美国智库专家对“一带一路”的研究重点和主要看法呈现以下重要变化：一是更加注重研判“一带一路”建设的军事安全影响，认为“一带一路”是“以经促政、以商掩军”，[②] 关注“一带一路”如何影响南太岛国、孟加拉湾沿岸[③]、东非印度洋沿岸等重要节点地区的力量平衡，以及港口设施军民两用[④]、中国私营安保力量“走出去”、中国北斗导航系统“内嵌”相关国家等问题。[⑤] 比如，美国智库高级防务研究中心（C4ADS）高级研究员德文·索恩（Devin Thorne）等人对15个中国企业参与的港口项目案例进行了研究，包括巴基斯坦的瓜达尔港、斯里兰卡的汉班托塔（Hambantota）港以及柬埔寨的国公省港。该研究从战略位置、融资控制、开发模式、透明度和收益分配、中国共产党的参与、获益度等六方面构建分析框架。该研

---

① Orville Schell and Susan Shirk, “US Policy toward China: Recommendations for a New Administration,” Task Force Report of Asia Society, February 2017, http://asiasociety.org/files/US-China_Task_Force_Report_FINAL.pdf.

② 以商掩军，即通过商业和经济方面的合作达到军事安全方面的目标。——作者注

③ 位于印度洋北部的孟加拉湾就是这样的海域。孟加拉湾沿线有孟加拉国、印度、不丹、缅甸、尼泊尔、斯里兰卡和泰国七个国家，生活着约14亿人，GDP总量约2.7万亿美元，并保持着5.5%的年增长率。每年全世界有25%的贸易商品要从孟加拉湾经过。中国有70%的能源进口依赖重要海域孟加拉湾的交通，这片海域是亚洲国家通往波斯湾和非洲的通道，对中国、日本和许多其他亚洲国家而言都有重要的战略意义。于盟童：《孟加拉湾：“海上丝绸之路”上的风险因素》，美国之音，2018年4月20日，https://www.voachinese.com/a/belt-road-initiative-bay-of-bengal-20180419/4357209.html。

④ 2015年上海国际港务集团获得承建以色列海法民用港口项目的合同，这是近年中以合作的标志性进展。然而，该项目却引起美方很大不满。美军第六舰队的军事舰只经常访问海法港，美方担心中国在海法展开间谍活动，尤其是担心上海国际港务集团在2021年获得对海法民用港口的经营控制权。部分美国战略界人士甚至建议，美国海军从位于海法的基地撤离。2018年下半年，美国国防部、财政部以及副总统彭斯办公室也都分别向以色列方面施加压力，要求以方确保相关项目不会增强中国的情报搜集能力。在美国的不断施压之下，以色列内阁启动对海法港项目协议的跨部门评估。

⑤ Joel Wuthnow, Testimony before the US-China Economic and Security Review Commission, Hearing on “China’s Belt and Road Initiative: Five Years Later,” January 25, 2018, pp. 4-7.

究认为，中国通过在“印太”地区的港口投资获取对相关国家的政治影响力，建设军民两用基础设施以支撑中国的海军行动。①

二是更为关注“数字丝绸之路”问题，担心中国借此加大收集共建国家的重要数据，并通过华为、中兴等公司承接的相关项目（如在斯里兰卡、赞比亚、埃塞俄比亚）向“一带一路”共建国家输出中国式的信息监控系统。② 新美国安全中心亚太安全项目主任丹尼尔·克里曼（Daniel Kliman）等人高度关注中国在数字互联互通领域的实力提升，认为这不仅会导致中国企业在技术标准、数据获取等方面赢得优势，还会进一步扩大中国的“高科技非自由主义”（high-tech illiberalism）的影响力。他们诬称，“中国对‘一带一路’进行调整并更加聚焦于数字互联互通，它输出相关基础设施，不仅是为了通信，也是为了监控和审查”。③

三是炒作中国通过“一带一路”提升威权主义体制的国际影响力，借助“债务陷阱”加大对沿线国家的控制，在沿线国家开展“有中国特色的干涉”，强化中国的“经济胁迫”政策工具。④ 2018 年 5 月，在哈佛大学肯尼迪政府管理学院教授格雷汉姆·艾里森（Graham Allison）的指导下，该机构学者山姆·帕克（Sam Parker）等人完成了关于中国“债务外交”（debtbook diplomacy）的研究报告，称中国通过债务对巴基斯坦、斯里兰卡、缅甸、吉布提等国加强控制，中国的“债务外交”主要有三大战略目标，一是在南亚地区充实中国的“珍珠链”布局；二是通过拉

---

① Devin Thorne and Ben Spevack, “Harbored Ambitions: How China’s Port Investments Are Strategically Reshaping the Indo-Pacific,” Center for Advanced Defense Studies, April 2018, p. 4.

② Stewart M. Patrick, “Belt and Router: China Aims for Tighter Internet Controls with Digital Silk Road,” *The Internationalist*, Council on Foreign Relations, July 2, 2018; Elizabeth C. Economy, “Beijing’s Silk Road Goes Digital,” *Asia Unbound*, Council on Foreign Relations, June 6, 2017.

③ Daniel Kliman, “China’s Power Play: The Role of Congress in Addressing the Belt and Road,” Hearing of the US Senate Finance Subcommittee on International Trader, Customs, and Global Competitiveness, June 12, 2019, pp. 4–6.

④ Nadege Rolland, Testimony before the US-China Economic and Security Review Commission, Hearing on “China’s Belt and Road Initiative: Five Years Later,” January 25, 2018, pp. 2–3.

拢东盟及其成员国，反制美国在南海政策上对中国的压力；三是通过加强与太平洋岛国的关系，为中国人民解放军突破第一岛链提供有利条件。该报告认为，中国实现这些目标将会对美国的利益构成严重挑战，“美国政府已经认识到债务外交的力量，它是中国地缘经济武器库中的新工具”。[①] 值得注意的是，该报告是在美国国务院的支持下完成的。

四是忧心中国企业和金融机构在“一带一路”沿线国家的不合规经营和腐败行为、中国对相关国家贷款的低标准或“有中国特色的附加条件”，导致国际发展领域的规则和标准（尤其是环保和社会标准）受到破坏，从而引发“竞逐底线”（race to the bottom）问题。[②] 美国智库专家更加深入地探究美国联手日本、澳大利亚、欧洲、印度等各方共同制衡“一带一路”的具体举措，涉及情报分享、基础设施联合融资、“软性基础设施”援助等方面。美国国防大学国家战略研究所（Institute for National Strategic Studies）研究员吴志远（Joel Wuthnow）认为，考虑到资源和政治方面的限制因素，美国不能针对“一带一路”展开全面竞争，一个更好的策略就是利用美国的比较优势，尤其是注重发挥同盟和安全伙伴的作用。[③] 此外，在日本外务省等支持下，新美国安全中心学者就美国和日本如何协调各自在东南亚地区的政策进而加大对“一带一路”的制衡提出一系列具体建议。

随着“一带一路”建设取得多方面显著进展，特朗普政府和美国国会议员强调要加大针对“一带一路”的制衡，并将之作为美国对华战略竞争的重要组成部分。在此背景下，美国战略界人士就美国如何有效应

---

① Sam Parker and Gabrielle Chefitz, “Debtbook Diplomacy: China’s Strategic Leveraging of Its Newfound Economic Influence and the Consequences for US Foreign Policy,” Harvard Kennedy School, May 2018, pp. 2-3.

② Jeff M. Smith, “China’s Belt and Road Initiative: Strategic Implications and International Opposition,” Backgrounder, No. 3331, The Heritage Foundation, August 9, 2018, pp. 12-13.

③ Joel Wuthnow, “China’s Belt and Road: One Initiative, Three Strategies,” in *Strategic Asia 2019*, January 2019.

对“一带一路”带来的现实和潜在挑战提出一系列政策建言，主要集中在以下五个方面。

第一，从美国自身角度看，要加强跨部门协调，强化对“一带一路”的研究。“一带一路”建设的规模大、过程长、影响广且涉及美国多个政府部门的工作领域，因此可考虑在国家安全委员会成立新的协调机构，专门负责跟踪研究和统一应对“一带一路”。① 美国国防部可参照年度中国军力发展报告，发布“一带一路”年度报告，及时对外公布“一带一路”的进展和战略影响。② 该报告的撰写可考虑由“美中经济与安全审查委员会”进行，该机构年度报告目前已有关于“一带一路”的部分，可进一步扩展篇幅以提供更为详尽的分析。可委托相关美国智库建立“一带一路”投资跟踪数据库，及时更新相关项目的信息，并采取交互式研究方法评估项目在当地的实际进展与影响。在美国与日本、欧洲等盟友和伙伴的战略对话、外交磋商中，可增加专门针对“一带一路”的议题或设立相关工作小组。在美国驻外使领馆，需安排专门研究“一带一路”问题的官员，也可以从海外私人投资公司等机构选派代表入驻使馆，协调与东道国合作应对“一带一路”的事务。除了增强对美国政府雇员和外交人员的培训，还可与非政府组织合作，向美国公众阐明“一带一

① Jonathan Hillman, Testimony before the US-China Economic and Security Review Commission, Hearing on “China’s Belt and Road Initiative: Five Years Later”, January 25, 2018, pp. 9-10; Jeff M. Smith, “China’s Belt and Road Initiative: Strategic Implications and International Opposition,” Backgrounder, No. 3331, The Heritage Foundation, August 9, 2018, p. 23.

② 美国国防部发布的《2018 年度中国军力发展报告》称，“中国试图利用‘一带一路’与他国发展强有力的经济关系，按照符合中国利益的方式塑造这些国家的利益，慑止其在敏感问题上与中国进行对抗或对中国提出批评”；“中国可要求使用特定外国港口，对必要的后勤支持进行前置，以便支撑其在印度洋、地中海和大西洋的遥远水域的海军力量部署，如果中国这样做的话，那么部分‘一带一路’的投资就能够为中国营造潜在的军事优势”；“Annual Report to Congress: Military and Security Development Involving the People’s Republic of China,” Office of the Secretary of Defense, May 2018, pp. 111-112, https://media.defense.gov/2018/Aug/16/2001955282/-1/-1/1/2018-CHINA-MILITARY-POWER-REPORT.PDF。

路”的实质和战略影响，扩大美国社会对“一带一路”挑战的认知。[①]

第二，尽快提出美国版的“互联互通愿景”，更加注重发挥盟友和伙伴的“比较优势”，在制衡“一带一路”方面产生协力。与日本、澳大利亚、印度等合作，界定和倡导所谓“高质量基础设施”，从“过程视角”和“结果视角”监测中国支持的基础设施项目，关注项目招投标、政府采购、环保和社会标准、债务可持续性等方面。以基础设施的“全生命周期成本”概念突出中国项目的“廉价低质”特征。[②] 借鉴“采掘业透明度倡议”等制定原则标准，利用世界银行、亚洲开发银行、二十国集团等多边机制，增强对美式原则标准的国际支持。推动中国加入“巴黎贷款俱乐部”等，用多边机制加大对中国“债务外交”的约束。大力发挥盟友和伙伴国的作用，在制衡“一带一路”方面进行分工协作。[③] 在南亚地区，可采取“印度施压、美日提供融资”的合作模式，削弱中国在斯里兰卡、孟加拉等国的影响力。在南太地区，可发挥澳大利亚的主导作用，对巴布亚新几内亚、瓦努阿图、所罗门群岛等国加大施压，从增强岛国网络安全能力等入手，阻碍中国企业对这些国家的渗透。此外，可以考虑将此前主要由日本和印度推动的“亚非增长走廊”计划升格为美日印澳四边机制框架下的合作项目。[④] 针对中国与以色列的“一带一路”合作，兰德公司学者提出，中以关系新动向可能导致以色列与美国利益产生分歧，中国在以色列的关键性基础设施则会引发政治和安

---

① Jeff M. Smith, “China's Belt and Road Initiative: Strategic Implications and International Opposition,” Backgrounder, No. 3331, The Heritage Foundation, August 9, 2018, pp. 23–24.

② Jonathan Hillman, Testimony before the US-China Economic and Security Review Commission, Hearing on “China's Belt and Road Initiative: Five Years Later”, January 25, 2018, pp. 10–11.

③ Ely Ratner, Testimony before the US-China Economic and Security Review Commission, Hearing on “China's Belt and Road Initiative: Five Years Later,” January 25, 2018, pp. 7–8.

④ Sam Parker and Gabrielle Chefitz, “Debtbook Diplomacy: China's Strategic Leveraging of Its Newfound Economic Influence and the Consequences for US Foreign Policy,” *Policy Analysis Exercise*, The Belfer Center for Science and International Affairs, Harvard Kennedy School, May 2018, pp. 49–50.

全风险：中国技术设备会引发网络安全及间谍风险；中国涉足的商业港口与以色列海军基地相邻，给以色列和美国带来严重安全隐患。美以两国应制定并推进双方均能接受的对华议程，将中国相关议题纳入常规讨论和决策中，确保定期共享信息，对中国在以色列及中东的经济活动进行联合监测。①

第三，在国际发展领域增强“美国模式”的吸引力，提升美国对相关国家和地区发展融资的实际支持能力。美国一方面要公开和指责中国的“掠夺性经济”，一方面也要拿出“真金白银”加大对相关国家的支持，提供“一带一路”之外的“替代性选择”。美国政府需要重新整合对外经济政策和发展援助的“工具箱”，国会则需增加相应拨款。大力促进私营部门对基础设施建设等方面的投资，引导全球的机构投资者支持相关国家和地区的基建项目。按照《善用投资促进发展法案》（BUILD）的要求，尽快将海外私人投资公司、美国国际开发署（USAID）“发展贷款部”等机构整合建立“美国国际发展金融公司”，将美国国务院民事援助部门、国际开发署等机构的相关资源向“印太”地区倾斜。② 考虑适时邀请韩国、欧洲国家、沙特等参与美日印澳四边机制的相关讨论和工作。此外，美国还应联合其他“志同道合”国家，对世界银行、国际货币基金组织等机构进行全面评估，改造国际发展融资体系，以更好地符合透明度、问责制、财政可持续等标准。可考虑建立“国际法律支持机构”，为债务国提供法律等方面的专业支持，为这些国家与中国商定公平的贷款协议提供咨询和帮助，避免其遭遇“债务陷阱”。

第四，对“一带一路”不要采取全面对抗的应对策略，不放弃美国

① Shira Efron, Howard J. Shatz, Arthur Chan, Emily Haskel, Lyle J. Morris and Andrew Scobell, “The Evolving Israel-China Relationship, ” RAND Corporation, pp. 124-144, https://www.rand.org/pubs/research_reports/RR2641.html.

② Ely Ratner, Testimony before US Senate Foreign Relations Committee, Hearing on “The China Challenge, Part Ⅰ: Economic Coercion as Statecraft”, July 24, 2018, p. 8.

企业从“一带一路”中谋利的机遇，在支持相关国家和地区“软性基础设施”建设等方面注重发挥美国优势。① 美国政府需要为美国机械制造类企业、法律和咨询服务类企业、物流企业和投资机构争取从“一带一路”中获利的机会，要求中方提升相关项目早期阶段的透明度，为美国企业提供充分信息，同时美国企业也要注重防范腐败、征地、政治等方面的经营风险。② 此外，美国还可着重加强对相关国家和地区“软性基础设施”的支持力度，重点参与发展数字经济等能够充分体现美国优势的合作，可考虑倡议建立“数字发展银行”，加强对低收入阶层和初创小规模企业的融资支持，提升相关国家发展资金使用的针对性、效率和廉洁度。③ 利用亚洲开发银行的“亚太项目筹备机制”（Asia-Pacific Preparation Facility）、世界银行和国际货币基金组织的“债务管理机制”（Debt Management Facility）等渠道，培训相关国家的政府官员、金融机构和企业，使其能够拥有专业的技能对涉及中国的项目进行评估，识别项目的“全生命周期成本”和债务风险等问题，引导其选择替代性建设方案。④ 此外，美国还应加大研究中国工程承包商、国有企业、私营企业与中国共产党和中国军方之间的联系，并将所获信息及时通报给相关国家政府，使后者意识到中国项目的“野心”和危害性。⑤

第五，在对待具体项目层面，美国需善于利用中国企业滥建“白象

① Doug Tsuruoka, “US Multinationals Angle for Inside Track in Belt and Road Push,” *Asia Times*, July 1, 2017.

② Daniel Kliman, “Responding to China’s Belt and Road Initiative,” Center for A New American Security, November 13, 2017; Jeff M. Smith, “China’s Belt and Road Initiative: Strategic Implications and International Opposition,” Backgrounder, No. 3331, The Heritage Foundation, August 9, 2018, p. 11.

③ Daniel Kliman, Testimony before US-China Economic and Security Review Commission, Hearing on “China’s Belt and Road Initiative: Five Years Later,” January 25, 2018, p. 7.

④ John Hurley, Scott Morris and Gailyn Portelance, “Examining the Debt Implications of the Belt and Road Initiative from a Policy Perspective,” *CGD Policy Paper*, No. 121, Center for Global Development, March 2018, pp. 21-25.

⑤ C. Christine Fair, “Pakistan Can’t Afford China’s ‘Friendship’,” *Foreign Policy*, July 3, 2017.

工程”（即大而无用的工程）等弱点，注重把握巴基斯坦、斯里兰卡等国出现的涉华负面社会情绪，借助这些国家内部反对“一带一路”的力量，强化对相关项目军事安全影响的监测。① 美国应当深入研究中国推进“一带一路”框架下各类项目存在的诸多弱点并加以利用，比如，通过灵活的贷款协议等手段，中国政府和企业可以促使相关项目快速启动，但这容易掩盖项目的长期风险；中国缺乏对项目进行全周期（涵盖倡议、建设、完成、使用、维护等阶段）管理的能力；大型基建项目难以按时保质完成损害中国声誉；中国工人和环境成本等问题引发东道国社会的抱怨和排斥；伙伴国的期待与项目的实际效果之间存在差距。② 过去几年，中国企业在相关国家试图开发或已经建设了一些“白象工程”，使当地政府背上沉重的债务负担，这些项目正逐步引发当地社会的不满，美国可对此加以利用。随着巴基斯坦、马来西亚等国新政府上台，美国需及时调整政策，加大与这些国家的接触和影响力度，灵活运用国际货币基金组织援助基金等政策杠杆，使之与中国的资金和项目逐渐疏远。此外，要进一步研判相关项目的军事安全影响，如扩展美印双方在西印度洋地区的相关合作，邀请印度方面向美军中央司令部、非洲司令部等机构派遣联络官，以加大对中国政府和企业相关经济活动的监测。美国还可通过“黑水公司”等机构对中国私营安保企业施加影响力，进而掌握涉及中国的项目情况。③

---

① Jeff M. Smith, “China's Belt and Road Initiative: Strategic Implications and International Opposition,” Backgrounder, No. 3331, The Heritage Foundation, August 9, 2018, p. 14.

② Jonathan Hillman, Testimony before the US-China Economic and Security Review Commission, Hearing on “China's Belt and Road Initiative: Five Years Later”, January 25, 2018, pp. 7-8.

③ 笔者与美国学者的交流，2018 年 5 月。

## 第三节　美国对“数字丝绸之路”的认知与应对

共建“数字丝绸之路”是“一带一路”国际合作的重要组成部分，对于促进全球数字经济发展、深化数字互联互通具有积极影响，受到国际社会普遍肯定和支持。[①] 然而，在特朗普政府不断强化对华战略竞争背景下，美国战略界对“数字丝绸之路”的关注日益上升并形成若干负面认知，普遍认为“数字丝绸之路”对美国的经济、外交和安全利益构成重大挑战，并就如何在数字基础设施建设、数字治理规则等领域强化对华竞争提出一系列政策建言。在实践层面，特朗普政府推出“数字互联互通与网络安全伙伴关系”（Digital Connectivity and Cybersecurity Partnership，DCCP）等机制，力图以“全政府”“全社会”方式加大对“数字丝绸之路”的制衡。梳理分析美国对“数字丝绸之路”的认知及应对，对于把握“数字丝绸之路”建设面临的国际环境具有现实意义，有助于更好地认识美国在“数字时代”推进对华战略竞争的策略、手段与特征。[②]

根据2016年9月发布的《二十国集团数字经济发展与合作倡议》所给出的定义，数字经济是指以使用数字化的知识和信息作为关键生产要素、以现代信息网络作为重要载体、以信息通信技术的有效使用作为效率提升和经济结构优化的重要推动力的一系列经济活动。[③] 自20世纪90年代以来，数字经济不断发展壮大，已经成为农业经济、工业经济之后

---

① 方芳：《“数字丝绸之路”建设：国际环境与路径选择》，《国际论坛》2019年第2期，第61—66页。

② 阎学通：《数字时代的中美战略竞争》，《世界政治研究》2019年第2辑，中国社会科学出版社，第4—8页。

③ 《二十国集团数字经济发展与合作倡议》，2016年二十国集团（G20）峰会官方网站，2016年9月20日，http://www.g20chn.org/hywj/dncgwj/201609/t20160920_3474.html。

一种新的经济社会发展形态。它高度依赖互联网、云计算、大数据、物联网、金融科技与其他新的数字技术。通俗地讲，在数字经济时代，数据成为“未来世界的新石油”，5G 网络等构成的数字基础设施则是支撑社会经济运行的新骨架。据预测，到 2025 年，全球经济总值的一半将来自数字经济。从经济规模、技术研发能力、企业实力等指标看，美国是世界上头号数字经济大国，中国则仅次于美国，两者之间存在竞争关系是难以避免的。截至 2019 年，美国数字经济占美国 GDP 比例达到 60%，规模达到 13.1 万亿美元。[①] 相较于美国，中国在数字经济领域的实力和影响力也不容小觑。根据中国信息通信研究院公布的数据，2019 年中国数字经济总量约为 35.8 万亿元，占 GDP 比例达到 36.2%。[②]

特朗普执政后，美国在数字经济、数字技术方面对中国的打压不断加剧，尤其体现在围绕 5G 问题的博弈。2019 年 2 月，美国联邦参议院商业、科技与运输委员会就美国 5G 技术发展与科技创新举行听证会。美国国会下属的美中经济与安全审查委员会（USCC）委员迈克尔·韦塞尔（Michael Wessel）在会上表示，中国意欲成为全球科技创新的领导者，而 5G 不仅是科技创新的核心，也会成为未来经济与基础设施建设的重要支柱，物联网、自动驾驶汽车、蜂窝通信和战场通信等都将以 5G 技术为基础。他还提及美国国家情报委员会发布的一份有关 5G 技术及其影响的报告，称 5G 技术到 2035 年将带来价值 12.3 万亿美元的全球经济产出，并支持 2200 万个就业岗位。韦塞尔强调，如果中国公司控制 5G 设备的生产和应用，将对美国带来严重挑战。韦塞尔在证词中说，中国在发展 5G 技术方面投入了至少 4000 亿美元的资金，并将 5G 计划融入其“一带一路”战略，中国试图创造一条“数字丝绸之路”，而美国却没有能够与

① 《全球数字经济新图景（2020 年）》，中国信息通信研究院，2020 年 10 月，http://www.caict.ac.cn/kxyj/qwfb/bps/202010/P020201014373499777701.pdf。

② 《中国数字经济发展白皮书（2020 年）》，中国信息通信研究院，2020 年 7 月，http://www.caict.ac.cn/kxyj/qwfb/bps/202007/P020200703318256637020.pdf。

之相抗衡的计划。① 此外，2019 年 7 月，美国国防创新委员会向美国国防部提交一份研究报告，称中国在 5G 开发方面已经处于领先地位，中国将在未来 5 年内为 5G 部署投入 1800 亿美元；主导 5G 技术的国家将在创新领域更具优势，并且能够为其他国家和地区制定标准。

中国企业在 5G 领域的突出实力引起美国方面的严重焦虑感。根据澳大利亚战略政策研究所（ASPI）的统计，截至 2019 年 4 月，中国公司在 34 个国家参与了 52 个 5G 项目。2018 年 11 月，美国咨询公司“欧亚集团”（Euroasia Group）在其发布的研究报告中指出，5G 将实现超高速、高容量和低延迟通信，应用于无人驾驶、工厂自动化和智慧城市等领域；掌握 5G 技术可获得政治和经济优势，5G 成为中美贸易和技术对抗的中心；中国在 5G 中的先发地位可通过“一带一路”国际合作方式转化成中国在非洲、拉丁美洲和中东国家地缘政治优势，美国的阵营中没有类似举措来扩大其在全球的技术影响力。② 2019 年 5 月 22 日，美国参议院提出一项法案，要求美国 5G 无线网络建设不采用华为、中兴及其子公司提供的设备或服务，并为此向美国国内的电信运营商提供约 7 亿美元的资助。特朗普政府不仅严格禁止或限制美国企业向华为公司提供软硬件产品，还试图在全球范围内构建阻击华为的“统一阵线”，如劝阻英国、日本、韩国等国企业向华为供货，要求相关国家取消或限制与华为的 5G 项目合作。由此可见，通过采取“既不买、也不卖”的手段，美国方面试图最大限度地压制中国企业在数字经济和数字技术方面的影响力。

美国在数字领域的对华施压，集中体现在围绕“数字丝绸之路”的

① Michael Wessel, Prepared Testimony before the Senate Commerce, Science and Transportation Committee, Hearing on “Winning the Race to 5G and the Next Era of Technology Innovation in the United States,” February 6, 2019, https://www.commerce.senate.gov/services/files/3B1AD4D5-B73A-4B01-BF93-8E6695095CA8.

② “The Geopolitics of 5G,” *Eurasia Group White Paper*, November 15, 2018, pp. 18-19, https://www.eurasiagroup.net/siteFiles/Media/files/1811-14%205G%20special%20report%20public(1).pdf.

博弈。应看到，在当今世界，无论是发达国家还是发展中国家，都处于经济和社会数字化转型的重要阶段，数字经济在推动实体经济发展、改善社会民生、提升国家治理能力等方面发挥着越来越突出的作用。近年来，在中国倡导的“一带一路”国际合作中，“数字丝绸之路”建设成为一大亮点。中国领导人就此提出，“我们要坚持创新驱动发展，加强在数字经济、人工智能、纳米技术、量子计算机等前沿领域合作，推动大数据、云计算、智慧城市建设，连接成21世纪的数字丝绸之路”。[①] 中国与相关国家还联合发起《“一带一路”数字经济国际合作倡议》等。[②] 应该说，“数字丝绸之路”建设与“联合国2030可持续发展目标”是一致的，有助于缩小“数字鸿沟”，提升相关国家发展数字经济、参与全球合作的能力，受到广泛认可。然而，一些美国战略界人士却对此不以为然，认为中国试图借助“数字丝绸之路”强化自身的经济、技术和地缘政治影响力，进而服务于中国“修正”国际秩序的目标，他们将此视为美国未来数十年面临的重大挑战之一。显然，美国的竞争性对华战略已经呈现数字经济时代的鲜明印记，美方日益从“数字地缘政治”即数字经济与地缘政治之间互动关系的角度看待“数字丝绸之路”建设，这是应当引起足够重视的趋势。

## 一、美国对“数字丝绸之路”的主要关切

近年来，美国智库不断加大对“数字丝绸之路”问题的研究，包括战略与国际问题研究中心、新美国安全中心、对外关系委员会等机构。美国国会也多次举办相关听证会。在美国深化对华战略竞争的总体趋向

---

① 《习近平谈治国理政》（第二卷），外文出版社，2017年，第513页。

② 《“一带一路”数字经济国际合作倡议》，中央网信办网站，2018年5月11日，http://www.cac.gov.cn/2018-05/11/c_1122775756.htm。

之下，美国政策界人士对“数字丝绸之路”普遍抱持疑虑和偏见，相关负面认知日益增多。①

第一，担心中国企业借助“数字丝绸之路”合作进一步强化商业和技术优势，对美国的经济利益和“技术领导地位”造成损害。战略与国际问题研究中心高级研究员布莱恩·哈丁（Brian Harding）对华为、阿里巴巴、腾讯、百度、滴滴出行等中国企业在东南亚地区的经营情况进行分析后称，这些企业得到中国政府在融资等方面的支持，能够以较低成本为当地提供高质量产品和服务。哈丁认为，在大数据、物联网、海底电缆、云计算、电子商务、在线支付、数字金融等领域，中国企业已拥有较强的竞争优势，这将直接影响苹果、脸书、谷歌、推特、优步等美国企业在相关国家的商业利益。② 此外，美国相关人士担心“数字丝绸之路”将动摇美国在5G、人工智能等技术领域的主导地位，而这些技术对于未来数十年各国经济社会发展具有基础性作用。③ 新美国安全中心高级研究员艾尔莎·卡尼亚（Elsa Kania）称，“‘数字丝绸之路’将使中国公司、标准和基础设施占据国际信息技术生态系统的中心，它会成为北京施展全球影响力的渠道”。④ 在美国相关人士看来，通过参与“数字丝绸之路”合作，中国企业将扩大在全球的市场份额，并在此基础上加快强化自身的技术研发以及商业应用能力。⑤ 他们担心，中国方面推动相关国

① John Hemmings and Patrick Cha, “Exploring China's Orwellian Digital Silk Road,” *The National Interest*, January 7, 2020.

② Brian Harding, “China's Digital Silk Road and Southeast Asia,” Center for Strategic and International Studies, February 15, 2019, access January 8, 2020, https://www.csis.org/analysis/chinas-digital-silk-road-and-southeast-asia.

③ “The Geopolitics of 5G,” *Eurasia Group White Paper*, November 15, 2018, pp. 18–19.

④ Elsa Kania, *Securing Our 5G Future: The Competitive Challenge and Considerations for U. S. Policy*, Washington D. C.: Center for a New America Security, November 2019, p. 10.

⑤ Andrew Kitson and Kenny Liew, “China Doubles Down on Its Digital Silk Road,” *Reconnecting Asia Analysis*, Center for Strategic and International Studies, November 14, 2019, access January 10, 2020, https://reconnectingasia.csis.org/analysis/entries/china-doubles-down-its-digital-silk-road/.

家实行数据本地化等政策，将使美国等西方国家企业在当地的运营成本上升，从而使中国企业获得更多“不公平竞争”优势；“数字丝绸之路”与“中国制造 2025”以及其他中国政府推动的产业和技术政策相互联动，中国企业将借助“数字丝绸之路”建设提供的政策支持，对相关国家科技企业进行并购，招募当地科技人才，进而在世界更大范围内推广中国技术标准，强化中国对“数字时代”的控制力。①

第二，担心中国通过推动“数字丝绸之路”建设在相关国家加大数据收集，从而在情报安全、信息安全等方面对美国利益构成挑战。② 新美国安全中心亚太安全项目主任丹尼尔·克里曼（Daniel Kliman）等人认为，随着中国企业在“一带一路”沿线国家承建数字基础设施和运营数字经济，它们可对当地政府、民众、商业和金融机构的数据进行控制，并将这些数据提供给中国政府，这对美国和相关国家而言是一种战略性风险。③ 美国国务院负责国际安全和不扩散事务的助理国务卿克里斯托弗·福特（Christopher Ford）公开称，由于中国存在相关法律规定，中国企业会在中国政府的压力下利用“数字丝绸之路”合作从事网络间谍活动，企业将成为情报工具。④ 需要强调的是，美国尤为关注中国企业在美国盟国和伙伴国的相关活动及其安全影响，他们提及的重点案例包括相

① Barry Naughton, "Chinese Industrial Policy and the Digital Silk Road: The Case of Alibaba in Malaysia," *Asia Policy* 15, no. 1 (2020): 27-32; "The 2019 Annual Report to Congress," US-China Economic and Security Review Commission, November 2019, pp. 211-214.

② William Pacatte, *Competing to Win: A Coalition Approach to Countering the BRI*, Center for Strategic and International Studies, December 2019, p. 10.

③ Daniel Kliman, "Time for Congress to Establish a US Digital Development Fund," *The Hill*, November 10, 2019; Clayton Cheney, "China's Digital Silk Road: Strategic Technological Competition and Exporting Political Illiberalism," in *Issues & Insights Working Paper*, Vol. 19, WP8, Honolulu: Pacific Forum, July 2019, pp. 14-15.

④ "Huawei and Its Siblings, the Chinese Tech Giants: National Security and Foreign Policy Implications," Remarks by Christopher Ford at Multilateral Action on Sensitive Technologies (MAST) Conference, September 11, 2019, access February 6, 2020, https://www.state.gov/huawei-and-its-siblings-the-chinese-tech-giants-national-security-and-foreign-policy-implications/.

关中国企业在菲律宾承建海底光缆项目、阿里巴巴运营新加坡电子商务公司来赞达集团（Lazada）、海航创新金融集团支持泰国承接中国—东盟跨境资金流动项目等。此外，美国还关注中国企业承建的涉及巴基斯坦、吉布提等国的海底光缆项目，认为该项目横跨南亚和东非地区并将延伸至欧洲国家，对美国的经济和安全利益具有重大影响。① 美中经济与安全审查委员会主席白嘉玲（Carolyn Bartholomew）、对外关系委员会高级研究员斯图阿特·帕特里克（Stewart Patrick）等认为，“数字丝绸之路”框架下的这类项目带来的信息安全风险不容忽视，中国可以通过窃听海缆通信等方式获取情报。②

第三，认为“数字丝绸之路”建设是中国“军民融合”战略的一部分，将在军事安全领域给美国带来复杂严峻的挑战。③ 2019 年 12 月，罗纳德·里根研究所发布报告指出，以往技术创新模式往往是“先军用、后民用”，而在当今时代，商业技术会“界定技术创新的前沿”，“数字丝绸之路”建设涉及大量具有军事安全应用潜力的商业技术。④ 参与“数字丝绸之路”建设的很多中国企业具有较强的技术实力，其中美国尤为关注人工智能技术，认为中国企业在算法、云计算、人机交流等领域处于世界前沿，中国军方试图借此打造针对美军的“非对称优势”，推进

---

① John Hemmings, “Reconstructing Order: The Geopolitical Risks in China’s Digital Silk Road,” *Asia Policy* 15, no. 1 (2020): 10-11; Wendy Wu, “US And Allies Urged to Increase Digital Investments in Asia to Counter China’s Belt and Road Tech Projects,” *South China Morning Post*, February 2019.

② Carolyn Bartholomew, Testimony before US Senate Subcommittee on International Trade, Customs and Global Competitiveness, Hearing on “China’s Belt and Road Initiative”, June 12, 2019, p. 5; Stewart Patrick and Ashley Feng, “Belt and Router: China Aims for Tighter Internet Controls with Digital Silk Road,” Council on Foreign Relations, July 2, 2018, access February 8, 2020, https://www.cfr.org/blog/belt-and-router-china-aims-tighter-internet-controls-digital-silk-road.

③ Dean Cheng, Walter Lohman, James Jay Carafano and Riley Walters, “Assessing Beijing’s Power: A Blueprint for the U. S. Response to China over the Next Decades,” *Special Report*, No. 221, The Heritage Foundation, February 2020, p. 34.

④ “The Contest for Innovation: Strengthening America’s National Security Innovation Base in an Era of Strategic Competition,” Ronald Reagan Institute, December 2019, pp. 7-8.

人工智能的武器化。[①] 此外，白宫国家安全委员会战略规划前高级主任罗伯特·斯伯丁（Robert Spalding）等高度关注“数字丝绸之路”框架下的智慧城市建设，认为中国企业在相关国家开展的“智慧城市”建设以及对“城市大脑”的推广具有重大的安全影响，这些项目涉及传感器、无人驾驶、计算机视觉等一系列可应用于军事领域的先进技术。[②] 美国专家还担心，中国政府通过“一带一路”科技人才交流项目推进“军民融合”战略，从全球延揽科技人才，促进军民两用技术的创新。[③] 兰德公司资深专家迈克尔·蔡斯（Michael Chase）、对外关系委员会研究员蕾切尔·布朗（Rachel Brown）等认为，“数字丝绸之路”框架下的北斗系统建设等合作，将有助于中国军方提升导弹定位定时等能力，还会使中国军方进一步掌控沿线国家的数据信息，从而增强其指挥、控制、通信、计算机、情报、监视与侦察（C4ISR）能力，这将对美国和相关国家军队之间的“互操作性”造成损害。[④]

第四，担心中国通过“数字丝绸之路”合作推广有关数字经济和网络治理的中国理念、中国方案，进而在国际规则和规范、意识形态层面对美国构成挑战。美国对外关系委员会数字和网络政策项目主任亚当·西格尔（Adam Segal）等认为，在构建和维护全球网络空间秩序方面，美中之间存在根本性差异。其称，美国支持自由、开放和负责任的网络

---

① US-China Economic and Security Review Commission, “The 2019 Annual Report to Congress,” November 2019, pp. 218-220.

② “Chinese Could ‘Weaponize Cities’ If It Controlled 5G Networks, Retired US General Says,” *South China Morning Post*, January 5, 2019.

③ US-China Economic and Security Review Commission, “The 2019 Annual Report to Congress,” pp. 213-214.

④ Michael Chase, “The Space and Cyberspace Components of the Belt and Road Initiative,” in Nadege Rolland (ed.), *Securing the Belt and Road Initiative: China's Evolving Military Engagement Along the Silk Roads, NBR Special Report, No. 80*, Seattle: National Bureau of Asian Research, September 2019, pp. 31-32; Rachel Brown, “Beijing's Silk Road Goes Digital,” Council on Foreign Relations, June 6, 2017, https://www.cfr.org/blog/beijings-silk-road-goes-digital.

治理，而中国则宣扬"互联网主权"概念，倡导数据存储、处理和传输的本地化，并严格控制互联网内容。美国和中国在网络空间秩序方面的冲突难以调和，世界或面临网络空间"冷战化"（即分裂为不同的互联网体系）问题。[①] 白宫国家安全委员会前高级主任麦艾文（Evan Medeiros）、亚太安全研究中心研究员约翰·海明斯（John Hemmings）等认为，中国试图利用"数字丝绸之路"建设推广"中国模式"，越南、印度尼西亚、坦桑尼亚、尼日利亚在接受中国网络基础设施建设支持的同时，会复制中国在限制跨境数据流动等方面的管理规定；中国通过开设"网络管理培训班"等方式，加大对"一带一路"沿线国家官员和相关企业人员的培训，向其推广中国的网络管理政策实践和经验，这些国家在拥有一定网络基础设施条件后可能会采取中国的"社会信用评分"等政策。[②] 美国相关人士诬称中国通过推动"数字丝绸之路"合作，帮助柬埔寨、肯尼亚、埃塞俄比亚、津巴布韦、阿联酋等国扩大对本国社会的监控，以"智慧城市""安全城市"建设推广"数字威权主义"（digital authoritarianism）治

① Adam Segal and Tang Lan, "Reducing and Managing US-China Conflict in Cyberspace," in Travis Tanner and Wang Dong (ed.), *US-China Relations in Strategic Domains, NBR Special Report, No. 57*, Seattle: National Bureau of Asian Research, April 2016, pp. 46-53; Lora Kolodny, "Former Google CEO Predicts the Internet Will Split in Two—And One Part Will Be Led by China," *CNBC*, September 20, 2018, https://www.cnbc.com/2018/09/20/eric-schmidt-ex-google-ceo-predicts-internet-split-china.html.

② Evan Medeiros, "The Changing Fundamentals of US-China Relations," *The Washington Quarterly* 42, no. 3 (2019): 100-101; John Hemmings, "Reconstructing Order: The Geopolitical Risks in China's Digital Silk Road," *Asia Policy* 15, no. 1 (2020): 15-16; Daniel Kliman and Abigail Grace, *Power Play: Addressing China's Belt and Road Strategy*, Center for a New American Security, September 2018, pp. 12-13.

理模式，损害公民隐私权和言论自由。① 美方人士认为，如果不加大对中国的制衡，为相关国家提供更多信息基础设施建设的选择方案，中国将会把威权主义治理方式与5G网络建设“打包”向“一带一路”推广，在网络空间拉下新的“冷战铁幕”，从而导致相关国家陷入“低质量发展+低质量治理”的困境。根据“自由之家”（Freedom House）2018年的一份报告，在接受调查的65个国家中，有18个国家从中国购买过监控设备，包括基于人工智能技术的人脸识别系统。许多非洲国家依赖中国的网络设备和其他高科技产品。在拉美地区，玻利维亚、巴拿马、委内瑞拉和阿根廷购买了中国企业制造的监控系统。2019年6月，在美国国会举行的一场听证会上，美中经济与安全审查委员会主席白嘉玲说：“数字丝绸之路项目为中国政府提供了更多据点，在建设数字基础设施的同时，输出其威权价值观、信息控制和监控。”美国国家亚洲研究局副总裁甘浩森（Roy D. Kamphausen）称，“北京利用推进‘一带一路’提升了中国的国际地位，增强了中国共产党在国内外的合法性，推动中国在国际秩序重大调整中发挥引领作用”。②

---

① Kurt M. Campbell and Jake Sullivan, “Competition without Catastrophe: How American Can Both Challenge And Coexist with China,” *Foreign Affairs* 98, no. 5 (September/October 2019): 98; Robert Spalding, “Data Security in a 5G World: Why It Matters More than Ever,” National Bureau of Asian Research, March 16, 2020, https://www.nbr.org/publication/data-security-in-a-5g-world-why-it-matters-more-than-ever/; Dalibor Rohac, “The Digital Silk Road,” American Enterprise Institute, June 10, 2019, https://www.aei.org/articles/digital-silk-road/; Anna Mitchell and Larry Diamond, “China's Surveillance State Should Scare Everyone,” *The Atlantic*, February 2, 2018, https://www.theatlantic.com/international/archive/2018/02/china-surveillance/552203/.

② Carolyn Bartholomew, Testimony before the Subcommittee on International Trade, Customs and Global Competitiveness, US Senate Committee on Finance, Hearing on “China's Belt and Road Initiative”, June 12, 2019, p. 5; Roy Kamphausen, Testimony before the Subcommittee on International Trade, Customs and Global Competitiveness, US Senate Committee on Finance, Hearing on “China's Belt and Road Initiative”, June 12, 2019, p. 3.

## 二、美国应对“数字丝绸之路”的主要策略

美国智库对“数字丝绸之路”的研究及建议转化为美国政府对华政策。2018年下半年以来，在“美中经济与安全审查委员会”等重要政策机构撰写的相关报告中，“数字丝绸之路”问题得到了重点关注，美国国会也就此专门举行听证会。在亚太经合组织会议等一些国际场合，副总统彭斯、国务卿蓬佩奥等特朗普政府高官频频指摘中国在网络和数字经济领域推动的国际合作。在将中国明确定位为美国首要战略对手的背景下，特朗普政府从“数字地缘政治”的角度展开对华竞争。

一方面，美国政府大力确保其在数字经济领域的全球领先优势，发布《国家网络战略》等政策文件，启动“美国人工智能倡议”等行动计划，注重在大数据、人工智能、云计算等领域提升数字技术研发和数字产业的融合力度。白宫科学和技术政策办公室（OSTP）、白宫创新办公室（OAI）等机构，负责推进特朗普政府与美国互联网巨头和其他行业的大企业合作，共同增强美国的“数字能力”。当然，加大出口管制力度，限制美国高科技企业与中国企业的业务往来，也是为了维护美国在数字经济方面的“技术领导地位”。另一方面，数字经济被特朗普政府作为落实“印太战略”的优先事项之一，美国对相关国家和地区数字基础设施建设等加大了支持力度。美国竞争策略的核心在于大力发挥私营企业的作用。美国政府希望通过“数字互联互通和网络安全伙伴计划”等平台，利用新组建的“美国国际发展金融公司”等机构，帮助美国互联网和信息技术企业在“一带一路”沿线国家获取更多商业合同。此外，美国还不断强化与日本、印度、澳大利亚等国的协调与合作，整合各方资金、技术、产业和地缘方面的优势资源，在东南亚、南亚、南太平洋、东非等地区联手制衡“数字丝绸之路”建设。比如，为“一带一路”国

家在与中国企业商签合同方面提供“技术支持”，应对所谓来自中国的“数字风险”“5G 陷阱”。

概而言之，美国应对“数字丝绸之路”的主要策略包括以下四个方面。

第一，以“数字互联互通和网络安全伙伴关系”等计划为主轴，增强美国政府内部的跨部门协调。2018 年，特朗普政府在“印太战略”框架下提出“数字互联互通和网络安全伙伴关系”计划，希望借此促进所谓“开放的、具有互操作性的、可靠的、安全的”网络，增强美国对发展中国家“数字未来”的塑造能力。[①] 为推进这一计划，特朗普政府成立了涵盖不同部门的工作组，由美国国务院、国防部、国际开发署等机构的代表构成。其中，美国国际开发署在推进该计划方面扮演重要角色，其充分运用自身技术能力以及与各国既有的广泛联系，推动美国与相关国家的数字经济合作，扩大美国科技产品的对外出口。美国国际开发署下设的“全球发展实验室”（Global Development Lab）等机构是相关职能的主要承担者。[②] 美国商务部实施的“亚洲通”（Access Asia）计划则将数字经济作为重点，推动美国企业加大与相关国家在数字经济领域的合作。此外，美国商务部还设立了“智慧城市：地区和社区的出口机遇”（Smart Cities：Regions and Communities Export Opportunities）项目。[③] 美国贸易发展署（USTDA）主要聚焦于支持美国的中小型数字技术企业。由于对“数字互联互通和网络安全伙伴关系”计划投入的财政资源有限，

---

① US Department of State, “A Free and Open Indo-Pacific: Advancing a Shared Vision,” November 4, 2019, pp. 19–20, https://www.state.gov/wp-content/uploads/2019/11/Free-and-Open-Indo-Pacific-4Nov2019.pdf.; Daniel Kliman, “Time for Congress to Establish a US Digital Development Fund,” *The Hill*, November 10, 2019.

② USAID, *Digital Strategy (2020–2024)*, April 2020, p. 26, https://www.usaid.gov/sites/default/files/documents/15396/USAID_Digital_Strategy.pdf.

③ Alice Ekman, *China's Smart Cities: The New Geopolitical Battleground* (Paris: The French Institute of International Relations, December 2019), p. 24.

特朗普政府试图通过深化跨部门协调，集中精力推动那些具有战略价值的数字经济项目，相关项目由美国国务院、国防部以及情报部门共同商量决定。

第二，加大对美国企业以及盟国和伙伴国家企业的支持力度，针对中国支持的“数字丝绸之路”项目提供“替代性选择”。① 一是着力发挥“美国国际发展金融公司”等机构的作用，帮助美国及其盟国和伙伴国家的企业在相关国家获取更多涉及数字经济、网络安全等业务的商业合同。② 二是美国商务部在相关国家设立“数字业务使馆专员”（Digital Attaché）职位，部分专员从美国科技公司征召并履行任期制服务，他们在促进相关商业往来的同时，还为驻在国寻求治理问题的数字解决方案提供支持。③ 三是通过美国财政部“技术援助办公室”下设的“政府债务和基础设施融资”（Government Debt and Infrastructure Finance）等项目，帮助相关国家实施债务管理并发展其国内资本市场，以增强这些国家对西方私营企业和投资者的吸引力。④ 为了强化与中国在数字经济领域的全方位竞争，美国在产业支持方面注重加大统筹运作力度，力图将电信基础设施、电子商务、智慧城市等产业融合推进。此外，有专家建议美国政府倡导设立“数字发展银行”或促进数字发展的专门基金，如在经济合作与发展组织（OECD）框架下成立美欧日三方合作基金，成立由经济合作与发展组织国家企业负责人组成的顾问委员会，向那些致力于推动西方网络治理规则的信息技术企业提供资金支持，使它们能够在发展中

---

① Barry Naughton, "Chinese Industrial Policy and the Digital Silk Road: The Case of Alibaba in Malaysia," *Asia Policy* 15, no. 1 (2020): 38-39.

② Patrick Cronin, et al., *Contested Spaces: A Renewed Approach to Southeast Asia*, Center for a New American Security, March 2019, p. 16.

③ "Digital Attaché Program Information," International Trade Administration, https://www.trade.gov/digital-attache-program-0.

④ Ely Ratner, et al., *Rising to the China Challenge: Renewing American Competitiveness in the Indo-Pacific*, Center for a New American Security, December 2019, p. 29.

国家的项目竞标中与中国企业展开有力竞争。[①]

第三，深化与盟友和伙伴国家政府的协调与合作，注重在技术标准、国际规则等层面加大对中国的制衡。特朗普政府通过设立“敏感技术多边行动”（Multilateral Action on Sensitive Technologies，MAST）等机制，推动盟友和伙伴国对中国相关技术企业进行限制，建立所谓“谨慎联盟”（Coalitions of Caution），力图维持其在半导体制造设备等产业领域的技术优势。[②] 2019 年 5 月，美国等 32 个国家在捷克布拉格召开 5G 安全会议，将中国政府和企业排除在外，会议通过的“布拉格提案”暗示中国企业和设备带来国家安全风险，强调要考虑产品供应商所在国家的治理模式。[③] 美国专家建议，可通过采取“地区性策略”与盟友和伙伴国联手压制中国数字技术企业的影响力，包括美国和日本共同支持东盟的数字基础设施建设、美国增加对日本和印度倡导的“亚非增长走廊”计划的支持力度、美国和沙特等国利用海湾合作委员会框架增强对中东地区数字经济和网络安全的掌控力。此外，还有美方人士建议从技术标准和规则角度加大对中国企业的压制，一方面，以“东盟—澳大利亚数字贸易标准倡议”“美日数字贸易协定”等为基础，将反对数据本地化、支持企业采取加密技术等条款扩展到美国与其他国家商签的贸易协议，进而影响

---

① Sam Parker and Gabrielle Chefitz, “Debtbook Diplomacy: China’s Strategic Leveraging of Its Newfound Economic Influence and the Consequences for US Foreign Policy,” The Belfer Center for Science and International Affairs, Harvard Kennedy School, May 2018, pp. 48–49; Daniel Kliman, “Why the United States Needs a Digital Development Fund,” Center for a New American Security, October 10, 2019, pp. 3–4.

② “Coalitions of Caution: Building a Global Coalition against Chinese Technology-Transfer Threats,” Remarks by Christopher Ford at FBI-Department of Commerce Conference on Counter-Intelligence and Export Control, September 13, 2018.

③ “Conference on 5G Seeks United Approach amid Huawei Security Warning,” *South China Morning Post*, May 4, 2019.

国际数字贸易规则;[①] 另一方面，美国可利用在新加坡设立的“亚洲优质基础设施中心”等机构，为数字基础设施建设设立高标准，提升相关国家应对来自中国的“数字风险”及“5G陷阱”的能力，未来还可与阿联酋等国合作设立“中东和印度洋地区优质基础设施中心”。[②]

第四，从技术援助、情报分享、舆论塑造等入手，增大中国在相关国家推动“数字丝绸之路”合作的成本。特朗普政府在2018年设立“美国支持亚洲经济增长”（U. S. -Support for Economic Growth in Asia）机制，由美国财政部技术援助办公室与美国贸易和发展署“全球采购倡议”（Global Procurement Initiative）等部门，为相关国家在与中国企业商签合同等方面提供所谓“技术援助”。[③] 美国通过“基础设施交易和援助网络”（Infrastructure Transaction and Assistance Network）、“交易咨询基金”（Transaction Advisory Fund）、“全球基础设施协调委员会”（Global Infrastructure Coordinating Committee）等机制，支持伙伴国强化基础设施项目的法律框架、提高项目的透明度、对项目计划进行重审以确保不存在隐匿的长期成本，对中国与相关国家在数字基础设施领域发展合作关系加大牵制。[④] 此外，新美国安全中心副总裁拉特纳（Ely Ratner）等建议，加强美国在数字时代的“战略传播”和“信息行动”能力，利用人工智能等新技术，收集相关情报和建立数据库，以更大力度帮助相关国家了解中国“数字丝绸之路”的风险性和危害性；利用非政府组织加大对相关国家官

---

① Matthew Goodman, et al. , Delivering Prosperity in the Indo-Pacific: An Agenda for Australia and the United States, Center for Strategic and International Studies, April 2019, pp. 8-9; Ely Ratner, et al. , *Rising to the China Challenge: Renewing American Competitiveness in the Indo-Pacific*, Center for a New American Security, December 2019, p. 32.

② Daniel Kliman and Abigail Grace, *Power Play: Addressing China's Belt and Road Strategy*, Center for a New American Security, September 2018, pp. 25-27.

③ US Department of State, *A Free and Open Indo-Pacific: Advancing a Shared Vision.*

④ Anita Prakash, "Indo-Pacific Connectivity Needs Support for Good Governance," *The Jakarta Post*, December 9, 2019.

员和媒体人士的培训，从增强当地“政治韧性”的角度抗衡中国的“数字影响力”；与相关国家合作，搜集中国企业不合规经营或其他违法活动证据，在必要时对中国企业施行“长臂管辖”，加大对阿里巴巴等特定中国企业的制裁，限制中国政府对本国企业的政治和金融支持，有效放缓中国“数字扩张”的步伐。① 美国还试图采取“差异性”竞争策略，在妇女赋能、增强数字包容性（digital inclusion）等方面促进具有美国特色的数字经济合作，以使美国的项目与中国的项目形成区别，增强对相关国家的吸引力。②

## 三、案例：美国在东南亚对“数字丝绸之路”的制衡

近年东南亚国家在数字经济方面实现较快发展并具有广阔前景，其拥有超过 3.6 亿网民，2019 年东盟地区数字经济规模达到 1000 亿美元，到 2025 年将增至 3000 亿美元。③ 美国战略界普遍认为，东南亚是中国推进“数字丝绸之路”建设的重点地区，东盟的市场规模及其拥有的巨量数据，以及东盟的地缘战略地位，决定了美国必须在该地区与中国加大竞争力度。④ 从现实看，特朗普政府将东南亚视为应对“数字丝绸之路”

---

① Ely Ratner, et al., *Rising to the China Challenge: Renewing American Competitiveness in the Indo-Pacific*, pp. 40–43; Daniel Kliman and Abigail Grace, *Power Play: Addressing China's Belt and Road Strategy*, Center for a New American Security, September 2018, pp. 26–27.

② Daniel Kliman, “Why the United States Needs a Digital Development Fund,” Center for a New American Security, October 2019, p. 4.

③ Amalina Anuar, “ASEAN's Digital Economy: Development, Division, Disruption,” *RSIS Commentary*, No. 046, March 18, 2019, p. 1–2; Jason Thomas, “Southeast Asia's Internet Economy Booming,” *The ASEAN Post*, October 8, 2019.

④ Brian Harding and Kim Mai Tran, “US-Southeast Asia Trade Relations in an Age of Disruption,” *CSIS Briefs*, Center for Strategic and International Studies, June 2019, p. 6; Prashanth Parameswaran, “ASEAN's Role in a U. S. Indo-Pacific Strategy,” *Insights & Analysis*, Wilson Center, September 2018, pp. 2–4; Andrew Scobell, et al., *At the Dawn of Belt and Road: China in the Developing World*, California: The Rand Corporation, 2018, pp. 300–302.

的重中之重，加快与东盟构建多层次合作协调机制，并通过“美日数字经济战略伙伴关系”等机制加大与盟友和伙伴国协作，在东南亚地区联手制衡中国的“数字影响力”。[①]

第一，通过“美国—东盟互联互通”框架下设立的“创新互联互通”计划，对东盟国家展开“数字外交”。“创新互联互通”计划包括“数字经济系列活动”“美国—东盟信息与通信技术工作计划”等内容。美国通过“数字经济系列活动”，以灵活、多样的方式与东盟国家政府官员和商业界人士加大接触力度，如安排美国网络安全专家开展巡回演讲、在东盟国家举办主题研讨会、与东盟电子商务协调委员会（ASEAN Coordinating Committee on Electronic Commerce）合办相关活动等。“美国—东盟信息与通信技术工作计划”由美国国务院和联邦通信委员会共同负责，主要项目包括由美国电信研究所针对东盟国家政府官员和商业界人士开展培训，培训内容涉及无线技术、国家网络安全战略、云服务等。[②]此外，特朗普政府还通过国际开发署下设的“数字亚洲加速器”（Digital Asia Accelerator）、美国—东盟商会举办的“数字政策磋商论坛”（Digital Policy Consultative Forum）等机制，加大与马来西亚、泰国等国中小企业的接触，并借此利用商业界力量影响东盟国家政府的政策制定。[③]

第二，以“美国—东盟智慧城市伙伴关系”构建为政策重点、以网络安全为主要抓手强化与东盟的关系。2018 年 11 月，美国副总统彭斯宣布推进“美国—东盟智慧城市伙伴关系”建设，该倡议主要与同年 4 月成立的“东盟智慧城市网络”（ASEAN Smart Cities Network）进行对接，重

① Simone McCarthy, “Can China Outsmart the United States in the Race to Build Smart Cities in Southeast Asia?” *South China Morning Post*, November 25, 2019.

② 参见美国驻东盟使团网站，https://asean.usmission.gov/wp-content/uploads/sites/77/Digital-Economy-Series-One-Pager.pdf, https://asean.usmission.gov/innovationconnect/#collapse1。

③ Michael Michalak, “How ASEAN Can Effectively Address the Data Privacy Conundrum,” *The Business Times*, April 4, 2019.

点支持26个东盟国家城市，具体项目涉及智能公共交通、城市水资源处理、数据中心等领域，谷歌、亚马逊等美国企业广泛参与其中。[①] 特朗普政府将网络安全作为美国对东盟政策的优先领域之一，并专门设立“美国—东盟网络政策对话”（ASEAN-U. S. Cyber Policy Dialogue）机制。2019年10月，该机制在新加坡举办首次年度会议，双方讨论的内容涉及5G技术、数字经济、网络能力建设等方面。美国还注重加大对“东盟网络能力发展项目”（ASEAN Cyber Capacity Development Project）等东盟既有机制的影响力。[②] 值得注意的是，特朗普政府将新加坡作为美国对东盟数字发展施加影响的关键力量，针对“美国—新加坡针对东盟的网络安全技术援助项目”（U. S. -Singapore Cybersecurity Technical Assistance Program for ASEAN）、“第三国培训项目”（Third Country Training Program）机制以及“东盟—新加坡网络安全卓越中心”（ASEAN-Singapore Cybersecurity Centre of Excellence）不断加大支持力度，帮助东南亚国家维护其“数字边境”。[③]

第三，注重在数字经济国际规则、网络空间治理等方面加大对东盟的引导，炒作中国给东盟数字生态体系带来“威胁”。虽然近年东盟数字经济实现快速发展，但在规则制定方面仍存在需要完善的空间。[④] 美国力图使东盟及其成员国接受“美日数字贸易协定”“二十国集团数据治理议

---

① Office of The Spokesperson, US Department of State, “The United States and ASEAN: Expanding the Enduring Partnership,” November 3, 2019, https://www.state.gov/the-united-states-and-asean-expanding-the-enduring-partnership/; Kim Mai Tran and Andreyka Natalegawa, “Supporting Southeast Asian Smart Cities is Critical for the Region and the United States,” *Commentary*, Center for Strategic and International Studies, December 21, 2018, https://www.cogitasia.com/supporting-southeast-asian-smart-cities-is-critical-for-the-region-the-united-states/.

② Prashanth Parameswaran, “What's behind the New US-ASEAN Cyber Dialogue?” *The Diplomat*, October 5, 2019.

③ Bhaswati Guha Majumder, “Singapore and US Sign New Deals: Cybersecurity Training and Bilateral Exchange of Tax Information,” *International Business Times*, December 4, 2019.

④ Amalina Anuar, “Indo-Pacific Economic Vision: Role of US-ASEAN Digital Diplomacy,” *RSIS Commentary*, No. 145, S. Rajaratnam School of International Studies, Nanyang Technological University, September 6, 2018, p. 2.

程”等倡导的有关原则和规则，美国驻东盟使团与缅甸等国围绕数据治理等问题进行磋商，具有一定官方色彩的美国—东盟商会针对落实“东盟数字数据治理框架”（ASEAN Framework on Digital Data Governance）等对东盟大力施加影响。① 为在“数字治理”领域进一步加大对华施压，美国政策界人士着力渲染中国在东南亚带来的“数字风险”。新美国安全中心高级研究员克罗宁（Patrick Cronin）等称，“当中国科技公司在东南亚数字生态系统中的存在日益增长，该地区各国社会将遭遇北京试图塑造其内部信息环境和扩展地缘政治野心的高风险”，美国需与相关国家合作应对中国在数字空间的“影响力行动”，尤其是在菲律宾、马来西亚和印度尼西亚这三个网络空间相对自由的国家，以反击中国释放的“虚假信息”（disinformation）。②

第四，将日本作为在亚太地区尤其是东南亚应对“数字丝绸之路”的首要伙伴，不断深化与日本的分工协作和相互借重。2019 年 5 月，特朗普访问日本期间，双方同意建立“美日数字经济战略伙伴关系”（Japan-U. S. Strategic Digital Economy Partnership，JUSDEP）。该机制旨在深化美日围绕数字经济等问题在第三国的合作，尤其是美国希望利用日本方面的资金和能力建设项目推动美国自身的相关倡议，如“数字互联互通和网络安全伙伴关系”“美国—东盟智慧城市伙伴关系”。③ “美日数字经济战略伙伴关系”的主要着力点包括以下四点。一是促进数字贸易

① Mark Manantan, “US, Japan, and Southeast Asia Cooperation: Building a Data Governance Blueprint,” *Asia-Pacific Bulletin*, No. 505, April 30, 2020, pp. 1-2; “Digital Economy Series Event on Cyber and Data Governance with Myanmar,” U. S. Mission to ASEAN, February 5, 2020, https://asean.usmission.gov/digital-economy-series-event-on-cyber-and-data-governance-with-myanmar/; US-ASEAN Business Council, “Digital Data Governance in ASEAN: Key Elements for a Data Driven Economy,” August 2019, pp. 3-5.

② Patrick Cronin, et al., *Contested Spaces: A Renewed Approach to Southeast Asia*, Center for a New American Security, March 2019, p. 22.

③ “Fact Sheet: President Donald J. Trump and Prime Minister Shinzo Abe Advance the United States' and Japan's Global Partnership,” U. S. Department of State, May 27, 2019, https://www.state.gov/president-donald-j-trump-and-prime-minister-shinzo-abe-advance-the-united-states-and-japans-global-partnership/.

和数字经济创新，运用所谓“最佳实践”推动东盟国家城市的数字转型。如通过美国商务部下属的国家标准与技术研究院发起的“全球城市团队挑战”（Global City Teams Challenge）项目，美日在促进东盟国家智慧城市建设方面展开协作。二是推进5G网络和海底光缆等信息通信技术基础设施的投资和建设，确保相关产品的供应链安全，在全球信息通信技术标准制定方面维护美日等国的主导权。三是在网络安全能力建设方面加强美日合作，推进“网络安全卓越中心”建设，围绕网络安全问题共同举办研讨会，加大对相关国家官员和企业界人士的培训。四是提出“利用数字互联互通促进人权”，打击数字保护主义和所谓“威权政府”对数据的非法使用，推动数据的自由流动、保护隐私和知识产权。如美日合作推动“亚太经合组织跨境隐私规则”（APEC Cross Border Privacy Rules）建设。①

除上述举措，美日战略界还谋求从以下四个方面加大联手制衡“数字丝绸之路”的力度。第一，美国国际发展金融公司与日本国际协力银行（JBIC）等机构合力支持美日以及伙伴国家的科技类企业在东南亚国家扩展业务，并且更加重视与民众日常生活紧密相关的数字经济产业（如在线支付等），从而与中国企业展开有力竞争。② 第二，更加重视与数字经济相关的人力资源开发。有美国专家建议，美国国务院教育与文化事务局应支持美国大学与日本相关机构合作，面向东南亚国家民众尤其是青年群体提供人工智能等方面的技术和职业培训。③ 第三，美国将进一步利用日本与东盟之间的既有合作机制扩展美国在数字领域的影响力，如东盟—日本网络安全能力建设中心（ASEAN-Japan Cybersecurity Capacity

---

① 参见日本外务省网站，https://www.mofa.go.jp/files/000482895.pdf。

② Nir Kshetri, “China’s Emergence as the Global Fintech Capital and Implications for Southeast Asia,” *Asia Policy* 15, no. 1 (2020): 80-81.

③ Patrick Cronin, et al., *Contested Spaces: A Renewed Approach to Southeast Asia*, Center for a New American Security, March 2019, p. 22.

Building Centre)。第四，鉴于美国和韩国、美国和澳大利亚也在围绕东南亚数字经济发展加大合作，美日可推动建立“美日韩”“美日澳”等促进数字经济的多边机制，以更好地整合盟友力量，加大对中国的制衡。[①]

## 四、美国制衡“数字丝绸之路”的前景和影响

虽然美国对“数字丝绸之路”采取了制衡举措，但也面临诸多制约性因素，美国难以推进旨在压制中国经济和技术影响力的“数字冷战”。[②]

首先，特朗普政府对与数字经济密切相关的中国企业进行打压，这在美国内部引发一定争议。近年，特朗普政府将中兴、海康威视等参与“数字丝绸之路”合作的中国科技类企业列入“实体清单”，全面强化对华出口管制，极力限制美国等相关国家企业与它们之间的商业往来，试图在5G等关键领域削弱中国实现技术进步的产业基础。这一做法招致高通、谷歌、苹果等美国企业的不满，认为此举不仅会直接冲击美企的供应链、商业利润和市场份额，还将使其在全球技术标准制定等方面受到不利影响。[③] 值得注意的是，美国商务部不断加大对华技术产品出口限制的做法在政府内部也引发一定争议。有美国国防部官员认为，限制美国企业与相关中国企业的商业往来将损害美国企业利益，从而导致企业研

---

① Lindsey Ford, *The Trump Administration and the "Free and Open Indo-Pacific"*, The Brookings Institution, May 2020, pp. 10-11; "5G Capacity Building Workshop for ASEAN Takes Place," U. S. Mission to ASEAN, May 24, 2019, https://asean. usmission. gov/5g-capacity-building-workshop-for-asean-takes-place/.

② Marc Champion, "Digital Cold War," Bloomberg, December 13, 2019, https://www. bloomberg. com/quicktake/how-u-s-china-tech-rivalry-looks-like-a-digital-cold-war.

③ Adam Behsudi, "US Chip Firms Fear Trump's Screws on Huawei is Bad for Business," Politico, February 10, 2020, https://www. politico. com/news/2020/02/10/us-chip-firms-fear-trumps-screws-on-huawei-is-bad-for-business-113222; Nicol Lee, *Navigating the US-China 5G Competition*, The Brookings Institution, April 2020, pp. 5-6.

发经费下降，不利于美国保持技术竞争力。[①] 此外，很多美国战略界人士也担心特朗普政府推进对华产业和技术“脱钩”会对美国自身利益造成反噬，美国前助理国务卿帮办、加州大学圣地亚哥分校教授谢淑丽等人指出，美国政府的相关做法将使自身的“创新生态系统”受到严重损害。[②]

其次，虽然特朗普政府以信息安全等为由施压美国盟友和伙伴国对中国企业进行限制，但后者并不愿完全跟随美国。美国国务卿蓬佩奥、财长姆努钦等美国高官游说 60 多个国家禁止华为参与本国 5G 建设，尤以英国、德国等为重点。英国国防大臣华莱士（Ben Wallace）称，特朗普及其政府核心成员在 2019 年 12 月举行的北约会议期间曾直接威胁英国，警告英国若批准华为进入其 5G 市场，美国将减少与英国的情报共享。[③] 然而，美国的施压并未奏效，截至 2020 年底，仅有澳大利亚、新西兰、日本、越南等少数国家明确做出禁止使用华为设备的决定。2020 年 1 月底，英国正式宣布允许华为有限参与本国 5G 网络建设。此外，德国等其他欧洲国家也不认同特朗普政府的“技术冷战”，一方面，它们感到美国方面渲染的所谓“安全威胁”缺乏真凭实据；另一方面，中国企业在技术、成本控制等方面具有优势，美国无法提供有力的“替代方案”。[④] 正如德国联邦内政部长泽霍费尔（Horst Seehofer）所言，德国反对将华为排除在本国 5G 网络建设之外，如果没有华为参与，德国 5G 网

---

① David Lynch, “Pentagon Nixes Proposal to Toughen Limits on US Sales to Huawei,” *The Washington Post*, January 24, 2020.

② Orville Schell and Susan Shirk, *Course Correction: Toward an Effective and Sustainable China Policy* (New York: Asia Society, February 2019), pp. 8, 22.

③ Zak Doffman, “Trump's Most Critical Huawei Threat Just Confirmed in ‘Surprisingly Outspoken’ Interview,” *Forbes*, January 12, 2020, https://www.forbes.com/sites/zakdoffman/2020/01/12/trumps-most-critical-huawei-threat-just-confirmed-in-surprisingly-outspoken-interview/#5882241448d1.

④ Federica Russo, “Virus Crisis Will Open Doors to Huawei 5G in Europe,” *Asia Times*, April 30, 2020, https://asiatimes.com/2020/04/virus-crisis-will-open-doors-to-huawei-5g-in-europe/.

络建设进程可能会放缓5—10年。[①] 德国专家呼吁欧中双方就数字经济及其政治安全影响问题加强对话，避免陷入“数字堑壕战”。[②]

第三，发展中国家和相关国际组织对美国的做法并不认同，担心被“数字军备竞赛”的阴影笼罩，不愿成为美国加大对华遏制打压的牺牲品。[③] 应看到，东南亚、非洲等地区的发展中国家在推进数字基础设施建设、发展数字经济方面有着巨大需求，希望借此打破发展困局，并应对城市化等带来的社会和治理难题。[④] 有专家注意到，美国所强调的“信息安全”并不是这些国家政府和民众的首要关切，而且美国往往夸大了这类威胁，“要是在脆弱的系统和昂贵的系统之间做选择的话，大多数发展中国家将会选择前者”，美国制造的恐惧阻挡不了“数字丝绸之路”。[⑤] 虽然美国不断炒作中国科技企业窃取非盟情报等话题，但非盟仍决定继续强化与华为公司在云计算、人工智能等领域的伙伴关系。[⑥] 柬埔寨、泰国、印度尼西亚等东南亚地区国家也希望在5G、智慧城市、远程医疗、

---

① Elena Pavlovska, “Germany's Interior Minister Oppose Huawei Exclusion,” *New Europe*, January 20, 2020, https: //www. neweurope. eu/article/germanys-interior-minister-opposes-huawei-exclusion/.

② Annegret Bendiek, et al. , “Preventing Digital Trench Warfare between the EU and China,” German Institute for International and Security Affairs, January 3, 2019, https: //www. swp-berlin. org/en/point-of-view/2019/preventing-digital-trench-warfare-between-the-eu-and-china/.

③ Andre Wheeler, “China's Digital Silk Road: the New Frontier in the Digital Arms Race?” *Silk Road Briefing*, February 19, 2020, https: //www. silkroadbriefing. com/news/2020/02/19/chinas-digital-silk-road-dsr-new-frontier-digital-arms-race/.

④ 黄玉沛：《中非共建“数字丝绸之路”：机遇、挑战与路径选择》，《国际问题研究》2019年第4期，第51—57页；楼项飞：《中拉共建“数字丝绸之路”：挑战与路径选择》，《国际问题研究》2019年第2期，第51—55页。

⑤ Jonathan Hillman, “Fear Will Not Stop China's Digital Silk Road,” *Financial Times*, July 11, 2019; Paul Triolo, Kevin Allison, Clarise Brown and Kelsey Broderick, *The Digital Silk Road: Expanding China's Digital Footprint*, Eurasia Group, April 2020, pp. 2-7.

⑥ Abdi Dahir, “The African Union is Doubling Down on Deepening Its Relationship with Huawei,” *Quartz Africa*, May 31, 2019, https: //qz. com/africa/1632111/huawei-african-union-sign-deal-to-boost-5g-ai-cloud-computing/.

自动驾驶等领域扩大与中国的合作。[①] 面对中美数字竞争带来的压力，东盟试图通过“数字一体化框架行动计划”（Digital Integration Framework Action Plan），推进东盟统一市场建设，处理不同技术规则和体系相关融合的问题，减少“分裂的数字经济”所带来的风险。[②]

虽然美国对“数字丝绸之路”的压制不会遂其所愿，但也不应忽视它带来的一系列负面影响。一是缩限中国企业的商业合作空间。美国将会继续加大对欧洲等盟友的压力，英国、德国等国内部的一些势力也试图在数字经济和网络安全领域对华采取强硬政策，如部分英国保守党议员要求在2023年前完全禁止华为参与该国5G建设。[③] 美国政府的阻力还会影响中美两国企业的既有合作，如中国企业浪潮集团与美国企业IBM、思科公司等曾在2017年11月建立合作机制，共同支持“一带一路”框架下的智慧城市建设。[④] 二是深化相关国家在中美之间“选边站队”的困境，美国在数字领域加大对华战略竞争尤其是“经济议题安全化”的做法，给东南亚、非洲等地区国家带来日益显著的压力，也可能会导致未来数字经济、数字技术发展陷入分立（bifurcation）或“巴尔干化”局面，进而增大相关国家的政策和发展成本。[⑤] 三是破坏围绕数字发展进行国际多边合作的基础和氛围。美国学者约翰·海明斯（John Hemmings）

---

① Stuart Lau, “ASEAN Nations Will Consider Huawei as 5G Supplier despite Security Questions, Official Says,” *South China Morning Post*, March 3, 2020.

② Amalina Anuar, “ASEAN's Digital Economy: Development, Division, Disruption,” *RSIS Commentary*, No. 046, Singapore: S. Rajaratnam School of International Studies, Nanyang Technological University, March 18, 2019, p. 3.

③ Dan Sabbagh, “Boris Johnson Forced to Reduce Huawei's Role in UK's 5G Networks,” *The Guardian*, May 22, 2020, https://www.theguardian.com/technology/2020/may/22/boris-johnson-forced-to-reduce-huaweis-role-in-uks-5g-networks.

④ Alice Ekman, *China's Smart Cities: The New Geopolitical Battleground*, The French Institute of International Relations, December 2019, p. 25.

⑤ Kristin Shi-Kupfer and Mareike Ohlberg, “China's Digital Rise: Challenges for Europe,” *MERICS Papers on China*, No. 7, Mercator Institute for China Studies, April 2019, pp. 45-46.

称，“当国家（军事、经济和政治）权力越来越多的支柱在发挥作用时依托于数字领域，各国将寻求以地缘政治方式使用这些权力”。[①] 显然，美国日益从“数字地缘政治”即数字经济与地缘政治之间互动关系的角度加大对“数字丝绸之路”的制衡，凸显零和对抗的色彩。在这一趋势影响之下，世界贸易组织、二十国集团等多边框架下的数字经济合作将面临更大阻力，或会成为地缘政治博弈的角力场，使“数字失序”（digital disorder）问题更趋突出。[②] 四是加剧国际机制和规则标准层面的大国竞争。美国对“数字丝绸之路”的制衡越发重视规则和标准制定问题，担忧中国将政府力量与产业优势相融合以在全球范围内推进“中国标准”。[③] 为了在数字技术和数字经济领域深化对华战略竞争，美国试图削弱中国在国际电信联盟（ITU）、世界知识产权组织（WIPO）、国际标准化组织（ISO）等机构中的影响力，对冲中国在国际规则和标准制定方面的努力，美国国家标准和技术研究院等也就如何应对中国在信息技术标准领域的挑战采取了反制行动。[④]

总之，美国战略界高度关注“数字丝绸之路”问题，从中我们可以发现数字经济时代中美博弈的若干新动向、新特征，“数字地缘政治”应当成为思考观察“一带一路”建设中美国因素的新视角。应看到，在以大国竞争为核心的战略导向下，美国对“数字丝绸之路”的认知充斥冷战思维和政治偏见，其对“数字丝绸之路”的制衡，不仅与针对中国的

---

① John Hemmings, “Reconstructing Order: The Geopolitical Risks in China’s Digital Silk Road,” *Asia Policy* 15, no. 1 (2020): 20-21.

② Global Business Policy Council, “Competing in an Age of Digital Disorder,” A. P. Kearney, June 21, 2019, https://www.kearney.com/web/global-business-policy-council/article/?/a/competing-in-an-age-of-digital-disorder.

③ Alan Beattie, “Technology: How the US, EU and China Compete to Set Industry Standards,” *Financial Times*, July 24, 2019.

④ Paul Triolo, Kevin Allison, Clarise Brown and Kelsey Broderick, *The Digital Silk Road: Expanding China’s Digital Footprint*, Eurasia Group, April 2020, pp. 12-13.

经济和技术竞争紧密相关，而且还与美国在意识形态、国际机制等层面的对华施压形成联动，具有全政府、跨域性等特征。特朗普政府的举措已经引起美国内外的普遍质疑，苹果、思科等美国企业担心自身的科技供应链会受到破坏，甚至还会损害美国的创新生态和长期竞争力。美国前财长亨利·保尔森（Henry Paulson）警告称，“随着供应链被打破，特别是对于敏感技术而言，商品贸易的一体化可能会被打破。通过跨境资本流动实现的一体化将面临更大的压力，因为美国各大行业将限制中国投资。事实上，如果这一趋势继续下去，全球创新生态系统的一体化很可能会因为美国和中国相互排斥对方的共同作用力而崩溃”。①

此外，欧洲国家也不认同特朗普政府的“技术冷战”，2019 年 3 月，德国国际与安全研究所（SWP）发布的报告呼吁欧中双方就数字经济及其政治安全影响问题加强对话。② 无疑，面对美国的“数字地缘政治”压力，中国需要制定全面、有效、审慎的应对方案，这其中关键在于更加深入地把握和运用数字经济时代蕴含的新思维、新理念，尤其是精妙地维护国家力量、企业力量和社会力量之间的平衡性。应看到，“数字丝绸之路”合作顺应第四次工业革命和数字经济发展的历史潮流，受到国际社会的普遍响应和支持，它不会因一些势力的阻挠而止步不前。中国需要努力引导美国客观看待“数字丝绸之路”建设，精准、深入地对接不同区域、不同国家、不同合作对象的需求，妥善应对“数字地缘政治”等新的难题，注重与东盟、欧盟等各方在数字贸易、数据治理规则制定方面加大协调力度，继续合作探索开放、包容、共享的数字经济发展之道。

---

① Henry M. Paulson Jr., “The United States and China at a Crossroads,” *The Foreign Service Journal*, July/August 2019, http://www.afsa.org/united-states-and-china-crossroads.

② Annegret Bendiek, Nadine Godehardt, Jurgen Neyer and David Schulze, “Preventing Digital Trench Warfare between the EU and China,” March 2019, https://www.swp-berlin.org/en/point-of-view/2019/preventing-digital-trench-warfare-between-the-eu-and-china/.

# 第三章
# 美国的“印太战略”及其影响

2017年11月，特朗普展开其执政后的首次亚洲之行，在此前后美国政府提出和宣扬所谓“印太战略”，进一步将“印太”作为推进对华战略竞争的地缘框架，宣称美国将与“印太”地区建立“新伙伴关系”。“印太战略”是奥巴马政府实施的“亚太再平衡”战略的延续，并在过去几年间不断得到充实和完善，相关协调机制、政策举措等陆续成型。“印太战略”已经成为美国制衡“一带一路”和对华展开地缘竞争的主要依托，尤其是美日印澳四边机制、美日澳三边基础设施伙伴关系等安排，明显具有对冲中国影响力的意图。① 如何处理“一带一路”与“印太战略”的互动问题，是管控中美博弈所需要应对的突出挑战。

## 第一节　“印太战略”的背景、目标与进展

“印太”概念最早由德国学者卡尔·豪斯霍费尔（Karl Haushofer）在20世纪20年代提出，近年成为美国、印度、澳大利亚等国战略界人士

① Ashley Tellis, Testimony before Senate Armed Services Committee, Hearing on "Protecting American Primacy in the Indo-Pacific," April 25, 2017.

口中的“热词”。根据特朗普政府《国家安全战略报告》的定义，“印太”是指“从印度洋西海岸至美国东海岸的广大区域，这是世界上人口数量最多、经济最具活力的地区”。① 作为地理和战略意义上的概念，特朗普政府并非“印太”的首倡者，“印太战略”可以说是 21 世纪以来美国持续调整亚太地区政策的结果。② 实际上，早在 2007 年，美国小布什政府就在其《21 世纪海上合作战略》中宣称，美国的战略重心将由大西洋和太平洋转向太平洋和印度洋。到了奥巴马总统执政时期，美国开始明确从“印太战略”框架看待和处理其亚太地区政策，尤其是全面扩展与印度的关系。2010 年，美国国防部发布的《四年防务评估报告》提出，印度已经成为印度洋以及更广阔地区的“净安全提供者”（net security provider），美国需要加强与印度的安全合作。时任国务卿希拉里·克林顿（Hillary Clinton）曾表示，“要在太平洋扩展我们与印度海军的合作，因为我们认识到印太地区对于全球贸易和商业有多么重要”。2015 年 1 月，美国和印度方面还共同发布了《美印亚太和印度洋地区联合战略愿景》。③

美国“印太战略”能够在特朗普时期最终成形并得到不断充实，确是与“一带一路”密切相关的。特朗普政府在 2017 年 12 月发布的美国《国家安全战略报告》提出，“一带一路”具有使中国成为欧亚大陆霸主的潜力，“中国的主导会破坏印太地区多数国家的主权”。④ 制衡欧亚大陆强权、确保美国海上霸主地位是美国国家安全战略的一种传统。曾担任美国海军学院院长的海权理论家阿尔弗雷德·马汉（Alfred Mahan）很

① The White House, *National Security Strategy of the United States of America*, December 2017, pp. 45-46.

② Pan Chengxin, “The ‘Indo-Pacific’ and Geopolitical Anxieties about China's Rise in the Asian Regional Order,” *Australian Journal of International Affairs* 68, no. 4 (2014).

③ The White House, *US-India Joint Strategic Vision for the Asia-Pacific and Indian Ocean Region*, January 25, 2015.

④ The White House, *National Security Strategy of the United States of America*, December 2017, p. 46.

早就提出，控制印度洋和太平洋至关重要，可以使相关国家沿着欧亚大陆边缘投射力量，美国应与民主国家构建“跨国海上联盟系统”，以抗衡位于欧亚大陆的强国。[①] 第二次世界大战结束后，美国国家安全战略的核心目标之一，就是防范欧亚大陆出现霸权国家。正如麻省理工学院安全研究项目主任巴里·波森（Barry Posen）所言，“对美国主权威胁最大的国家，来自于欧亚大陆可能出现的霸主”。[②] 而在苏联垮台后，美国“关键性和长期性”目标就是“阻止地区或大陆霸主的崛起”，“防止因资源过于集中于某一欧亚大国而对美国构成类似之前苏联那种全球性挑战”。[③] 然而，在很多美国战略界人士看来，中国正借助近年提出的“一带一路”倡议在整个欧亚大陆展开地缘经济攻势，并基于此不断扩张安全和政治影响力，进而威胁美国在二战后形成的霸权基础。显然，“印太战略”体现了一种鲜明的“海权”思想底色，旨在从太平洋和印度洋东西两线遏阻欧亚大陆可能出现的霸主。

在美方人士看来，“一带一路”实际上是具有中国特色的“印太战略”，它还拥有令中国在欧亚大陆获取优势地位的潜力。2017 年下半年以来，特朗普政府的多位高级官员都谈及或是暗示中国在“印太”地区通过“掠夺性经济”、南海军事化等方式谋求霸权，损害相关国家的主权，展开“胁迫性”行动，试图“在印太地区取代美国，扩展政府驱动的经济模式的影响力，按照有利于（中国的）方式重塑地区秩序”。[④] 针对这些挑战，“印太战略”的具体制定者之一、美国助理国务卿帮办黄之瀚（Alex Wong）等官员在阐释这一战略的内涵时指出：所谓“自由”是指，

---

① 罗伯特·卡普兰：《即将到来的地缘战争》，涵朴译，广东人民出版社，2013，第 120—129 页。

② 巴里·波森：《克制：美国大战略的新基础》，曲丹译，社会科学文献出版社，2016，第 256 页。

③ Zalmay Khalilzad, et al., *The United States and Asia: Toward a New US Strategy and Force Posture*, Santa Monica, California: RAND Corporation, 2001, pp. 43-48.

④ The White House, *National Security Strategy of the United States of America*, December 2017, p. 25.

该地区国家不受他国胁迫，而且能够在本国国内维护自由民主体制；所谓“开放”强调的是，“印太”地区海上交通线以及贸易和投资的开放性，尤其是南海不被任何国家控制。[①] 概言之，美国“印太战略”的主要目标包括以下三方面内容：一是强调维护“基于规则的印太秩序”，巩固自由、民主、法治等共同价值观；二是深化“印太”海上安全合作，要求根据国际法和平解决海洋争端，维护所谓“航行和飞越自由”，并增进海上执法、打击海盗、反恐、救灾等方面的合作；三是推动“负责任的互联互通”，支持符合透明、法治、环保等原则的“高质量基础设施”建设。[②]

“印太战略”具有压制中国的显著意图。正如美国智库卡内基国际和平基金会高级研究员史文（Michael Swain）所言，“印太战略”旨在“确保地区盟友意识到中国崛起可能带来的风险”，目的是让所有地区成员“共同对抗中国”。[③] 而且，特朗普政府的“印太战略”与日本、澳大利亚、印度等国各自版本的“印太战略”之间存在较强的联动和共振关系，并力图在经济政策和安全政策之间实现更加紧密的衔接，反映出美国试图对基础设施互联互通的地缘政治影响加以管控。此外，通过宣扬和推动“印太战略”，特朗普政府希望进一步促进日本、澳大利亚、印度等国在地区事务中承担更多责任，并增强盟友和伙伴之间的相互协作，将既有的轴辐式美国同盟体系打造为由各种盟友和伙伴结成的网状安全架构，

① “Briefing on the Indo-Pacific Strategy,” Bureau of East Asian and Pacific Affairs, Department of State, April 2, 2018, https://www.state.gov/r/pa/prs/ps/2018/04/280134.htm.

② Sam Parker and Gabrielle Chefitz, “Debtbook Diplomacy: China’s Strategic Leveraging of Its Newfound Economic Influence and the Consequences for US Foreign Policy,” *Policy Analysis Exercise*, The Belfer Center for Science and International Affairs, Harvard Kennedy School, May 2018, pp. 49-50.

③ Michael D. Swaine, “A Counterproductive Cold War with China,” Snapshot, *Foreign Affairs*, March 2, 2018.

尤其是将海上国家整合起来，“构建中国最为恐惧的海上围堵”。[①] 这一架构不仅有助于强化针对中国的集体制衡，同时也符合“美国优先”政纲对于降低美国国际领导成本的内在要求，即令美国的盟友和伙伴在压制中国方面承担起更多的责任。[②]

特朗普政府着力充实“印太战略”的具体内容，该战略的政策手段、资源保障和实施机制等逐步清晰。[③] 在经济领域，2018 年 8 月，美国国务卿蓬佩奥访问马来西亚、新加坡和印度尼西亚三国，出访前夕在美国商会主办的“印太工商论坛”发表《美国对印太地区经济前景的构想》演讲。蓬佩奥称，美国“不是为政治影响而投资，而是奉行合作关系经济学”，“我们相信战略伙伴关系，而不是战略依赖关系”。特朗普政府并未展开与“一带一路”规模和资金量对等的竞争，而是聚焦于数字经济和网络安全、能源和基础设施发展这三大领域，并宣布先期投入 1.13 亿美元的“预付资金”（down payment），以调动更多私人资本参与“通过能源增进发展和增长”（EDGE）等具体行动计划。[④] 此外，美国商务部、能源部和国际开发署等机构推出一系列扶持性政策，推动美国商业界进一步扩展与“印太”地区的联系。[⑤] 2018 年 11 月，副总统彭斯在《华盛顿邮报》撰文称，美国在“印太”地区的贸易总额为每年 1.8 万亿美元，为美国创造了 330 万个就业岗位，美国在该地区的投资总额高达 1 万亿美元，超出中日韩三国在“印太”地区的投资额之和。彭斯表示，美国

---

① Dan Blumenthal, Testimony before the House Permanent Select Committee on Intelligence, Hearing on “China's Worldwide Military Expansion,” May 17, 2018.

② “Australia, US, India and Japan in Talks to Establish Belt and Road Alternative: Report,” Reuters, February 18, 2018.

③ Josh Rogin, “The Trump Administration Offers Asia an Alternative to Chinese Investment,” *The Washington Post*, July 30, 2018.

④ Michael R. Pompeo, “Remarks on ‘America's Indo-Pacific Economic Vision’,” US Department of State, July 30, 2018.

⑤ “US Secretary of Commerce Wilbur Ross Announces Programs to Increase US Commercial Engagement in the Indo-Pacific Region,” Office of Public Affairs, US Department of Commerce, July 30, 2018.

与“印太”地区经济关系的拓展主要依赖私营资本，将推动更多具有可视性利益的项目。[①]

在安全领域，“印太战略”聚焦“海上安全”、人道主义援助和减灾、维和能力提升、打击跨国犯罪四大领域，以东南亚和太平洋岛国为重点，并加大对孟加拉湾沿岸国尤其是斯里兰卡的投入。[②] 2018 年 5 月，美军太平洋司令部正式更名为印太司令部。蓬佩奥在访问东南亚国家期间宣布美国将投入 3 亿美元，用于强化“印太”地区的安全合作。美国不仅牵头举办“东南亚合作训练”（SEACAT）等军事演习，还同新加坡启动“数字防御合作计划”，支持印度尼西亚和菲律宾等国打击跨境武装分子。孟加拉湾位于印度洋和东亚的接合部，地缘战略地位日益突出，加之斯里兰卡等国成为“一带一路”的重要合作对象，特朗普政府对这些国家加大了关注力度。此外，美国方面对太平洋岛国的重视程度也在显著上升，担忧中国通过增加对岛国港口等基础设施的投资而进一步获取安全影响力，甚至在此建立中国海外军事基地。[③] 美国和澳大利亚与巴布亚新几内亚共建马努斯岛隆布鲁姆（Lombrum）军事基地，该岛位于巴布亚新几内亚北部的俾斯麦海，处于重要的贸易运输线上。[④] 此举表明，着眼于维护美国在第二岛链区域的主导权，美军力量加快重返太平洋岛国地区，并大力加强澳大利亚的军事实力。2020 年 7 月底，澳大利亚外交部长玛丽斯·佩恩（Marise Payne）、国防部长琳达·雷诺兹

---

① Mike Pence, “The United States seeks collaboration, not control, in the Indo-Pacific,” *The Washington Post*, November 9, 2018.

② “US Security Cooperation in the Indo-Pacific Region,” Fact Sheet, Office of the Spokesperson, US Department of State, August 4, 2018.

③ Richard D. Fisher, Jr., Testimony before the House Permanent Select Committee on Intelligence, Hearing on “China's Global Military Power Projection Challenge to the United States,” May 17, 2018, pp. 10–12; “A New Battle for Guadalcanal, This Time with China,” *The New York Times*, July 23, 2018.

④ Stephen Dziedzic, “US to Partner with Australia, Papua New Guinea on Manus Island Naval Base,” ABC, November 17, 2018, https://www.abc.net.au/news/2018-11-17/us-to-partner-with-australia-and-png-on-manus-island-naval-base/10507658.

（Linda Reynolds）到访华盛顿，与美国国务卿蓬佩奥以及国防部长埃斯珀举行美澳“2+2”部长级磋商。美澳双方公布的联合声明称，与中国相关的议题是磋商的重中之重，美澳致力于加强两国在军力态势等方面的安全合作。美澳双方签署了《同盟防务合作和印太军事态势优先事项的原则声明》，建立双边军力态势工作组。这一工作组的主要任务是对如何推进在“印太”地区的美澳军力态势合作提出建议，以促进安全而稳定的“印太”并阻止强制行为和使用武力。双方还讨论了如何在“印太”地区加强应对各种挑战的能力，包括抗衡“灰色地带”（grey zone）战术、遏制侵略行为等。[①] 值得警惕的是，美澳两国将在澳大利亚达尔文建立战略军事燃料储备基地，这一项目由美国出资，但将采取商业运营模式。美澳还在加强防务科技与产业方面的合作，涉及高超音速技术、电子战、太空战能力建设等。2020 年 7 月，澳大利亚《2020 年国防战略更新》提出在未来 10 年投入 2700 亿澳元（约合 1900 亿美元）的国防预算。曾在澳大利亚外交部担任国家安全顾问的约翰·李（John Lee）认为，澳大利亚在军事能力建设方面将重点关注远程导弹、高超音速导弹、无人装备和网络作战能力，澳大利亚这一计划的目的明显是为了对抗中国军队，“目标是让中国在考虑扩大其在印太地区的军事影响力和存在时三思而后行”。[②]

在民主和治理方面，虽然特朗普政府不像奥巴马政府那样高调推动价值观外交，但源于美国外交的长期利益和传统关切，“印太战略”也加大了对这类问题的关注。特朗普政府也希望借此对“一带一路”形成更加全面而有效的制衡。在 2018 年 11 月出席亚太经合组织领导人非正式会

① Ben Scott, “Australia Must Enter the Grey Zone to Counter Threats of the Future,” *The Canberra Times*, July 6, 2020, https://www.canberratimes.com.au/story/6819326/australia-must-enter-the-grey-zone-to-counter-threats-of-the-future/.

② John Lee, “Down under Doubles Down on Checking China,” *The Wall Street Journal*, July 27, 2020, https://www.wsj.com/articles/down-under-doubles-down-on-checking-china-11595889726.

议期间，彭斯宣称美国政府投入4亿美元启动“印太透明倡议”（Indo-Pacific Transparency Initiative）。美方强调，良政（good governance）是美国“印太”愿景的核心部分，将支持该地区的负责任政府并推动民主和法治，要求各国尊重个人权利、保障宗教和言论自由、打击腐败等；“印太透明倡议”旨在增强相关国家的能力建设，提高其捍卫自身主权的能力，避免落入别国制造的“债务陷阱”。彭斯还颇具挑衅性地宣称，“威权主义和侵略行为在印太没有立足之地”。2019年3月，美国国防部亚太事务助理部长薛瑞福（Randall Schriver）再次强调了人权和治理等因素在“印太”秩序中的重要性。① 特朗普政府在“印太透明倡议”框架下提出200多个具体项目，涉及反腐败与财政透明度、选举能力建设、媒体与网络自由、水资源管理、女性赋权、青年领袖培训等众多领域。很多项目都是由美国政府与盟友、伙伴共同推动的，并注重运用公民社会组织、媒体等力量，在“印太”地区国家中强化影响力。例如，美国与澳大利亚、蒙古方面展开合作，为“被困生命线—公民社会组织援助基金”提供外交和资金方面的支持，以协助受到威胁的公民社会组织继续推进人权活动。②

在政策协调架构方面，特朗普政府大力推动美日印澳四边机制的实体化。四边机制最早是在2007年由日本安倍政府发起的，后因澳大利亚、印度方面并不积极，这一机制陷入被搁置的状态。2017年11月，在特朗普政府的推动之下，四边机制得到“重启”，先是举行了四国司局级官员的对话，后升格为部长级，四边机制涉及的政策议题包括海上安全、反恐、互联互通、网络安全等。特朗普政府以“四边机制+”（Quad+）

---

① *Statement by Randall Schriver before the 116th Congress Committee on Armed Services*, US House of Representatives, March 27, 2019, https://www.congress.gov/116/meeting/house/109234/witnesses/HHRG-116-AS00-Wstate-SchriverR-20190327.pdf.

② “Fact Sheet: Indo-Pacific Transparency Initiative,” Department of State, November 14, 2020, access October 12, 2021, https://2017-2021.state.gov/indo-pacific-transparency-initiative-2/index.html.

的模式扩展该机制的地区影响力，强化对中国的制衡。2020 年 3 月，美日印澳与新西兰、韩国、越南举行副外长级别的视频会议，虽然它们对外表示相关交流聚焦疫情和经济协调问题，但这一举动是四边机制向外扩展的重要一步。① 2020 年 8 月 31 日，美国副国务卿斯蒂芬·比根（Stephen Biegun）在美印战略伙伴关系论坛期间举行的在线会议上提出，要将四边机制“正式化”，建立某种更为紧密的、近似北约的关系。比根称，“印太地区实际上缺乏强有力的多边结构”，美国的“印太战略”是“在几乎所有领域反击中国”，美国政府的目标是将美日印澳以及区域内的其他国家整合在一起进行合作，以形成一道能够对抗“来自中国潜在挑战”的壁垒。比根还称，四边机制的目的是围绕共同价值观和利益建立一个关键群体，以吸引更多“印太”国家，甚至来自世界各地的国家，并最终以一种更有条理的方式缔约结盟。② 2020 年 10 月，蓬佩奥赴东京参加四边机制外长会议，并在会前与其他三个国家的外长进行了单独会晤。蓬佩奥在接受《日经亚洲评论》采访时表示，“我们四方一起，可以开始建造一个真正的安全框架”，其他国家可以在“适当时候”成为这个架构的一部分。③

除了四边机制，美日澳、澳日印等三边协调机制也逐步走实。比如，

① Indrani Bagchi, “India Joints Hands with NZ, Vietnam, S Korea to Combat Pandemic,” *Times of India*, March 21, 2020, India joins hands with NZ, Vietnam, S Korea to combat pandemic | India News—Times of India (indiatimes. com).

② “Deputy Secretary Biegun Remarks at the U. S. -India Strategic Partnership Forum,” US Department of State, August 31, 2020, https://www. state. gov/deputy-secretary-biegun-remarks-at-the-u-s-india-strategic-partnership-forum/; Rezaul Laskar, “Quad Should Be Formalized for Members to Deal with Global Challenges: Stephen Biegun,” *Hindustan Times*, October 20, 2020, https://www. hindustantimes. com/india-news/quad-should-be-formalised-for-members-to-deal-with-global-challenges-stephen-biegun/story-ix6i5rXzAoBAvvjJeyfjiJ.html.

③ Hiroyuki Akita, “Pompeo Aims to ‘Institutionalize’ Quad Ties to Counter China,” *Nikkei Asia*, October 6, 2020, https://asia. nikkei. com/Editor-s-Picks/Interview/Pompeo-aims-to-institutionalize-Quad-ties-to-counter-China.

在经济方面，美日澳三方于2018年7月宣布共同支持地区基础设施建设，签署三方基建合作备忘录，成立“种子基金”，其中日本出资100亿美元，澳大利亚出资20亿美元。[①] 美国在供应链调整问题上也重视发挥“印太战略”的作用，特朗普政府利用新冠肺炎疫情因素，推动相关国家与美国共同推进与中国的经济“脱钩”，减少对中国产品的依赖程度。特朗普政府力图促进供应链的多样性、持久性，尤其是在医疗设备、药品、关键技术和关键矿产资源方面。2020年9月，澳日印三国共同推出“供应链弹性倡议”（Supply Chain Resilience Initiative）[②]，企图策应美国鹰派的对华经济“脱钩”图谋，减少对中国的经济依赖程度。此外，针对中国对稀土等资源的控制，美澳双方还在稀土精炼方面展开合作，推动实施《美国—澳大利亚关键矿产资源行动计划》（US-Australia Critical Minerals Action Plan）。[③]

美国战略界人士还提出，在美日印澳核心圈之外，法国、英国等欧洲国家也应成为美国推进“印太战略”的帮手。2018年5月，法国马克龙政府在访问澳大利亚期间，提出法国、澳大利亚和印度共建“新印太轴心”（new Indo-Pacific axis）的政策构想。此举被视为针对中国的反制举措，法国担心“一带一路”不仅影响其在欧洲、印度洋地区的利益，还会损害其在非洲地区的利益。[④] 2020年，马克龙政府制定《法国和印

① Jonathan Pryke and Richard McGregor, “The New US-Japan-Australia Infrastructure Fund,” Lowy Institute, July 31, 2018, https://www.lowyinstitute.org/the-interpreter/the-new-us%E2%80%93japan%E2%80%93australia-infrastructure-fund.

② Rajeswari Rajagopalan, “Australia-Japan-India Trilateral Sets Sights on Supply Chain Resilience,” *The Diplomat*, October 2, 2020.

③ “Critical Cooperation: How Australia, Canada and the United States Are Working Together to Support Critical Mineral Discovery,” U.S. Geological Survey, Department of Interior, October 16, 2020, https://www.usgs.gov/news/featured-story/critical-cooperation-how-australia-canada-and-united-states-are-working.

④ Frédéric Grare, “France, the Other Indo-Pacific Power,” Carnegie Endowment for International Peace, October 21, 2020, https://carnegieendowment.org/2020/10/21/france-other-indo-pacific-power-pub-83000.

太地区的安全政策》等文件，并发布了《法国印太防务战略报告》。为了加强与“印太”地区国家的联系，2018 年 8 月英国推出“亚洲全域”（All of Asia）战略。[①] 法英两国防长/国防大臣多次表示将参与美国主导的“航行自由行动”。2018 年 4 月，美国《国家利益》杂志发表了美国传统基金会亚洲研究主任沃尔特·洛曼（Walter Lohman）和法国智库战略研究基金会（FRS）亚洲项目主任瓦莱丽·尼凯（Valerie Niquet）的合著文章。该文称，考虑到法国与美国的价值观以及在“印太”地区的利益高度重合，双方有必要加强彼此间以及彼此盟友间的战略沟通，美法两国应该在中国政策上发出明确且一贯的信息。[②]

总之，美国“印太战略”不可避免地会给“一带一路”建设带来负面影响，主要体现在以下四个方面。第一，美国政界人士对“一带一路”进行抹黑，破坏“一带一路”国际合作氛围。美国通过宣扬“印太战略”，给中国贴上不受规则、掠夺成性、破坏秩序等标签，将中国置于所谓“自由和开放”的地区秩序的对立面。特朗普政府借助美国就“印太”地区发展提出的新愿景，稀释“一带一路”的国际影响力。第二，美国通过炒作“债务陷阱”等问题，对“一带一路”框架下的经济项目形成阻挠。“印太战略”旨在整合美国、日本、澳大利亚等相关国家的经济资源，为地区国家发展基础设施等提供“替代性选择”，尤其是针对“一带一路”的相关重大项目。不排除相关国家会减少向中国的贷款，或是调整甚至取消此前与中国达成的合作协议，以避免在债务方面对中国形成过大依赖。第三，美国会在中国与相关国家之间制造和深化矛盾，打乱中国周边外交布局。“印太战略”或会迫使相关地区国家在中美之间

---

① “The UK and All of Asia, a modern partnership: Mark Field’s speech,” UK Government, August 14, 2018, https://www.gov.uk/government/speeches/minister-mark-field-speech-the-uk-and-all-of-asia-a-modern-partnership.

② Walter Lohman and Valerie Niquet, “Can Macron and Trump Bring Stability to the Indo-Pacific Region?” *The National Interest*, April 23, 2018.

“选边站队”。美国还试图利用“一带一路”建设出现的问题，离间巴基斯坦、缅甸、马来西亚等国与中国之间的关系，对柬埔寨、老挝等国政府施加压力。此外，如美日澳印四边机制继续走实，这一“亚洲版北约”将对中国周边战略环境产生实质性负面影响。第四，美国持续利用安全热点问题对“一带一路”加大制衡力度，增加中国的战略压力。特朗普政府不断激化南海争端等矛盾，给中国与东盟的关系制造麻烦，损害中国的国际声誉，增大中国推进“一带一路”合作的外交成本。

## 第二节　“印太战略”的主要特征与挑战

总体而言，特朗普政府提出的“印太战略”缺乏大规模的财政投入支持，美国并不试图也缺乏足够条件针对“一带一路”展开规模对等的抗衡，美方旨在推动针对中国的“非对称竞争”，这是美国“印太战略”的突出特征。特朗普政府希望借“印太战略”针对这一地区的未来发展提出美国式的“愿景”（vision），展现美国对于加大与“印太”地区国家交往的“承诺”，注重调动、整合各方面的资源和力量，针对“一带一路”的薄弱环节展开行动，对“一带一路”采取非对称制衡策略。一方面，特朗普政府将美国支持的发展领域合作限定在能源、数字经济等重点领域，这样较为有利于美国集中资源，而且美国企业在这些领域有着一定的优势；另一方面，特朗普政府刻意强调中美之间在发展合作模式上的差异，即中国主要靠“以政府为中心”的路径，而美国强调发挥社会性力量。“印太战略”尤为重视发挥美国等西方国家私营企业的作用，通过积极改进美国国际发展融资机构，借助海外私人投资公司等大力促进私营企业扩展与“印太”地区相关的业务，进而为美国的外交政策服务。

值得注意的是，海外私人投资公司在美国“印太战略”中扮演着日益重要的角色，该机构总裁雷·沃伯纳宣称，政府主导的发展模式只会让相关国家的情况更趋恶化，由私营部门引领的投资方式是“针对‘中国方式’的有力的替代性选择”；美国需要“现代的、21世纪的机制”与中国进行竞争。① 海外私人投资公司是美国政府在1971年成立的发展融资机构，相当于政府和私营企业之间的桥梁。它的主要职能是与美国的私营企业合作，帮助后者在发展中国家和新兴经济体中立足，并促进东道国的就业和经济增长。海外私人投资公司为美国投资者提供金融、政治风险保险等服务，确保相关项目符合较高的环境保护和社会标准，其业务范围涉及160多个国家。2017年12月，在美日印澳四国外交部门的联合工作组会议召开后不久，海外私人投资公司就与日本国际协力银行等机构签署协议，共同为地区国家提供基础设施融资等方面的支持。2018年7月，为落实“印太战略”的经济部分，美日澳政府宣布建立更加紧密的三边伙伴关系，推动具有透明性、开放竞争和债务可持续性的项目。海外私人投资公司是美方具体执行机构，并向美国驻日本使馆派驻代表，专职负责相关合作的落实。特朗普政府根据美国国会通过的《善用投资促进发展法案》，着手对海外私人投资公司进行升级改造，增资600亿美元，将海外私人投资公司与美国国际开发署的“发展贷款部”进行整合，成立新的国际发展金融公司，新机构具有更雄厚的金融实力和更广泛的投资权力，于2019年10月正式运作。②

特朗普政府通过“印太战略”制衡“一带一路”的另一特征是，将

---

① Ray W. Washburne, “A Better Economic Development Model,” *The New York Times*, June 28, 2018; Josh Zumbrun and Stephen Fidler, “White House Sets Aside Skepticism, Backs Funding Increase for World Bank,” *The Wall Street Journal*, April 22, 2018.

② Sylvan Lane, “Congress Set to Pass Foreign Development Aid Overhaul,” *The Hill*, September 24, 2018; George Ingram, “How the BUILD Act Advances Development,” *Future Development*, The Bookings Institution, July 10, 2018, https://www.brookings.edu/blog/future-development/2018/07/10/how-the-build-act-advances-development/.

“一带一路”合作进行“安全化”，即突出“一带一路”项目的安全影响，诬称中国推动的“一带一路”国际合作具有军事安全企图。在此基础上，美国政府注重调动盟友和伙伴的积极性，促使它们在制衡中国方面大力发挥各自的“比较优势”。美国方面认为，太平洋岛国是第二岛链的一部分；如果中国能在南太地区建立军事存在，中国将获得巨大的地缘战略优势。美国高度警惕中国与三个“自由联系国”（Compact of Free Association States，即密克罗尼西亚联邦、帕劳和马绍尔群岛）之间的关系。这三国与美国拥有“特殊关系”，它们在第二次世界大战期间由日本占领，后由美国“托管”。密克罗尼西亚联邦和马绍尔群岛在 1986 年宣布建国，帕劳则在 1994 年实现独立。三国都没有军队，与美国订有《自由联系条约》（COFA），依据该条约，美国对作为“自由联系国”的三国提供军事保护，美军对三国的领海和领空等具有排他性的控制权，后者则从美国获取大量经济援助。例如，密克罗尼西亚联邦年度预算资金的 60%由美国提供。虽然三国都是小国且人口稀少，但是它们的领土、领海和专属经济区的面积总和相当于美国的陆地面积，并且拥有十分重要的地缘战略地位。第二次世界大战期间，美军和日军在此展开过激烈的冲突，数十艘日军舰船葬身于密克罗尼西亚的特鲁克潟湖等地。冷战期间，美国在这些国家举行了数百次核武器试验。这三国不仅构成了美国经由北太平洋地区连接亚洲的重要通道，也是驻夏威夷美军与在关岛、澳大利亚、菲律宾等地美军和盟军相互联系的关键所在。

美国国会通过的“2018 财年国防授权法”专门提出，要深入研究中国在“自由联系国”的影响力，以及对美国军事和外交利益可能带来的挑战。实际上，中国与三个“自由联系国”的关系仍是非常有限的，其中只有密克罗尼西亚联邦在 1989 年与中国建交，而另外两国至今仍与台湾当局保持所谓“外交关系”。考虑到中国与这三国之间拥有贸易和投资关系，而且很多中国企业在三国开展基础设施、旅游等方面的经济合作项目，美国方面认为中国正采取“以商掩军”的策略，担心如果不对中国影响力的扩展加以限制，美国的军事和战略利益将受到损害。以密克罗尼西亚联邦为例，该国重视发展对华经贸关系，不仅在2014年与中方共同成立经贸合作委员会，近年还签署了“一带一路”合作备忘录。密克罗尼西亚是联邦国家，丘克州、雅浦州等地方政府与中方展开合作的意愿也较为强烈。然而，由于在渔业、税收等方面存在利益分配矛盾，丘克州试图脱离联邦独立建国。按照《自由联系条约》规定，独立后丘克州将无法获得美国给予密克罗尼西亚联邦的经济援助。在这种情况下，美国担心中国“拉拢”丘克州，并将位于该州的丘克潟湖发展为中国军队的基地。丘克潟湖在二战时期曾是日本海军的重要基地。相较于密克罗尼西亚联邦，中国企业在“未建交国”马绍尔群岛和帕劳的投资较少，经济合作主要局限于旅游业。即便如此，美国方面也对涉及中国的动向异常敏感。比如，马绍尔群岛的朗格拉普（Rongelap）地方负责人曾有意与中国商人合作建立特区以吸引外部投资，虽然这一想法仅是提议且最终并未能实施，但却触动了美国的神经。原因是，美军下属的罗纳德·里根弹道导弹防御测试站位于马绍尔群岛的夸贾林（Kwajalein）环礁，与朗格拉普相距不远，美方担心如果特区得以建立，中国企业将有机会刺探美国的军事情报。

针对中国与“自由联系国”等太平洋岛国之间不断扩展的联系，2018年6月，美国海军陆战队司令罗伯特·内勒（Robert B. Neller）称，中国就像在下围棋，已经在南太平洋等地部署了棋子，以获得地缘优势。① 美国智库哈德逊研究所高级研究员约翰·李（John Lee）称，中国

① 详见内勒在美国海军战争学院第69届“当代战略论坛”发表的主旨演讲，2018年6月12日，“Marine Corps Commandant Keynote Address at U.S. Naval War College Current Strategy Forum,” Marine Corps Commandant Gen. Robert B. Neller delivers the keynote address at the 69th Current Strategy Forum at the U.S. Naval War College, June 12, 2018, https://www.dvidshub.net/video/606889/marine-corps-commandant-keynote-address-us-naval-war-college-current-strategy-forum。

在斐济、库克群岛、瓦努阿图等太平洋岛国发展基础设施项目，是为了加强军事部署，以支持中国军队突破第一岛链和第二岛链，美国应加大遏制中国在该地区的战略企图。[①] 2018 年 6 月，美国国会下属的美中经济与安全审查委员会发布题为《中国与太平洋岛国的接触以及对美国的影响》的报告。报告称，2013 年以来，中国通过贸易、投资、发展援助以及旅游，扩大了与太平洋岛国的经济联系，已经成为该地区的重要力量之一，在很多领域甚至领先美国。报告认为，中国加强与南太平洋地区国家的接触有三大目标：一是推进中国的外交和战略利益；二是挤压台湾的“国际空间”；三是获取原材料和自然资源。该报告认为美国在南太平洋地区的利益包括以下三方面。一是美国的军事利益。美国的海外属地（关岛和北马里亚纳群岛自由邦）以及美国承诺提供防务保护的三个“自由联系国”都位于密克罗尼西亚群岛，美国的相关重要海军和空军基地都位于该地区。二是太平洋岛国的国际影响力。作为联合国的正式成员国，相关的太平洋岛国国家不仅享有投票权，而且在渔业、气候变化等事务上拥有更加突出的影响力。三是对台湾当局的支持。台湾当局的所谓“邦交国”，其中约三分之一是太平洋岛国。美国方面担心，中国对太平洋岛国的援助和贷款，或致使这些国家与台湾当局“断交”。美国将维护台湾当局的“邦交”和“国际空间”，视为中美战略博弈的重要方面。[②]

太平洋岛国成为特朗普政府落实“印太战略”、强化对华制衡的关键区域，美国注重与澳大利亚等盟友加大协调力度，旨在共同削弱中国在

---

① John Lee, “The Use of Aid to Counter China’s ‘Djibouti Strategy’ in the South Pacific,” Hudson Institute, https://www.hudson.org/research/14892-the-use-of-aid-to-counter-china-s-djibouti-strategy-in-the-south-pacific.

② Ethan Meick, Michelle Ker and Han May Chan, “China’s Engagement in the Pacific Islands: Implications for the United States,” US-China Economic and Security Review Commission, June 14, 2018, https://www.uscc.gov/sites/default/files/Research/China-Pacific%20Islands%20Staff%20Report.pdf.

该地区的影响力。[①] 2017 年 12 月，特朗普政府发布首份《国家安全战略报告》，将中国明确称为“战略竞争者”。这份报告还提及“自由联系国”以及其他太平洋岛国，表示将维护这些国家的“自由和开放”，称“通过与澳大利亚和新西兰的合作，我们将为那些在太平洋地区的易受伤害的伙伴岛国提供支持，以减少它们面对经济波动和自然灾害时的脆弱性”。此后，白宫国家安全委员会还专门设立了负责太平洋岛国事务的官员职位。过去几年来，特朗普政府内阁级官员以及国防部、国务院等机构的高级官员多次访问太平洋岛国，双方的外交往来明显增多。2018 年 7 月，在美澳举行外交和国防部长“2+2”会议期间，蓬佩奥表示，尽管中国在南太平洋的影响力不断增长，但他有信心南太岛国将选择美国而不是中国作为自己的盟友。[②]

从安全层面看，美国国防部将三个拥有军队的太平洋岛国，即巴布亚新几内亚、斐济和汤加作为支持重点。仅在 2018 年，美方就通过“外国军事融资”（Foreign Military Financing，FMF）项目为上述三国提供了 700 万美元，用于后者的军事能力建设。[③] 此外，美国国防部还与美国国务院密切合作，推动斐济、汤加等国参与美方主导的“全球和平行动倡议”（GPOI），为其提供训练和装备以及参加相关演习的机会。美国海军、海岸警卫队等共同实施“大洋洲海上安全倡议”（OMSI），增强与太平洋岛国在海上安全执法等方面的合作。再者，美国积极利用“太平洋四方防务协调集团”（PQDCG）机制，该机制成员包括美国、法国、澳大利亚和新西兰，加强与太平洋岛国的安全关系。从经济层面看，特朗

---

① Charles Edel, “How to Counter China's Influence in the South Pacific,” *Foreign Affairs*, November 13, 2018.

② “Press Availability with Secretary of Defense James Mattis, Australian Foreign Minister Julie Bishop, and Australian Defense Minister Marise Payne,” Remarks by Secretary of State, US Department of State, July 24, 2018.

③ US Department of Defense, *Indo-Pacific Strategy Report: Preparedness, Partnerships, and Promoting a Networked Region*, June 1, 2019.

普政府加大了对太平洋岛国基础设施建设的支持力度，试图针对中国推动的合作提供“替代方案”。2018 年 12 月，美国宣布加入太平洋地区基础设施集团（Pacific Regional Infrastructure Facility，PRIF），美国国务院发布的新闻稿称，美国加入该集团会使美国每年向太平洋岛屿地区提供的 3.5 亿美元的援助得到更好的利用。太平洋地区基础设施集团的成员还有亚洲开发银行（ADB）、澳大利亚、新西兰和日本，以及欧盟、欧洲投资银行和世界银行。该机构从 2008 年开始便和太平洋地区政府密切合作，对地区伙伴在城市和偏远地区的基础设施建设进行协助，在经济增长、创造工作岗位、提供公共服务方面进行完善。① 此外，美国还与盟友联手推动一些重大基础设施项目。2018 年，新西兰提出“重设太平洋”（Pacific Reset）战略，并为此加大外交投入，向岛国和美国、日本等增派外交官，用以增进协调。2018 年 11 月，美国、澳大利亚、日本和新西兰宣布共同支持巴布亚新几内亚的电力项目，以使该国 70%的人口（人口总数为 800 万）在 2030 年之前能够得以用电，该项目预计耗资 17 亿美元。美方人士强调，这一项目将努力避免使巴布亚新几内亚背上过于沉重的债务负担。它被视为美国及其盟友在太平洋地区抗衡中国影响力的标志性项目。②

瓦努阿图曾是第二次世界大战期间美军在太平洋地区仅次于夏威夷的第二大军事基地。在美国支持下，澳大利亚指责瓦努阿图同意将该国的卢甘维尔港变为中国的海外军事基地，该港距离澳大利亚约 2000 千

① “US Engagement in the Pacific,” US Department of State, September 3, 2018, https://www.state.gov/u-s-engagement-in-the-pacific/; “United States Joins Pacific Region Infrastructure Facility,” Asian Development Bank, December 11, 2018, https://www.adb.org/news/united-states-joins-pacific-region-infrastructure-facility.

② “The Papua New Guinea Electrification Partnership,” White House, November 17, 2018, https://www.whitehouse.gov/briefings-statements/papua-new-guinea-electrification-partnership/; Shane Mcleod, “Plugging in PNG: Electricity, Partners and Politics,” *The Interpreter*, Lowy Institute, April 10, 2019, https://www.lowyinstitute.org/the-interpreter/plugging-png-electricity-partners-and-politics.

米。瓦努阿图政府最终公开了2014年与中国签署的合同副本，证实该港的建设主要是为了接待大型邮轮和开展国际贸易。2018年11月，澳大利亚政府设立14亿美元的基金，用于支持太平洋岛国的基础设施建设。所罗门群岛在2016年曾与华为签署协议，铺设连接大洋洲大陆的海底线缆，提升该地区互联网和电话通信水平。但是，澳大利亚政府担心具有中国背景的华为可能借此掌握渗透澳大利亚的通信基础设施的能力。澳大利亚在2017年对所罗门群岛政府表示，如果华为参与光缆建设，澳方可能不会给予这条光缆的“登陆”许可。为了对抗中国的影响力，限制华为公司等中国企业在南太地区的业务，澳大利亚政府拨出近1.4亿美元专款，用于修建本国与所罗门群岛之间长达4000千米的海底高速光缆。2018年5月，澳大利亚Vocus公司中标该项目。2019年6月，澳大利亚总理莫里森在访问所罗门群岛期间，提出将对该国的基础设施投资1.75亿美元。[①] 这是澳大利亚领导人自2008年以来首次访问这个太平洋岛国，他还发表声明称，“太平洋地区是澳大利亚战略前瞻的中心和前沿”。为了在太平洋地区加大制衡中国，澳大利亚还在美国的支持下大力加强军备建设。澳大利亚军队计划扩编数千人，达到6.2万人。根据一项价值620亿美元的计划，澳大利亚正在建造54艘海军舰艇，其中包括12艘攻击型潜艇，这将使澳大利亚海军规模扩大一倍。它还从美国购买了72架F-35A联合攻击战斗机。[②]

此外，美国也在持续深化与日本、印度等国的实质性合作，推动各方“印太战略”之间的对接，从而更加有力地发挥协同效应，对“一带一路”形成制衡。2017年9月18日，美国、日本和印度三国外长在纽约举行会晤，就合作开发“印太”地区港口等基础设施达成一致。三国还

---

① Jonathan Pearlman, “Australia Boosts Pacific Aid and Diplomacy As China Influence Spreads,” *The Telegraph*, May 12, 2018.

② Jamie Tarabay, “As China Looms, Australia’s Military Refocuses on Pacific Neighbor,” *The New York Times*, June 12, 2019.

将共同为该地区相关国家提供海上能力建设方面的援助。作为地区大国，日本和印度担心中国利用贸易、投资和基础设施建设等手段为自己的外交政策服务，它们力图通过与美国的紧密协作，为相关国家提供“中国方案”之外的另一种选择。[①] 2015 年，日本安倍政府提出“高质量基础设施伙伴”计划，后在 2016 年对这一计划进行扩展，承诺未来五年将投入 2000 亿美元用于支持相关国家的基础设施建设。该计划与“一带一路”展开竞争的意味十分明显。与此相关的是，安倍政府还提高了日本用于对外政府开发援助的预算，并且与印度莫迪政府进一步深化合作。2017 年 5 月，非洲开发银行年会在印度总理莫迪的老家古吉拉特邦举行，莫迪在会上提出“亚非增长走廊”设想，这是印度和日本共同推动的“印度洋—太平洋自由走廊”的一部分，旨在扩大印日两国对南亚、西亚和非洲地区发展的影响力。同年 9 月中旬，安倍晋三访问印度期间，双方再次确认了在“亚非增长走廊”等问题上深化合作的共识。日本和印度将为此分别投入 300 亿美元和 100 亿美元。[②] 印日双方专门成立了“东进论坛”（Act East Forum），以促进印度“东进政策”与日本“印太战略”的深入对接。[③] 除了与日本深化合作，印度还在其他多个方向推动地区基础设施和互联互通建设：一是印缅泰三国高速公路，该项目计划未来延伸到柬埔寨、老挝和越南；二是连接加尔各答港、米佐拉姆邦和缅甸实兑港的“卡拉丹”水陆交通工程；三是与伊朗、俄罗斯等合作开发“南北运输走廊”。[④] 印度、日本还共同在伊朗修建恰巴哈尔（Chabahar）

---

① Gordon Fairclough, “U. S. , India, Japan Begin to Shape New Order on Asia’s High Seas,” *The Wall Street Journal*, June 15, 2016.

② Ramesh Thakur, “The Enduring Basis of Strong India-Japan Relations,” *The Japan Times*, October 18, 2017.

③ “Launch of India-Japan Act East Forum,” Ministry of External Affairs, India, December 5, 2017, https://www.mea.gov.in/press-releases.htm?dtl/29154/Launch_of_IndiaJapan_Act_East_Forum.

④ 胡德坤、朱晓超：《印度的“南进”政策与“国际南北运输走廊”》，《南亚研究季刊》2019 年第 2 期，第 3—8 页。

港。恰巴哈尔港与中巴经济走廊的旗舰项目瓜达尔港相距约 100 千米，印日此举被认为具有制衡“一带一路”与中巴合作的意图。① 印度、日本等国围绕“印太”地区基础设施和互联互通展开的行动，得到美国方面的支持，美印日之间的协调机制不断完善。2017 年 11 月，美日两国政府建立“能源战略伙伴关系”，美国贸易和发展署与日本经产省等机构共同为“印太”地区提供“高质量”能源基础设施。此外，2018 年 2 月，美印日三国还成立“三边基础设施工作组”（Trilateral Infrastructure Working Group），三国定期举行司局级官员磋商，负责督促落实“三边基础设施工作组”达成的合作规划。2018 年 5 月，在美日商会和美印商会的推动下，“印太基础设施三边论坛”成立，着重协调三国私营企业之间在建设地区基础设施方面的合作。②

无疑，美国的“印太战略”的推进面临不少挑战。一是美国内部的协调问题。首先，特朗普本人对“印太战略”的兴趣其实并不大，他对于地区政策的主要关注点在于调整经贸关系和应对“朝核”问题。特朗普本人缺席 2018 年 11 月在巴布亚新几内亚举行的亚太经合组织领导人非正式会议。美国领导人在参与地区外交方面的消极态度，使外界对美国“印太战略”的可信度产生怀疑。再者，美国国务院、国防部等部委的人事调整也会对“印太战略”的实施带来直接影响。此外，对于“印太战略”的优先事项，美国国会与行政部门之间存在分歧。比如，很多国会议员认为美国应当重新考虑加入《跨太平洋伙伴关系协定》，避免“美国优先”的路线伤及美国与“印太”地区国家之间的经济关系，通过强有

---

① Kanchi Gupta, “India-Japan Cooperation on Chabahar Could Be a Game-Changer for Asia,” *The Wire*, July 1, 2016, https://thewire.in/diplomacy/india-japan-cooperation-on-chabahar-could-be-a-game-changer-for-asia.

② “Japan and the US Affirm Advancement of Cooperation in the Fields of Energy and Infrastructure,” Ministry of Economy, Trade and Industry, Japan, November 2017, http://www.meti.go.jp/english/press/2017/1107_001.html; “Indo-Pacific Infrastructure Forum Launched to Tap Private Sector in India, US, Japan,” *The India Times*, May 15, 2018.

力的经济接触为美国的“印太战略”提供持久支撑。正如美国企业研究所高级研究员加里·施密特（Gary Schimmit）所言：“处理同盟外交、贸易和安全合作的‘美国优先’方式与‘自由和开放的印太’不相适应。如果华盛顿的首要考虑是其眼前的利益，如果白宫的本能就是对多边倡议抱持怀疑态度，那么就很难看到华盛顿能够建立和维持必要的地区阵线以落实这项战略。”① 美国战略与国际问题研究中心东南亚项目主任、高级研究员艾米·希尔莱特（Amy Searight）称：“一个自由和开放的印太，自由贸易到哪里去了？对这些国家产生吸引力的经济接触又在哪里？也没有任何应对中国‘一带一路’吸引力的说法？”希莱特认为特朗普政府就“印太战略”说的过多，但做的实质性努力较少。②

二是美国与盟友和伙伴之间的协调问题。日本、澳大利亚、印度都明确希望减少“印太战略”的对抗性色彩，它们既反对“美中共治”，也担心美国借“印太战略”对华过度施压。2018 年 11 月 13 日《日本经济新闻》报道称，日本安倍政府希望将“印太战略”改称为“印太构想”，原因在于“战略”一词容易引起中国的警惕心理，使用“印太构想”也更容易得到东盟国家的支持。2019 年 4 月，日本前外务大臣斋木昭隆（Akitaka Saiki）在纽约参加关于四边机制的研讨时表示：“我不知道四边机制的形式是不是促进地区进一步合作的最佳途径？我不想看到四个国家在一起讨论一些联盟外国家感到不舒服的事情。”他还称：“三边会比四边更少一些挑衅。”③ 2018 年 11 月 1 日，澳大利亚总理莫里森在

---

① Gary J. Schmitt, “The China Dream: America’s, China’s, and the Resulting Competition,” AEI, January 2019, p. 11, http://www.aei.org/wp-content/uploads/2019/01/The-China-Dream.pdf.

② Amy Searight, Testimony before the Subcommittee on Asia and the Pacific, Committee on Foreign Affairs, U.S. House of Representatives, Hearing on “Asia’s Diplomatic and Security Structure: Planning U.S. Engagement”, May 23, 2018, https://docs.house.gov/meetings/FA/FA05/20180523/108354/HHRG-115-FA05-Wstate-SearightA-20180523-U1.pdf.

③ 方冰：《美日关系趋冷？日中关系转暖?》，美国之音，2019 年 4 月 10 日，https://www.voachinese.com/a/china-japan-us-20190409/4869443.html。

澳亚洲协会（Asia Society Australia）举办的会议上发表演讲称，“今后一段时期，我们将不可避免地处于更高烈度的美中战略竞争之中”。他强调，澳大利亚支持美国在“印太”地区进行尽可能有力的政治、安全和经济接触，但是“美中关系不要演变成用对抗来定义，必须要为对话与合作保留空间”。[①] 2018年6月，印度总理莫迪在出席香格里拉对话会期间强调，印度将推动“印太政策”（未使用“战略”的说法）。莫迪称，“印太”仅仅是一个地理概念，印度倡导建设自由、开放、包容的“印太”。印度裔专家、布鲁金斯学会外交政策研究员杜鲁瓦·伊尚卡尔（Dhruva Jaishankar）撰文指出，美日印澳四边机制旨在对外释放政治信号，但它只能有限地促进“印太”地区海上强国之间的协调，四边机制更多应被视为多种三边和双边关系的网络而非一种国家集团。[②] 显然，印度等国并不希望四边机制成为一种对抗性的安排。

三是其他国家对美国的“印太战略”抱有疑虑。印度尼西亚、泰国等东南亚国家认为，“印太战略”的核心是美国、日本、印度和澳大利亚构成的四边机制，东盟在区域架构中的“中心性”将受到挑战。东盟成员国努力就如何应对美国的“印太战略”形成共同立场，并意识到美国“印太战略”很可能会引发美中两国之间的对抗，并由此导致东南亚陷入“选边站队”的困境。正如新加坡国立大学东亚研究所学者李太伟（Tai Wei Lim）所言，东南亚国家准确地认识到中国和四边机制之间的权力和影响力之争在不断深化，“东南亚国家的终极恐惧就是回到冷战情景，那样的话各国就要被迫选边站”。[③] 印度尼西亚外长蕾特诺·马尔苏迪

---

① “Keynote Address to Asia Briefing Live,” Prime Minister of Australia, November 1, 2018, https://www.pm.gov.au/media/keynote-address-asia-briefing-live-beliefs-guide-us.

② Huong Le Thu, “Quad 2.0: New Perspectives for the Revived Concept,” *The Strategist*, No. 134, Australian Strategic Policy Institute, pp. 6 – 7, https://s3-ap-southeast-2.amazonaws.com/ad-aspi/2019-02/SI134%20Quad%202.0%20New%20perspectives_0.pdf?Ml2ECFvmUJTTFzK.RsBIsskCRRAqEmfP.

③ Tai Wei Lim, “China and the Quad: Challenges for Southeast Asia,” *Asia Global Online*, May 10, 2018, https://www.asiaglobalonline.hku.hk/china-quad-southeast-asia-asean/.

(Retno Marsudi)等东盟政治人士认为，东盟位于亚太地区和印度洋的中间地带，不应对“印太战略”保持沉默；东盟始终坚持用合作与对话的方式处理地区事务，从不跟别的国家对抗，东盟需要提出自身对“印太”地区的愿景，以“做增量”(building blocks)的方式推进“印太”合作，确保地区的和平与稳定。① 2018年8月举行的东盟外长会议发表联合公报称，“期待进一步讨论‘印太’概念，重申有必要加强以东盟为中心的架构，这一架构必须保持开放、透明、包容和以规则为基础”。2019年5月，在香格里拉亚洲安全对话会上，新加坡总理李显龙表示，新加坡政府对中国的“一带一路”和美国政府的“印太战略”都是不偏不倚，而且是一贯的；此类发展计划和其他“地区合作倡议计划”应该是加强地区国家之间的关系，而不是分裂这些关系；这些发展计划也不应该“制造敌对的集团，让裂痕加深，或是强迫国家选边站”。他还说，“两个强国争夺权力和影响很正常，但是竞争不应该不可避免地导致冲突。我们希望美中两国能够找到一个建设性的推进办法。竞争是当然的，但同时也能在符合相互利益的重大议题上进行合作”。② 2019年6月，第34次东盟峰会在泰国召开，会议通过了《东盟印太展望》文件。该文件明确提出，“东盟中心性”应当成为推动“印太”地区合作的基础性原则，东盟将亚太和印度洋区域视为“一个密切整合和相互连通的区域”，在这一区域中“东盟扮演中心性和战略性角色”，东盟希望看到“对话和合作而非对抗的印太地区”。③ 此外，韩国对美国的“印太战略”持谨慎态度，担心本国在地区格局中的地位因四边机制等因素而下降，同时也希望在

① Premesha Saha, “The Quad in the Indo-Pacific: Why ASEAN Remains Cautious,” *Issue Brief*, No. 229, ORF, February 2018, pp. 5-7.

② Rahul Pathak, “Shangri-La Dialogue: China, US Must Avert Conflict or Fallout Will Be Damaging, Says Lee Hsien Loong,” *Strait Times*, June 1, 2019, https://www.straitstimes.com/singapore/china-us-must-avert-conflict-or-fallout-will-be-damaging-pm.

③ “ASEAN Outlook on the Indo-Pacific,” ASEAN, June 2019, https://asean.org/storage/2019/06/ASEAN-Outlook-on-the-Indo-Pacific_FINAL_22062019.pdf.

中美博弈不断加剧的情况下尽力保持“外交政策的自主性”。①

## 第三节　美国军方与“印太战略”

在特朗普政府的“印太战略”中，美国军方扮演了特殊重要角色。2019年6月1日，美国国防部发布首份《印太战略报告》。② 时任代理国防部长帕特里克·沙纳汉（Patrick Shanahan）利用赴新加坡参加香格里拉对话会之机对外阐述了这份报告的核心观点，强调美国将加大资源投入以推进“印太战略”。应看到，在特朗普政府不断深化对华战略竞争的大背景下，制定和发布此报告是落实美国《国家安全战略》《国家防务战略》等文件的具体行动，同时也体现了美国军方在所谓“全政府”对华政策中的关键作用。通过深入解读这份报告，可以揭示美国在“印太”地区加大对华制衡的若干重要动向。在这份报告中，五角大楼对中国的定位以及对中国外交安全政策的描述可谓“老调重弹”，继续给中国贴上“修正主义国家”的标签，并宣称中国想要在“印太”地区成为主导者。这些武断而带有偏见的指责已经成为美国新的“中国叙事”的一部分，同时，也不应忽视这些“标签”所具有的“战略动员”性质。沙纳汉称，“印太战略”事关自由和压制性的世界秩序愿景之争，他试图从国际秩序的层面进一步促进地区国家与美国联手对中国、俄罗斯、朝鲜等国进行制衡。概要而言，美国军方从以下三个方面推动了“印太战略”的实施。

---

① Andrew Yeo, “South Korea and the Free and Open Indo-Pacific Strategy,” Center for Strategic and International Studies, July 20, 2020, https://www.csis.org/analysis/south-korea-and-free-and-open-indo-pacific-strategy.

② US Department of Defense, “Indo-Pacific Strategy Report: Preparedness, Partnerships, and Promoting a Networked Region,” June 1, 2019.

## 一、强化美国的对华威慑

近年来，美国军方为应对与中国之间爆发武装冲突而加大准备力度，包括开展更多模拟实战环境的针对性演习，美国“印太战略”的“备战”色彩似越发突出。在一些美国战略界人士看来，与中国展开大国竞争，美国必须树立一种不惧摩擦和冲突的心态，要做好与中国发生军事对抗的准备。美军印太司令部司令菲利普·戴维森提出“战斗前取胜”（win before fighting）的思想，强调美军必须针对中国等对手构建“可信战斗力的威慑”（combat-credible deterrence），提升美军联合作战所形成的“联合部队杀伤力”（joint force lethality），确保美军能在短时间内遂行高端/高技术战争行动。[①] 虽然在过去几年间中美“贸易战”成为国际社会的关注焦点，但特朗普政府在南海等问题上也一直没有放松对华压力，相关军事部署持续推进。美国战略与国际研究中心高级研究员葛来仪（Bonnie Glaser）认为，虽然中美双方达成了《海上意外相遇规则》等，但是两军的一线指挥人员“仍可能会展现能够导致可怕后果的好斗行为”，而且这些规则对于海警力量并不具有约束效用，中美在南海地区包括中国宣称的专属经济区（EEZ）内爆发武装冲突的可能性在上升。[②]

此外，中美在台海方向的博弈也在加剧，台湾地区被美国明确视为“印太战略”的重要一环，特朗普政府在台湾问题上的挑衅举措增大了中美军事冲突的危险性。美国企业研究所学者加里·施密特等称，台湾地区的“独立”和安全对华盛顿来说尤为重要，面对俄罗斯吞并克里米亚、

① Admiral Philip S. Davidson, Commander, U. S. Indo-Pacific Command, Posture Testimony before the Senate Armed Services Committee, February 12, 2019, https://www. armed-services. senate. gov/imo/media/doc/Davidson_02-12-19. pdf.

② Bonnie S. Glaser, “Conflict in the South China Sea,” Council on Foreign Relations, April 2015, https://www. cfr. org/report/conflict-south-china-sea.

入侵乌克兰和格鲁吉亚，以及中国破坏南海稳定、削弱香港自治权的行为，台湾问题是展现美国支持“伙伴国”决心和意志的重要机会；台湾地区作为一个繁荣的民主政体及美国重要的贸易伙伴，在平衡地区权力方面至关重要，它位于美国两大盟友（日本和菲律宾）之间，在危机状态下，可以成为美国第一岛链内遏制中国军力的关键伙伴，并阻止中国将其影响力投射到西太平洋；五角大楼应邀请台湾军队参加军事演习，提高台湾军队在联合作战中的熟练程度，并确保美台军队在必要的情况下能够高效地进行联合行动。① 一些美国国会议员成为加强美台“军事关系”的重要鼓吹者。2019 年 5 月美国国会众议院通过“台湾保证法案”（Taiwan Assurance Act）。该法案由参议员汤姆·柯顿（Tom Cotton）、罗伯特·梅南德兹（Robert Menendez）、克里斯托弗·库恩斯（Christopher Coons）、马尔科·卢比奥（Marco Rubio）及凯瑟琳·马斯托（Catherine Masto）共同提出，旨在敦促特朗普政府以多项措施强化美台关系，包括要求美国总统审查国务院在美台关系方面的指导方针、指示国防部长将台湾纳入双边和多边军事训练演习、要求美国现役海军将官或退役将官出任“驻台美国国防专员”等。②

在中美围绕南海、台海等问题的博弈日趋激烈的背景下，沙纳汉以及其他多位美军高官都明确表示，“印太”已经成为美军的“优先战区”（primary theater）。虽然美军印太司令部拥有超过 2000 架战机、200 多艘舰船和潜艇以及约 37 万兵力，但在美方看来这还不足以压制中国等对手。《印太战略报告》指出，美军将“优先保证那些能够对有力对手形成杀伤力的投入”，从而确保竞争对手“无法快速地、低成本地、轻易地通

① Gary J. Schmitt and Jamie M. Fly, “The Taiwan Relations Act at 40: It’s Time to Deepen Ties,” *The American Interest*, April 8, 2019, http://www.aei.org/publication/the-taiwan-relations-act-at-40-its-time-to-deepen-ties/.

② “台湾保证法案”的文本详见 https://www.cotton.senate.gov/imo/media/doc/FINAL_Taiwan%20Assurance%20Act.pdf。

过军事力量达成其目标”。一方面，美军在“印太”地区加大部署先进武器的力度，包括第四代和第五代战机、哥伦比亚级战略核潜艇、远程反舰导弹、海上打击型“战斧”导弹、P-8“海神”反潜巡逻机、RQ-4全球鹰无人机、EA-18G“咆哮者”电子攻击机等；另一方面，美军开展更多的模拟实战环境的军事训练和演习，扩建太平洋—阿拉斯加联合训练基地（JPARC）等设施，增强空军和海军航空兵的演习备战力度。其中尤为值得注意的是，美国陆军力量在“印太”地区的部署和行动强度正在增大。美国陆军部次长瑞恩·麦卡锡（Ryan McCarthy）称，陆军要求在美国国防预算中提高经费数额，其将在“印太”地区进行更多、更大规模的军演，并将印度尼西亚、马来西亚等国的军队纳入其中。美国陆军还主导推动“太平洋捍卫者”（Defender Pacific）联合军演，并向“印太”地区增派陆军“多域特遣部队”。① 此外，美军还针对“灰色区域”“多域和分布式行动”（Multi-Domain and Distributed Operations）等打造新的作战概念，确保美军在反潜战、水下作战、网络战、太空战、认知域作战等方面的对华军事优势。②

## 二、打造网络状安全架构

美国方面试图构筑多层次的盟友和伙伴体系，打造“网络状”的地区安全架构，进而巩固和提升针对中国的军事优势。应看到，自从奥巴马政府开始在印度洋和太平洋“两洋框架”下筹谋对华制衡以来，美国历届政府针对“印太”地区的战略构想和相关举措保持了较大的延续性。

---

① Lara Seligman, “A Rising China Is Driving the U. S. Army’s New Game Plan in the Pacific,” *Foreign Policy*, March 21, 2019.

② Admiral Philip S. Davidson, Commander, U. S. Indo-Pacific Command, Posture Testimony before the Senate Armed Services Committee, February 12, 2019, https://www.armed-services.senate.gov/imo/media/doc/Davidson_02-12-19.pdf.

着眼于加强对中国的军事威慑，将主要依靠双边同盟关系的“轴辐”（hub-and-spoke）模式转化为网络化的（networked）地区安全架构［其中包括“辐辐”（spoke-to-spoke）安全关系］，是美国方面一以贯之的目标。① 特朗普政府时期，美国无端指责中国在“印太”地区谋求霸权，为获取全球主导地位做准备。2021 年 1 月特朗普政府下台前特意解密题为《美国印太战略框架》的文件，该文件称：“中国的目标是消解美国在该地区的同盟和伙伴关系。中国将会利用这些关系被削弱后所带来的真空和机遇。”②

为了全面巩固美国在“印太”地区的同盟体系，特朗普政府力图打造一种“四圈层”架构，并更加注重在南亚、东南亚和太平洋岛国三个战略方向上着力拓展安全关系。第一圈层由美国在“印太”地区的五个条约盟友构成，即日本、澳大利亚、韩国、菲律宾、泰国。第二圈层包括新加坡、中国台湾、新西兰和蒙古，美国国防部在《印太战略报告》中特别突出蒙古的地位值得高度警惕，显示美方有意进一步将东北亚纳入“印太战略”整体布局。第三圈层主要由东南亚、南亚部分国家以及太平洋岛国组成，如越南、印度尼西亚、马来西亚、印度、斯里兰卡、孟加拉国、巴布亚新几内亚等。第四圈层则包括英国、法国和加拿大等国，美国军方认为这些西方盟友拥有“太平洋身份”，是参与“印太”地区安全事务的重要力量。③ 美国军方不断完善和灵活使用多种政策工具，以提升与盟友和伙伴之间的“互操作性”（interoperability）。在推动落实“印太战略”的过程中，特朗普政府愈加注重针对不同国家和不同

---

① Michael Green and Evan Medeiros, “Can America Restore Its Credibility in Asia?” *Foreign Affairs*, February 15, 2021, https://www.foreignaffairs.com/articles/united-states/2021-02-15/can-america-restore-its-credibility-asia.

② The White House, *U.S. Strategic Framework for the Indo-Pacific*, January 5, 2021, p. 2.

③ Stephen Paduano, “Britain’s Pivot to Asia: The Perils and Possibilities of Post-Brexit Politics,” *Strategic Update*, LSE IDEAS, March 2019, http://www.lse.ac.uk/ideas/research/updates/britains-pivot-to-asia.

议题综合运用相关政策工具，并使之形成相互协调配合的局面，这在安全领域尤为明显。一是“对外军售”（FMS）渠道，近年美方大幅调整常规武器转移等方面的政策，以提升向“印太”地区国家开展对外军售的效率和效度；二是“国际军事教育和培训”（IMET）渠道，这主要是从人员交往、作战概念融合、军事文化沟通等“软件”方面着力，培养所谓“合作的习惯”；三是“印太海上安全倡议”（Indo-Pacific Maritime Security Initiative）渠道，该倡议已从东南亚国家扩展至南亚国家，五角大楼已将受援国的海上指挥和控制中心进行互联，并就海上封锁等科目展开联合演习；四是“全球和平行动倡议”（GPOI）渠道，在“印太”地区覆盖尼泊尔、斐济、汤加等 12 国。

《印太战略报告》提出的核心概念是“推动网络状的地区”（promotion of a networked region），其要义是促进四边机制与“印太”地区其他国家、地区组织进行深入对接。从 2017 年 11 月开始，美日印澳构成的四边机制已经举行了多轮司局级和部长级官员的磋商，涉及的主题包括基础设施建设、网络安全、军事合作等内容。但是，不可否认，很多地区国家和地区组织都对四边机制抱持较大的疑虑，这也是美国方面推动落实“印太战略”面临的突出挑战之一。由此，《印太战略报告》强调，四边机制是美日印澳讨论各方“印太”愿景的主要平台，而所有愿景都尊重东盟的中心性并建立在既有的三边合作机制的基础之上。该报告还提出，“美国继续支持东盟在地区安全架构中的中心性，美国的自由和开放的‘印太战略’致力于进一步加强这一中心性”。特朗普政府注重加强与东盟国家的军事安全关系，尤其是加大力度拉拢一些与中国存在争端的国家。比如，特朗普本人在 2017 年 11 月和 2019 年 2 月两度访问越南，越南政府总理阮春福则是特朗普执政后在白宫接待的首位东盟国家领导人。美越双方制定和实施了《防务合作三年行动计划（2018—2020）》。2016—2020 财年，美国国务院在“东南亚海上安全倡议”（Southeast Asia Maritime

Security Initiative）项下给予越南2000万美元资助，美国国防部在“印太海上安全倡议”项下为越南提供了约1000万美元的军事援助，用于提升越南海域感知能力、支持越南海上巡航训练等。2018年3月，美军“卡尔·文森”号航母访问越南，这是美军航母在1975年越南战争结束后首次到访该国，具有重大的象征性意义。此后，美军另一艘航母“西奥多·罗斯福”号在2020年3月访问越南。① 此外，特朗普政府还将价值数千万美元的巡逻艇转让给越南海警部门。在美国政府“外国军事融资”项目的支持下，美国军工企业为越南提供了24艘“金属鲨”（Metal Shark）快速巡逻艇。②

应当引起重视的是，特朗普政府的“印太战略”还非常关注孟加拉国、斯里兰卡、巴布亚新几内亚等地缘节点“小国”。③ 它们在美国力图打造的网络状安全架构中具有特殊重要性。美军印太司令部与孟加拉国武装部队司令部建立年度双边对话机制，为斯里兰卡海军提供支持。④ 从大国竞争的历史看，围绕小国的争夺往往是相当激烈的，也是大国矛盾和冲突深化的重要诱因。一些地区国家虽然是小国，但它们却在各自的地缘板块中具有关键作用，美国则试图推动这些国家在“印太”安全布局中扮演更大角色，尽可能地确保其不被中国“掌控”。在这一过程中，美国对“印太”地区小国的“军事化”及其一系列负面影响值得警惕。

---

① Harsh Pant and Kashish Parpiani, “US Engagement in the Indo-Pacific: An Assessment of the Trump Era,” ORF Occasional Paper No. 279, October 2020, Observer Research Foundation.

② “U. S. Security Cooperation with Vietnam,” US Department of Defense, July 27, 2020, https://2017-2021. state. gov/u-s-security-cooperation-with-vietnam-2/index. html.

③ Kallol Bhattacherjee, “U. S. Turns Focus on Bangladesh for Indo-Pacific Strategy,” *The Hindu*, October 12, 2020.

④ Admiral Philip S. Davidson, Commander, U. S. Indo-Pacific Command, Posture Testimony before the Senate Armed Services Committee, February 12, 2019, https://www. armed-services. senate. gov/imo/media/doc/Davidson_02-12-19. pdf.

## 三、经济问题安全化

为了推进对华战略竞争，特朗普政府采取“经济问题安全化”的策略，美国军方在这方面扮演了重要角色。过去几年来，特朗普政府挑动中美经贸冲突，对华展开“技术冷战”，其重要目标之一就是改变美国国防军事工业过于依赖中国企业的状况。美国方面担心中国企业在全球产业链和供应链中地位的提升，将使中国政府逐步获取更大的军事安全和地缘政治影响力。2019 年 2 月，美国战略与国际问题研究中心高级研究员兼“中国力量”项目主任葛来仪在国会作证时提出，通过“中国制造 2025”等，中国将会进一步加强国防和商业经济的融合，军用与民用技术界限模糊，军工制造业供应链存在被中国垄断的危险。① 此外，美国军方高度关注中国对先进技术的“军事化”问题。2018 年 1 月，美国国防部下属的“防务创新试验小组”（Defense Innovation Unit Experimental）发布报告称，“中国正在向关键的未来技术投资，这些技术对于未来可用于商业和军事领域的创新具有基础性作用：人工智能、机器人、自动驾驶、增强现实与虚拟现实、金融科技、基因编辑”，美国政府还没有全面认识到两国间技术转移的速度有多快、中国对美国技术的投资水平以及我们应当保护哪些技术。② 这项由军方部门主导的研究对特朗普政府的影响很大。在美国军方的推动下，美国在处理涉华经贸、技术和投资问题方面日

---

① Bonnie S. Glaser, Testimony before Senate Small Business and Entrepreneurship Committee, "'Made in China 2025' and the Future of American Industry," February 27, 2019, https://csis-prod.s3.amazonaws.com/s3fs-public/congressional_testimony/190226_Glaser_Testimony.pdf, pp. 3-4.

② Michael Brown and Pavneet Singh, "China's Technology Transfer Strategy: How Chinese Investments in Emerging Technology Enable a Strategic Competitor to Access the Crown Jewels of US Innovation," Defense Innovation Unit Experimental, January 2018, pp. 3 - 4, https://admin.govexec.com/media/diux_chinatechnologytransferstudy_jan_2018_(1).pdf?mod=article_inline; Paul Mozur and Jane Perlez, "China Tech Investment Flying under the Radar, Pentagon Warns," *The New York Times*, April 7, 2017.

益展现出“安全化”的特征。这一点在“印太战略”方面也非常突出。

美国国防部在2019年发布的《国家防务战略》报告中提出，“中国正通过军事现代化、影响力行动和掠夺性经济对邻国进行胁迫，从而以对中国有利的方式重构印太地区秩序”，获得“地区霸权”只是中国的近期目标，中国将来会寻求全球主导地位（global preeminence）。[①] 显然，对于美军而言，中美在“印太”地区的战略博弈是“全领域的”，经济、政治和军事领域的行动是相互交织、密不可分的。此后，美国军方在《印太战略报告》中再次强调，“我们对自由和开放的印太的愿景，体现了对经济、治理和安全之间联系的认识，这是该地区竞争图景的一部分，经济安全就是国家安全”。《印太战略报告》虽然出自美国国防部，但对经济问题着墨不少。其诬称，中国利用经济手段推进战略利益，炒作中国在“印太”地区国家的投资违反市场规则并带来严重的债务问题，中国会利用相关国家和次国家团体（sub-national groups）的债务负担获取“战略和军事上的介入”（strategic and military access）。该报告还提及中国在北极和南极地区的活动，称中国推动的“极地丝绸之路”建设缺乏透明度。[②] 此外，美国军方人士在公开场合针对“一带一路”的负面言论也很大，这实际上是美国政府对华“叙事之战”的组成部分。例如，2018年11月，美军印太司令部司令菲利普·戴维森在美国智库战略与国际问题研究中心举办的视频研讨会上发表演讲。他称，“一带一路”不仅侵犯了中国邻国的主权，同时还让很多国家跌入“债务陷阱”。他指责中国在“印太”地区的做法是将“贷款变成债务”，将“发展变成武器”。他还强调，“美中之间的竞争不仅仅是传统意义上守成大国和崛起大国之间实力政治的较量，我们面临的问题更严峻，是价值观和对未

① The Department of Defense, *Summary of the 2018 National Defense Strategy of the United States of America: Sharpening the American Military's Competitive Edge*, 2019, p. 2.

② The Department of Defense, *Indo-Pacific Strategy Report: Preparedness, Partnerships, and Promoting a Networked Region*, June 1, 2019, pp. 9–10.

来愿景的较量”。[①] 2019 年 2 月，菲利普·戴维森在美国参议院军事委员会作证时称，“北京正通过可损害地区国家自主权的方式，使用其经济权力工具……这些资金短期看是快钱（easy money），但带有附加条件：不可持续的债务、下降的透明度、对市场经济的限制，以及操控自然资源带来的潜在损失”。[②]

随着“一带一路”建设的不断推进，美国军方对中国利用“一带一路”国际合作推进军事基地建设的炒作也越来越严重。美方诬称，中国企业在柬埔寨、斯里兰卡、瓦努阿图等国修建和运营的港口日后将成为中国的海军基地，中国对“数字丝绸之路”的推动（包括 5G、“北斗”等项目）将对美国军事安全利益构成威胁，中国通过“一带一路”国际合作干扰美军在全球的部署和军力投射。近年，天津优联集团在柬埔寨推动七星海经济特区开发，其中包括港口项目，项目总投资 38 亿美元。这是柬埔寨近年获得的重大外部投资之一，对该国加快发展具有重要意义。然而，2018 年 11 月，美国副总统彭斯专门致信柬埔寨首相洪森，称美国担心这个港口成为中国的海军基地。洪森对此予以明确否认，强调柬埔寨宪法不允许在该国出现外国军队和建立外国军事基地。然而，美国政府和军方却持续加大对洪森政府的施压，美国国防部还主动提出要帮助柬埔寨修缮位于泰国湾的雷姆海军基地（Ream Naval Base），此举是为了防范柬埔寨政府未来将这一基地提供给中国军队使用。[③] 在南太平洋地区，岛国瓦努阿图将该国的卢甘维尔港（luganville bay）开发项目授予

---

① Keynote Address by Admiral Philip S. Davidson at the Third Annual China Power Conference, “China's Power: Up for Debate,” CSIS, November 30, 2018, https://www.csis.org/analysis/chinas-power-debate.

② Admiral Philip S. Davidson, Commander, U.S. Indo-Pacific Command, Posture Testimony before the Senate Armed Services Committee, February 12, 2019, https://www.armed-services.senate.gov/imo/media/doc/Davidson_02-12-19.pdf.

③ Idrees Ali, “Cambodia Demolished U.S.-Built Facility on Naval Base: Researchers,” Reuters, October 3, 2020, https://www.reuters.com/article/us-usa-cambodia-military-idUSKBN26N39O.

一家中国企业。美国方面以及它的盟友澳大利亚却怀疑该港未来会变为中国的海外军事基地。[①] 面对来自美国和澳大利亚的持续压力，2018 年 4 月，瓦努阿图政府最终选择公开 2014 年与中国方面签署的合同文本，从而证实所谓中国在该国建立军事基地的猜测毫无依据。[②] 然而，美国方面却仍加以炒作。2019 年 1 月 14 日，美国国防部发表的《中国全球扩张对美国防务影响评估》说，中国在全球范围内扩大经济和战略影响力，并对美军的海外部署产生影响。该报告提及中国试图在瓦努阿图修建军事基地，称中国的“一带一路”项目能让中国海军在相关港口部署后勤设施和资源，保护其不断扩张的海外战略利益，这将对美军的海外部署、训练和后勤支持产生影响。

在南亚地区，中国企业负责建设和运营的斯里兰卡南部汉班托塔深水港则是美国方面关注的另一个焦点。2018 年 10 月，斯里兰卡总理拉尼尔·维克勒马辛哈（Ranil Wickremesinghe）对所谓“中国欲在此港建立军事基地”的说法予以驳斥。斯里兰卡港口和航运部长马欣达·萨马拉辛格（Mahinda Samarasinghe）也表示，并非中国，而是斯里兰卡要求中国前来开发运营汉班托塔港，除了纯粹的商业交易，这项合作没有其他目的。[③] 关于中国利用汉班托塔港项目制造“债务陷阱”的说法，美国约翰斯·霍布金斯大学教授博黛蓉（Deborah Brautigam）通过自己的研究予以澄清。她表示，根据国际货币基金组织的数据，斯里兰卡的外债中大

① Ankit Panda, “A Southern Pacific Base for the Chinese Navy in Vanuatu?” *The Diplomat*, April 10, 2018; Paul Dibb, “If China Builds a Military Base in Vanuatu, What Are the Implications for Australia's Defence Planning?” Australian Strategic Policy Institute, April 14, 2018, https://www.aspistrategist.org.au/china-builds-military-base-vanuatu-implications-australias-defence-planning/.

② Ben Bohane, “South Pacific Nations Shrugs Off Worries on China's Influence,” *The New York Times*, June 13, 2018; “Vanuatu Denies It will Host China Military Base,” BBC, April 10, 2018, https://www.bbc.com/news/world-australia-43707975.

③ “Sri Lanka Rejects US Claims, Says No Chinese Military Base at Port,” *The Economic Times*, October 11, 2018, https://economictimes.indiatimes.com/news/defence/sri-lanka-rejects-us-claims-says-no-chinese-military-base-at-port/articleshow/66163389.cms?from=mdr.

约只有10%是欠中国的。正如斯里兰卡政策研究院经济学家杜什尼·维拉孔（Dushni Weerakoon）和澳大利亚国立大学名誉教授茜茜拉·贾亚苏里亚（Sisira Jayasuriya）所言，“斯里兰卡的债务问题不是中国制造的”。[①]

① Deborah Brautigam, “Is China the World's Loan Shark?” *The New York Times*, April 29, 2019.

# 第四章
# 东南亚与美国对“一带一路”的制衡

在“一带一路”建设中，东南亚国家是中国的重要合作对象。东南亚国家与中国拥有深厚的经济、政治和文化联系，2013年10月，习近平主席在印度尼西亚国会发表重要演讲，不仅提出建设“21世纪海上丝绸之路”的倡议，还提出“携手建设更为紧密的中国—东盟命运共同体”。无疑，“一带一路”建设有助于中国实现周边外交政策目标，尤其是进一步深化中国与东南亚之间的关系。然而，东南亚也是美国亚太政策布局中的关键组成部分，美国战略界人士普遍将东南亚视为中美大国竞争的前沿地区。在特朗普政府的“印太战略”中，东南亚国家是重点关注对象。美国支持东南亚国家发展数字经济、能源基础设施等，在安全事务尤其是海上安全能力建设方面加大对东南亚国家的投入。美国通过“湄公河—美国伙伴关系”等次区域机制深化与东南亚国家的关系，力图制衡中国倡导的“澜沧江—湄公河合作机制”。美国还注重加大与日本等盟友的协调，在东南亚地区共同牵制“一带一路”建设。

## 第一节　东南亚与“一带一路”建设

东南亚是中国周边外交布局中的主要板块，在“一带一路”建设中占据重要地位。保持与东盟关系的稳定，确保中国“家门口”不出现动荡，是中国国际战略的基本目标之一。中国领导人提出构建更为紧密的中国—东盟命运共同体构想，强调中方坚定不移以东盟为周边外交优先方向，坚定不移支持东盟团结和东盟共同体建设，坚定不移支持东盟在区域架构中的中心地位，坚定不移支持东盟在地区和国际事务中发挥更大作用。[①]“一带一路”为中国与东盟及其成员国关系的深化提供了重要助力。

## 一、不断深化的中国—东盟关系

当前中国与东盟的关系总体融洽，双方的合作不断扩展，这一成就来之不易。冷战时期，东南亚国家多持“反共”立场。1967 年 8 月，印度尼西亚、菲律宾、新加坡、马来西亚和泰国五国共同发起成立东盟。很大程度上，东盟的建立源于东南亚国家对“共产主义威胁”的恐惧和防范，尤其是要抗衡当时受到苏联和中国支持的越南、柬埔寨和老挝。1965 年印度尼西亚发生未遂政变，当时的苏哈托政府认为政变的“主角”印度尼西亚共产党受到了中共的支援和鼓动。[②] 最初中国对东盟的态度也十分消极，称其是美帝国主义的“走狗”和“工具”。后来，中苏关系破裂，社会主义国家阵营内部矛盾激化，越南靠向苏联并采取“反华”路线。由此，中国和东盟的关系开始改善。马来西亚和泰国等先后于 1974 年和 1975 年与中国建立外交关系，新加坡李光耀政府则为中国实施“改革开放”提供了重要支持。中国和东盟都想要突破冷战格局的束缚，增强战略自主性，确保自身的安全和独立。

① 《命运与共　共建家园——在中国—东盟建立对话关系 30 周年纪念峰会上的讲话》，《人民日报》2021 年 11 月 23 日，第 2 版。

② Mong Palatino, “What’s behind the New Communist Scares in Indonesia and the Philippines?” *The Diplomat*, May 27, 2016.

冷战结束后，由于失去了抗衡苏联在亚洲地区扩张的价值，东盟受到美国的冷落。1989 年中国出现了“政治风波”，美国等西方国家对华实施制裁，中国以东盟作为外交突破口，通过与东盟建立对话关系等举措，赢得周边国家的支持和信任，中国的总体国际环境也逐步改观。1990 年 8 月，中国与东盟大国印度尼西亚恢复外交关系。1991 年，中国与东盟开启对话机制。1997 年亚洲金融危机爆发，印度尼西亚、马来西亚和泰国等遭受重大冲击。与美国采取袖手旁观的态度不同，中国采取人民币不贬值等政策，帮助东盟国家脱困。这场金融危机客观上也促使东盟与其他亚洲国家共同推动经济一体化进程，东盟与中日韩三国对话机制在 1997 年应运而生。

21 世纪头 10 年，中国和东盟关系实现快速发展，经贸合作成为坚实支柱。2000 年 11 月，中国国务院总理朱镕基在第四次中国—东盟领导人会议上提出建立中国—东盟自由贸易区的构想。这一举措恰逢中国基本完成加入世界贸易组织（WTO）的谈判，对于积极拓展中国的外部发展环境意义重大。东盟对中国此举也感到“不同寻常”，日本、韩国、澳大利亚等国虽与东盟的经济关系密切，但“这些国家没有一个提出过要与东盟签署自由贸易协定。然而，共产党领导的中国政府竟然是第一个这么做的”。[①] 2002 年 11 月，中国和东盟签署《全面经济合作框架协定》，2004 年、2007 年和 2009 年又相继签署《货物贸易协议》《服务贸易协议》和《投资协议》。2010 年 1 月 1 日，中国—东盟自由贸易区（以下简称“自贸区”）正式成立，从人口规模看这是世界上最大的自贸区。中国还“实施早期收获计划，旨在使东盟国家可以早一点尝到构建自贸区的甜头（从开放农产品开始，实行不对等的让步）”。[②] 中国—东盟自贸区的成立，带动了日本、韩国、澳大利亚、印度等国争相与东盟商签

① 马凯硕等：《东盟奇迹》，翟崑等译，北京大学出版社，2017，第 100 页。

② 张蕴岭：《构建开放合作的国际环境》，中国社会科学出版社，2013，第 18—19 页。

自贸协定。在经济关系得到拓展的同时，中国与东盟的政治关系也不断深化。2003 年 10 月，中国正式加入《东南亚友好合作条约》，中国和东盟宣布建立面向和平与繁荣的战略伙伴关系。“中国在东盟对话伙伴中率先加入《东南亚友好合作条约》，率先与东盟建立战略伙伴关系，率先与东盟建成自贸区”，这三个“率先”体现出中国与东盟关系的特殊性。[①]

进入 21 世纪第二个 10 年，虽然受到南海争端等因素的负面影响，中国和东盟仍希望保持彼此关系稳定，并在多个领域拓展合作。2013 年 10 月 3 日，习近平主席对印度尼西亚和马来西亚进行国事访问。在印度尼西亚国会发表的演讲中，习近平呼吁携手建设更为紧密的中国—东盟命运共同体。同年 10 月 9 日，李克强总理在文莱出席第 16 次中国—东盟领导人会议时，提出“2+7”合作框架。该框架的核心是深化战略互信、聚焦经济发展，主要内容包括建设中国—东盟自贸区升级版、加快互联互通基础设施建设、加强本地区金融合作和风险防范、推进海上合作等，为构建中国—东盟命运共同体擘画了具体路径。2016 年 9 月，第 19 次中国—东盟领导人会议暨中国—东盟建立对话关系 25 周年纪念峰会在老挝万象举行。李克强总理就中国—东盟关系发展提出建议，包括商签“睦邻友好合作条约”、打造人文交流新支柱等。2021 年 11 月 22 日，中国国家主席习近平在北京以视频方式出席并主持中国—东盟建立对话关系 30 周年纪念峰会。中国和东盟正式宣布建立中国—东盟全面战略伙伴关系。习近平在讲话中强调，要高质量共建“一带一路”，进一步打造“一带一路”国际产能合作高质量发展示范区，欢迎东盟国家参与共建国际陆海贸易新通道。

2013 年开启的“一带一路”国际合作为中国—东盟关系发展提供了新契机、新平台。与“一带一路”相关的投资或项目在东南亚地区基本实现了全覆盖。根据马来西亚联昌国际银行（CIMB）东盟研究院等机构

① 《纪念中国—东盟建立战略伙伴关系 10 周年联合声明》，《人民日报》2013 年 10 月 10 日。

在2018年发布的研究报告，东盟的“一带一路”项目总额超过7390亿美元，其中印度尼西亚的项目总额最高，达到1710亿美元，其次是越南（1520亿美元）、柬埔寨（1040亿美元）、马来西亚（985亿美元）、新加坡（701亿美元）、老挝（480亿美元）、文莱（360亿美元）、缅甸（272亿美元）、泰国（240亿美元）和菲律宾（94亿美元）。[①] 在东南亚区域内部，“一带一路”国际合作也通过不同的机制性安排，展现了对次区域的影响力。随着中国—中南半岛经济走廊、“澜沧江—湄公河合作机制”、中缅经济走廊、中老经济走廊等合作的推进，中国与东南亚地区国家的关系得到进一步增强。

从东盟层面看，“一带一路”与东盟制定的互联互通相关规划展开了对接。2010年，东盟成员国通过了《东盟互联互通总体规划2025》（MPAC 2025），将发展基础设施建设，提高东盟一体化水平、国际竞争力、民众生活水平等作为主要目标。[②] 2017年是《东盟互联互通总体规划2025》实施元年。同年2月，在菲律宾举行的东盟非正式外长会明确了“3+5+6”的基本框架。“3”就是以基础设施、规制和人文为三大支柱。“5”即确定五大优先战略领域，包括可持续基础设施、数字创新、无缝物流、卓越监管和人员流动。尤其是近年来东盟移动网络、大数据、物联网等发展迅速，预计2030年东盟数字市场规模将达到6250亿美元，届时将占东盟GDP总量的8%。“6”即东盟将进一步降低域内通关和物流成本，建立“无缝物流”体制，提升互联互通的监管能力，重点推进标准统一、互相认证、技术规范等领域的监管合作。[③] 为更好落实《东盟

① “China's Belt and Road Initiative (BRI) and Southeast Asia,” CIMB Southeast Asia Research Institute, October 2018, pp. 8 - 10, https://www.lse.ac.uk/ideas/Assets/Documents/reports/LSE-IDEAS-China-SEA-BRI.pdf.

② 相关文件参见东盟官方网站，http://asean.org/asean/asean-connectivity/master-plan-on-asean-connectivity-2025/。

③ 相关文件参见东盟官方网站，http://asean.org/asean/asean-connectivity/master-plan-on-asean-connectivity-2025/。

互联互通总体规划 2025》，东盟互联互通协调委员会（ASEAN Connectivity Coordinating Committee）得以成立，并设立国别联络点，扩大东盟互联互通国家协调员的职权，降低推进规划建设的行政成本。

虽然东盟提出了雄心勃勃的互联互通规划，但在实践中还存在不少困难和挑战，包括融资、技术、人才等方面。尤其是东盟每年基础设施建设资金缺口超过 1100 亿美元，而东盟内部跨境融资平台远未成型，这就大大限制了东盟落实《东盟互联互通总体规划 2025》的能力。中国方面大力推动“一带一路”建设与《东盟互联互通总体规划 2025》进行对接，中国—东盟互联互通合作委员会等机制运转良好。中国加大对东盟的融资支持，正如中国驻东盟前大使徐步所言，“中国倡议设立的亚洲基础设施投资银行、丝路基金等机制都可为东盟国家互联互通建设提供长期、低成本融资服务”。[①] 在具体项目上，中国力推昆明—新加坡铁路联运线路的建设，该线路总长约 7000 千米，完工后将使中国的西南地区与东盟的所有陆上国家（马来西亚除外）连接起来。此外，正如《东盟经济共同体 2025 蓝图》所表明的，加快工业化和基础设施建设是未来东盟国家发展的重要目标，而其与“一带一路”建设目标高度契合。中国企业与东盟国家的伙伴方合作，在越南、柬埔寨、泰国、马来西亚等东盟国家共同建立了多个经贸合作园区。其中，越南的龙江工业园、柬埔寨的西哈努克港特区成为所在国政府确立的重点项目，中国与东盟国家开展的产能合作取得实质进展。

中国—中南半岛经济走廊是“一带一路”要建设的六大经济走廊之一，为深化中国—东盟关系提供了重要平台。越南、老挝、柬埔寨、泰国、缅甸等东盟国家位于中南半岛，越南在 1995 年、缅甸和老挝在 1997 年、柬埔寨在 1999 年先后加入东盟。进入 21 世纪以来，中南半岛国家的经济发展取得很大成就。2000—2015 年，越老柬缅四国的经济年均增速

---

① 《“一带一路”与中国东盟合作再添新动力》，《经济日报》2015 年 11 月 20 日。

约为7%，其人均GDP增长近4倍，吸引外资的年均增速达到20%—30%。但它们仍面临诸多发展挑战，与东盟其他较富裕国家相比也存在很大差距。中国—中南半岛经济走廊建设涵盖基础设施、制造业、金融等多方面的合作，旨在促进各国互联互通、构建分工合理的产业链体系、维护区域金融稳定等。该走廊将不仅有助于深化中国与中南半岛国家的关系，也能促进中南半岛国家缩小与其他东盟成员国的发展差距，从而为东盟共同体建设提供助力。① 应当看到，虽然中国—中南半岛经济走廊建设取得了不少进展，但也面临一些挑战。比如，随着越老柬缅等国的经济发展进入新阶段，中国同这些国家的部分产业存在“同质竞争”现象。有些国家的部分政治势力污蔑中国在中南半岛搞“资源掠夺”和“经济控制”，针对中国的民族主义和民粹思潮有所发酵，走廊建设的社会舆论环境有待进一步改善。此外，美国、日本等也在加大对中南半岛国家的经济、政治和安全影响力，尤其是近年来有上千家日本企业进驻这些国家，将制造业加快向该地区转移。②

在近年中国—东盟关系发展中，“澜沧江—湄公河合作机制”（简称“澜湄机制”）是另一大“亮点”。澜沧江—湄公河流经中国、缅甸、老挝、泰国、柬埔寨和越南，干流全长约4880千米，流域面积约80万平方千米。湄公河地区是东盟发展的“洼地”，中国希望以澜湄机制为平台，打造次区域合作新典范，用实际行动支持东盟共同体建设。实际上，构建这一机制的想法最早是泰国方面在2012年提出的，中国予以积极回应。2014年11月，李克强总理在缅甸举行的第17次中国—东盟领导人会议上正式提出该倡议。此后，经过一系列高官会、外长会的准备，2016年3月澜沧江—湄公河合作首次领导人会议在海南三亚召开。该机

① 盛玉雪、王玉主：《中国—中南半岛经济走廊推进机制：需求、供给及选择》，《学术探索》2018年第3期，第45—47页。

② 郭宏宇、竺彩华：《中国—东盟基础设施互联互通建设面临的问题与对策》，《国际经济合作》2014年第8期，第26—29页。

制成员国包括中国、缅甸、老挝、泰国、柬埔寨、越南。澜湄机制提出了“3+5+x”合作框架，即以政治安全、经济与可持续发展、社会人文作为三大支柱，以互联互通、产能、跨境经济、水资源、农业和减贫作为五大优先合作领域，并不断拓展新的合作方向。澜湄机制提出了40多个“早期收获”项目，强调务实高效，水资源利用和管理是该机制的一项重点任务。2016年3月，为缓解当地旱情，中国对湄公河国家实施应急补水，受到各方肯定。澜湄机制建立水资源合作中心，加强澜湄流域的防洪抗旱协调、水文信息交换、联合研究等多方协作。此外，中方在澜湄合作框架下设立澜湄合作专项基金，提供国际产能和装备制造合作专项贷款、“两优”贷款，支持6国开展500多个惠及民生的中小型合作项目，以及机场、公路、电站电网、产业园区等40余个大型基础设施和工业化项目。疟疾是湄公河国家共同面临的健康挑战，澜湄机制将促进相关医疗合作。该机制推动的其他项目还包括“绿色澜湄计划”、澜湄职业教育培训中心、澜湄旅游城市合作联盟等。

## 二、“21世纪海上丝绸之路”与东南亚

“一带一路”建设的目标之一是实现中国发展的“陆海统筹”。近年来，中国领导人明确强调要加大经略海洋的力度，并提出建设“海洋强国”的目标。2016年中国海洋生产总值超过7万亿人民币，占国内生产总值的近十分之一。经略海洋对于维护中国国家安全利益的重要性不言而喻。2013年10月，习近平主席南下“千岛之国”印度尼西亚，在印度尼西亚国会演讲中首倡建设“21世纪海上丝绸之路”，他提出“东南亚地区自古以来就是海上丝绸之路的重要枢纽，中国愿同东盟国家加强海上合作……共同建设21世纪海上丝绸之路”。根据中国政府2015年3月发布的“一带一路”政策白皮书，“21世纪海上丝绸之路重点方向是从

中国沿海港口过南海到印度洋，延伸至欧洲；从中国沿海港口过南海到南太平洋”。2017 年 6 月，中国国家海洋局等机构发布的政策文件则提出，“‘一带一路’建设海上合作以中国沿海经济带为支撑，密切与沿线国的合作，连接中国—中南半岛经济走廊，经南海向西进入印度洋，衔接中巴、孟中印缅经济走廊，共同建设中国—印度洋—非洲—地中海蓝色经济通道；经南海向南进入太平洋，共建中国—大洋洲—南太平洋蓝色经济通道；积极推动共建经北冰洋连接欧洲的蓝色经济通道”。[①] 从中不难看出，南海地区和东盟国家在“21 世纪海上丝绸之路”建设进程中占据突出重要地位。

2013 年以来，中国与东盟国家的海上合作取得不少进展。中国推动“21 世纪海上丝绸之路”与印度尼西亚“全球海洋轴心”、文莱“2035 宏愿”等东盟国家发展战略加大对接，中国政府已经与泰国、马来西亚、柬埔寨等国签署了政府间海洋领域合作协议、合作备忘录和联合声明，为推进“政策沟通”奠定了基础。此外，在中国—东盟合作框架机制下建立了蓝色经济论坛、海洋环保研讨会、海事磋商、海洋合作论坛、中国—东盟海洋合作中心、东亚海洋合作平台等。为加大融资支持，中国政府还设立中国—东盟海上合作基金、中国—印尼海上合作基金等。[②]

在合作成效方面，中国持续推动东盟地区的港口建设，与相关国家共同打造涵盖渔业、农业、旅游业等方面的海洋产业链，马来西亚马六甲临海工业园区、缅甸皎漂港“港口+园区+城市”综合一体化开发以及中国—印尼海水淡化、海底光缆通信等项目不断推进。[③] 值得强调的是，

① 国家发展改革委、国家海洋局：《“一带一路”建设海上合作设想》，2017 年 6 月，第 3 页，https://www.yidaiyilu.gov.cn/wcm.files/upload/CMSydylgw/201706/201706200152052.pdf。

② 参见康霖、罗亮：《中国—东盟海上合作基金的发展及前景》，《国际问题研究》2014 年第 5 期。

③ 国家发展改革委、国家海洋局：《“一带一路”建设海上合作设想》，2017 年 6 月，https://www.yidaiyilu.gov.cn/wcm.files/upload/CMSydylgw/201706/201706200152052.pdf。

中国政府还推动实施《南海及其周边海洋国际合作框架计划》等，落实《联合国海洋法公约》第123条关于闭海、半闭海合作义务的规定，围绕海洋环保、生物资源可持续利用、油气开发等，先易后难地推进功能性合作。

中国与东南亚大国印度尼西亚围绕“21世纪海上丝绸之路”的合作具有代表性。印度尼西亚是世界上最大的岛屿国家，人口数量居世界第四，是世界上最大的伊斯兰国家，也是东盟中最大的经济体。2005年以来，印度尼西亚经济连续多年保持5%以上的增长。麦肯锡咨询公司估计，印度尼西亚的中产阶层人口约为4500万，到2030年这一群体将增加到1.35亿人。[①] 2014年佐科政府上台后提出并实施“全球海上轴心”计划，兴建国内港口、道路等基础设施，力争使印度尼西亚成为全球海洋经济的中心。从现实看，印度尼西亚面临的发展挑战非常突出。2014年6月世界银行发布《印度尼西亚2014年发展政策评估》报告称，印度尼西亚面临着道路投资严重不足、港口吞吐能力非常有限、贸易物流水平低下等问题，需要1200亿美元来改善印度尼西亚的道路状况。[②] 在这种情况下，印度尼西亚对于参与“一带一路”合作抱有很大期待。2015年3月，佐科专程出席博鳌亚洲论坛并对中国进行国事访问。访华期间，佐科主动提出探讨印度尼西亚“海洋强国”战略应如何与中国倡议的“21世纪海上丝绸之路”构想相互对接。印度尼西亚希望进一步吸引来自中国的投资，尤其是“欢迎中国国有和民营企业参与印度尼西亚港口、机场、水坝等基础设施建设和经济特区建设”。印度尼西亚方面还提出，要

---

① Iain Marlow, “The Next China? Indonesia Emerging As a New Asian Powerhouse,” *The Globe and Mail*, January 16, 2015.

② *Indonesia 2014 Development Policy Review*, The World Bank, June 23, 2014, http://www.worldbank.org/en/news/feature/2014/06/23/indonesia-2014-development-policy-review.

与中国合作推进“区域综合经济走廊”倡议,[①] 在多地与中国合作建设港口，以畅通印度尼西亚的“海上高速公路”。[②]

中国方面注重探索如何“以东盟方式开展对东盟合作”，实现嵌入式合作、交互型发展。很多地方省份和城市成为中国—东盟合作的“主力军”。比如，随着近年来中国和菲律宾关系从“疾风骤雨”变为“和风细雨”，菲律宾巴拉望省希望利用与海南省的友好关系扩展对华合作，推动本省交通、能源等基础设施建设，加快发展海洋旅游业，使该省成为连接菲律宾和东盟东部增长区（包括文莱、印度尼西亚、马来西亚和菲律宾，总部位于菲律宾达沃市）的枢纽。巴拉望省和海南省之间形成的“岛屿经济体合作”，重视双方需求的“精准对接”，注重发展绿色海洋产业，充分发挥地方的先导性优势，这类合作成为“21 世纪海上丝绸之路”建设中的亮点。[③] 此外，中国企业在缅甸积极参与皎漂港的开发，该港将成为缅甸最重要的深水港。位于孟加拉湾的皎漂港地理位置极佳，开发这一港口对于促进缅甸经济发展意义重大，也是“21 世纪海上丝绸之路”建设的标志性项目之一。[④] 除了港口设施，皎漂港的开发还包括工业园区、智能城市、旅游业中心等项目，目标是将其所在的若开邦打造为“微型新加坡”，并创造 25 万个就业岗位。[⑤] 新加坡盛裕集团（Surbana

---

① 2017 年 5 月佐科总统来华出席“一带一路”国际合作高峰论坛时，提出建设“区域综合经济走廊”倡议，即在北苏门答腊、北加里曼丹、北苏拉威西和巴厘四个省建设综合经济走廊。参见《中印尼“区域综合经济走廊”建设合作联委会召开首次会议》，中国工业新闻网，2019 年 3 月 25 日，http://www.cinn.cn/ydyl/201903/t20190325_209184.html。

② Reiny Dwinanda, “China to Support Indonesia's Four Economic Corridors,” *The Republika*, February 10, 2018, http://en.republika.co.id/berita/en/national-politics/18/02/10/p3x3w1414-china-to-support-indonesias-four-economic-corridors.

③ “Secretary-General H. E. Mme Yang Xiuping Attended the 21st Century Maritime Silk Road: Islands Economic Cooperation Forum,” ASEAN-China Centre, March 25, 2017, http://www.asean-china-center.org/english/2017-03/25/c_136204911.htm.

④ John Reed, “China and Myanmar Sign Off on Belt and Road Projects,” *Financial Times*, January 18, 2020.

⑤ Gwen Robinson, “Myanmar Plans Its Own ‘Mini Singapore’,” *Financial Times*, February 8, 2013.

Jurong）参与了缅甸皎漂港经济特区和港口的总体规划，相关各方借助“港港联动”和“港产联动”模式，推动“21 世纪海上丝绸之路”合作深入开展。

## 第二节　特朗普政府的东南亚政策

冷战时期，泰国、菲律宾是美国的条约盟友，新加坡、马来西亚等国也与美国有着密切的经济和安全关系，美国将东南亚国家视为抗衡苏联和中国的重要资产。冷战结束后，美国对东南亚的政策呈现出一种“不连贯接触”的特征。克林顿政府对 1997 年亚洲金融危机的冷漠应对，受到东南亚国家的批评。小布什执政时期，美国对东南亚的政策则具有“以反恐为导向”的特征。[①] 在奥巴马政府执政时期，东南亚在美国亚太战略中的位置显著前移，“亚太再平衡”的最突出重点即是东南亚，这一变化被称为“再平衡中的再平衡”。2009 年美国加入《东南亚友好合作条约》。2010 年美国首次向东盟派驻使团，并在 2015 年建立“美国—东盟战略伙伴关系”。奥巴马政府不仅创立“美国—东盟峰会”等对话协调机制，还加强了与越南、缅甸等国的交往。[②] 尤其是在强化美国—东盟经济联系、推动地区经济一体化方面，奥巴马政府大力推动《跨太平洋伙伴关系协定》，并提出“印太经济走廊”“亚太全面能源伙伴计划”“湄

① Joseph Chinyong Liow, *Ambivalent Engagement: The United States and Regional Security in Southeast Asia after the Cold War*, Washington, D. C. : Brooking Institution Press, 2017, pp. 9–16.

② Hillary Clinton, “America's Pacific Century,” *Foreign Policy*, October 11, 2011; Jeffrey A. Bader, *Obama and China's Rise: An Insider's Account of America's Asia Strategy*, Washington, D. C. : Brookings Institution Press, 2012, pp. 94–103; Patrick Cronin, “Sustaining the Rebalance in Southeast Asia: Challenges and Opportunities Facing the Next Administration,” Center for a New American Security, May 2016.

公河下游倡议”“美国—东盟联通倡议”等构想或机制。① 在南海问题上，奥巴马政府也显著加大了介入力度。但是，正如亨特·马斯顿（Hunter Marston）所言，由于《跨太平洋伙伴关系协定》无疾而终，奥巴马政府加强美国与东盟经济联系的努力失败了，而在军事安全和多边外交方面，奥巴马政府也只是取得了有限的成功。②

特朗普参加美国总统竞选期间，几乎未提及东盟和东南亚在美国外交政策中的重要性，东南亚国家普遍担忧特朗普执政将冲击美国和东南亚的关系。③ 2017 年 1 月特朗普上台后，其亚太政策表现出显著的“谋利至上”“交易主义”等特征。美国颁布“阻止外国恐怖分子进入美国的国家保护计划”行政令（即“禁穆令”）、退出《跨太平洋经济伙伴关系协定》等决策，令很多东南亚国家深感不满。④

从经济层面看，特朗普政府的诸多政策给东南亚带来很大冲击。特朗普政府坚持“美国优先”，强调要解决美国对部分东南亚国家贸易逆差过高的问题，涉及印度尼西亚、越南、马来西亚、新加坡等国。美国对中国展开的“贸易战”也损害了东南亚国家的利益，后者对此忧心忡忡。长期以来，东南亚国家向中国出口大量原材料和零部件，是全球产业链上的重要环节。随着美国对中国输美产品征收高达 25%的关税，中国电子产品、机械制造、纺织等产业将会受到较大冲击。这种冲击必然延伸至与中国存在紧密经贸关系的东南亚国家。2018 年 4 月，新加坡总理李

① Ernest Bower and Prashanth Parameswaran, “US Moves to Strengthen ASEAN by Boosting the Lower Mekong Initiative,” *Commentary*, Center for Strategic and International Studies, July 24, 2012; “US-Asia Pacific Comprehensive Energy Partnership,” http://www.state.gov/e/enr/c56576.htm; Fatema Sumar, “Shaping the Future of Trade and Connectivity in the Indo-Pacific,” Remarks at CII Kolkata Business Luncheon, May 8, 2014.

② Hunter Marston, “Examining the US Rebalance in Southeast Asia after Obama,” *Georgetown Journal of International Affairs* 18, no. 1 (2017): 47-56.

③ Ian Storey and Malcolm Cook, “The Impending Trump Presidency and Southeast Asia,” *Perspective*, Issue: 2016; No. 63, ISEAS-Yusof Ishak Institute, November 21, 2016.

④ Prashanth Parameswaran, “Trump's Real ASEAN Test,” *The Diplomat*, March 30, 2017.

显龙公开表示，有些国家“偏离了自由贸易的轨道”，东南亚地区的经济增长面临威胁，需要共同对抗保护主义。而在当年8月举行的东盟地区论坛外长会议期间，马来西亚外长赛夫丁·阿卜杜拉（Saifuddin bin Abdullah）称，“贸易战”是亚洲国家面临的“真实存在的威胁”，而且形势变得越发复杂。在特朗普政府执意发动对中国“贸易战”的情况下，东南亚国家对自身发展前景的忧虑显著上升。从安全层面看，特朗普政府着力将反恐问题作为美国和东南亚关系的主轴之一，以防范该地区的伊斯兰极端主义和恐怖主义与中东、中亚—南亚地区的相关势力遥相呼应。① 特朗普政府还要求缅甸等东南亚国家降格或中断与朝鲜的关系，在遏制朝鲜方面加大与美国配合的力度。总之，较之奥巴马政府，执政初期的特朗普政府对东南亚的关注和投入有所下降，功利性色彩突出。②

美国战略界人士对此感到忧心，认为这一做法将损害美国在亚太地区的主导权，尤其是考虑到中国在2016—2017年间积极改善与越南、菲律宾等国的关系，并进一步与东盟及其成员国围绕“一带一路”拓展合作。美国战略界人士纷纷建议特朗普政府从政治、安全、地区机制等多个领域加大对东南亚的政策投入，确保美国在该地区的影响力。一是呼吁特朗普政府保持与东南亚国家的高层级、高密度接触，总统以及内阁成员应尽量出席东盟主办的有关峰会。同时，可围绕外交、安全、财政、农业、能源等问题，与东盟建立部长级和高官会议机制。二是建议在双边层面，美国需要重振与菲律宾、泰国等盟友的关系，拉住重要伙伴新加坡，支持缅甸民主进程，鼓励印度尼西亚、马来西亚和越南与美国及

---

① Joseph Chinyong Liow, Testimony before the Subcommittee on Counterterrorism and Intelligence, US House Committee on Homeland Security, Hearing on “ISIS in the Pacific: Assessing Terrorism in Southeast Asia and the Threat to the Homeland”, April 27, 2016, pp. 3–7.

② “Roundtable: The Trump Presidency and Southeast Asia,” *Contemporary Southeast Asia: A Journal of International and Strategic Affairs* 39, no. 1 (2017).

其盟国深化全方位合作。[①] 三是建议应加强对东南亚地区海上安全的投入，包括增加美军在南海开展的“航行自由”行动，继续落实奥巴马政府时期提出的“东南亚海上安全倡议”（Southeast Asia Maritime Security Initiative）。[②] 推动东南亚国家的海上执法合作，促使菲律宾、马来西亚和印度尼西亚在苏禄海等海域达成“区域海上安全倡议”（Regional Maritime Security Initiative）机制。尤其是在中国与东盟国家围绕南海问题的争端有所“降温”的情况下，美国需要加大影响有关“南海行为准则”的谈判进程，可考虑与日本、印度、澳大利亚等推出“亚太海上行为准则”，进而为“南海行为准则”框定标准。[③] 四是建议美国应大力支持东南亚国家的反恐行动，助其遏制“伊斯兰国”势力在东南亚地区的扩张势头。[④]

在此背景下，特朗普政府对东南亚国家采取“安抚”措施。2017 年 4 月，美国副总统彭斯访问印度尼西亚，并表示特朗普政府仍重视与东南亚的关系。美国—东盟外长会议在当年 5 月于华盛顿召开。国务卿蒂勒森、国防部长马蒂斯等赴东南亚国家参加东盟系列会议、香格里拉对话会等。商务部长罗斯于 2017 年 9 月访问越南，并与越方签署价值超过 80 亿美元的商业合作协议。[⑤] 越南总理阮春福、马来西亚总理纳吉布、泰国

---

① Jessica Donati and Gordon Lubold, “US Military Escalates War Efforts in the Philippines,” *The Wall Street Journal*, January 19, 2018.

② 傅泰林：《美国对南海有关争议的政策：1995—2017》，《当代美国评论》2017 年第 1 期，第 52—56 页。

③ Robert Kaplan, “How President Trump is Helping Beijing Win in the South China Sea,” *The Washington Post*, October 9, 2018; Ely Ratner, “Course Correction: How to Stop China's Maritime Advance,” *Foreign Affairs*, July/August 2017.

④ Congressional Research Service, “Terrorism in Southeast Asia,” May 5, 2017; Joshua Kurlantzick, “Southeast Asia—The Islamic State's New Front?” Carnegie Council for Ethics in International Affairs, October 4, 2016.

⑤ 参见 The U.S. Department of Commerce, May 2017, https://www.commerce.gov/news/press-releases/2017/05/us-secretary-commerce-wilbur-ross-and-vietnamese-prime-minister-phuc。

总理巴育、新加坡总理李显龙等也在2017年实现访美。在人权和价值观外交等方面，特朗普政府的“调门”较之奥巴马政府有所降低，力图修复美国与菲律宾杜特尔特政府之间因“暴力禁毒”等问题导致的关系裂痕。

特朗普在2017年11月对东南亚国家展开就任总统后的首次访问，他在此行中提出“自由而开放的印太战略”，并再次强调要和地区国家开展“自由、公平、对等”的贸易。2018年7月，在首次举行的“印太商业论坛”上，美国提出的“数字互联互通和网络安全伙伴关系”“以能源促进发展和增长倡议”（Asia EDGE）等，被认为是旨在增进与东南亚的经济接触。此外，在这次论坛上，美国方面还提出将与日本、澳大利亚等盟友一同增加对地区基础设施建设的支持，东南亚国家成为这一三边合作的重要对象。① 2018年11月，美国副总统彭斯赴东南亚出席亚太经合组织领导人非正式会议、东盟系列会议、东亚峰会等。彭斯在访问新加坡期间表示，美国将加大对东南亚地区的投资，并促进高质量的基础设施建设，推动“美国—东盟智慧城市伙伴关系”（US-ASEAN Smart Cities Partnership）等计划。“美国—东盟智慧城市伙伴关系”旨在促进美国企业对东南亚地区数字基础设施等的投资。②

特朗普政府还重点加大了与湄公河流域国家之间的关系。2019年8月1日，国务卿蓬佩奥在泰国参加“湄公河下游倡议”10周年活动。他对与会的东南亚国家高官表示，“我们将继续帮助保护你们的主权和安全，帮助你们在经济上获得繁荣，并保护你们丰富的文化和环境”。蓬佩

---

① Patrick M. Cronin, Abigail Grace, Daniel Kliman and Kristine Lee, “Contested Spaces: A Renewed Approach to Southeast Asia,” Center for a New American Security, March 2019, pp. 6-7.

② Kaewkamol Pitakdumrongkit, “Pence in Southeast Asia: Ways Forward for US-ASEAN Cooperation on Infrastrucuture Development,” Order from Chaos, The Brookings Institution, November 27, 2018, https://www.brookings.edu/blog/order-from-chaos/2018/11/27/pence-in-southeast-asia-ways-forward-for-u-s-asean-cooperation-on-infrastructure-development/.

奥还宣布了相关具体举措：一是推动“日本—美国湄公电力伙伴关系”（Japan-US Mekong Power Partnership），该计划旨在支持湄公河国家发展地区性电网，美国为此先期投入2950万美元，并支持美国企业参与跨境输电线项目；二是特朗普政府为打击湄公河地区跨国犯罪和人口贩运提供1400万美元的支持，相关资金将用于惩治金三角地区的冰毒输出等违法活动，这一计划将与澳大利亚等国的反犯罪行动相互协调；三是美国提出召开“印太”地区跨境水资源治理会议，与韩国共同利用卫星技术分析湄公河地区洪水和干旱问题，与“湄公河下游倡议”的成员国（柬埔寨、老挝、缅甸、泰国和越南）共同发起成立新的湄公水资源分享平台等项目。此外，蓬佩奥还表示美国政府愿进一步参与“伊洛瓦底江—昭披耶河—湄公河经济合作战略”（Ayeyawady-Chao Phraya-Mekong Economic Cooperation Strategy，ACMEC Strategy）。[①]

## 第三节 “一带一路”与美国在东南亚的对华竞争

东南亚地区既是中国推进“一带一路”合作的重点方向，也是美国对华展开地缘竞争、加大制衡“一带一路”的焦点区域。在美国加大推进“印太战略”的背景下，作为太平洋与印度洋的接合部，东南亚对美国经济、外交和安全利益的重要性越发凸显。2018年8月7日，负责亚太事务的美国国防部助理防长薛瑞福在参加美国企业研究所举办的“美国的东南亚战略”研讨会时称，中国在东南亚的行为对国际秩序和“自由开放的印太”带来挑战，美国必要时会展开对抗。美国战略界人士担

① “Secretary of State Michael R. Pompeo Opening Remarks at the Lower Mekong Initiative Ministerial,” US Embassy & Consulate in Vietnam, August 1, 2019, https://vn.usembassy.gov/opening-remarks-at-the-lower-mekong-initiative-ministerial/.

心，随着“一带一路”合作在东南亚国家的推进，中国将进一步挤压美国在该地区的利益和空间，中美博弈势将深化。同年，兰德公司专家施道安（Andrew Scobell）等人在对中国与发展中国家关系进行系统研究后认为，从经济和政治的角度而言，经营东南亚地区是中国的“最大优先事项”（top priority），印度尼西亚、马来西亚、泰国和越南则是中国最重视的东南亚国家。在东南亚地区之外，美国和中国似可成为“平行伙伴”（partners in parallel），但在东南亚地区，中美两国存在产生“正面冲突”（at loggerheads）的风险。[①]

东南亚国家在同中国开展合作时，对于如何应对中美博弈问题也是愈加关注。正如新加坡前驻联合国常任代表马凯硕（Kishore Mahbubani）所言，东盟面对的最突出的地缘政治挑战即是如何应对中美之间的竞争，东盟应努力利用好这种竞争谋取实利，而“一旦这种竞争态势失控，东盟就可能分崩离析”。[②]在美国加大与中国竞争的背景下，东盟国家民众对中美两国的看法也值得重视。2019 年 1 月，新加坡尤索夫伊萨东南亚研究所（ISEAS-Yusof Ishak Institute）发布调查报告称，东盟国家担忧东南亚地区成为美中两国的角斗场。来自东盟 10 国的 1000 多名政界、商界和学界专家参与了这项名为“东南亚形势：2019”（The State of Southeast Asia：2019）的调查。约 60%的受访者认为美国的全球力量和影响力“有所衰退”或是“大幅衰退”。68%的受访者认为，特朗普政府与东南亚国家的接触“有所下降”甚至“大幅下降”。此外，多数受访者（68. 1%）不确定美国是否仍是可靠的战略伙伴和地区安全维护者。61. 3%的受访者认为，美国“印太战略”的理念不清晰，需要更多的解释。17. 3%的受访者认为，美国“印太战略”会破坏东盟的重要性以及

---

① Andrew Scobell, et al. , *At the Dawn of Belt and Road: China in the Developing World*, Santa Monica, California: The Rand Corporation, 2018, pp. 300-302.

② 马凯硕等：《东盟奇迹》，翟崑等译，北京大学出版社，2017，第 23 页。

东盟在该地区的地位。35.3%的受访者认为，在美国减少与东南亚的接触后，中国将提供替代性领导。35%的受访者认为，“一带一路”框架下的中国投资为东盟国家提供了急需的基础设施建设资金。关于中美博弈，该报告称，中国毫不掩饰在全球事务中重获自己所认为的合法地位的抱负，东南亚将是中国的试验地，而美国不会拱手让出自己在东南亚的“主导地位”。调查发现，68.4%的受访者认为，美中两国在东南亚“势必发生冲突”（on a collision course）。这种看法在马来西亚、缅甸与印度尼西亚尤为突出。仅有22.5%的受访者认为美中双方能够化解分歧，建立合作关系。①

美国知名中国问题专家、乔治·华盛顿大学教授沈大伟（David Shambaugh）认为，中美之间的大国竞争已经成为新常态，主要的角力场在东南亚地区，两者各有优势和劣势。美国的优势包括与东南亚国家的军事关系、美国在东南亚的投资和服务贸易以及美国的软实力。美国的劣势则体现在美国与东南亚地理距离远、重视民主和政府治理问题、对东盟协商性决策方式缺乏耐心、对地区基础设施的投资不足以及无法长期保持对东南亚的关注度。在沈大伟看来，中国的竞争优势在于与东南亚邻近、对东南亚的投资充足、不会为人权和治理问题而向当地政府施压。但是，与东南亚太近也是中国的劣势，东南亚国家对中国的南海主权声索感到不安，在安全保障问题上也不愿依靠中国，印度尼西亚等国还担心中国利用华侨华人在这些国家制造事端。他认为，中美在东南亚地区的博弈处于“软竞争”阶段，并未进入零和游戏，但不排除未来陷入“硬竞争”状态；“美国只要留在东南亚别走，保持可预测性，突出优势，纠正劣势，洞察当地情况，就有可能在这场比赛中表现得很好”。②

---

① *The State of Southeast Asia: 2019 Survey Report*, ASEAN Studies Center and ISEAS-Yusof Ishak Institute, January 29, 2019.

② 游润恬：《美国学者沈大伟：中国过度扩大影响力令东南亚各国不安》，《联合早报》2018年7月13日。

美国专家担心，在“一带一路”合作的推动之下，柬埔寨、老挝、缅甸等中南半岛国家进一步靠向中国，中国在“陆上东盟”的优势愈加突出。2018年5月，美国智库“战略和预算评估中心”（CSBA）发布报告称，中国针对相关国家实施“政治战”，柬埔寨、老挝可能成为中国的“附庸国”，缅甸则会持续向中国靠拢。[①] 此外，美国专家还认为，中国加大对湄公河流域国家的控制，这是中国在东南亚实施“切香肠”战略的重要组成部分。菲律宾、泰国是美国的条约盟友，却对参与“一带一路”合作展现出较为积极的态度，这也引起美国方面的关注。2018年11月，菲律宾杜特尔特政府与中国政府就“一带一路”合作签署谅解备忘录，包括考虑就油气开发展开合作。针对美国副总统彭斯宣扬的“债务陷阱”问题，2018年11月菲律宾财政部长卡洛斯·多明格斯（Carlos Dominguez Ⅲ）表示，菲中签署的相关贷款协议对双方都有利，不会有损菲律宾的主权。泰国巴育政府对参与“一带一路”合作态度积极，将该国“东部经济走廊”计划与之对接。泰国政府还考虑与中国、日本等合作修建连接泰国湾和安达曼海的克拉运河（总长135千米，预计耗资300亿美元），缩短东亚与印度洋之间的海上运输距离，预计该运河将使从印度洋进入东亚的海上运输线路缩短至少1200千米。泰国总理巴育已要求国家经济和社会发展委员会（NESDB）和国家安全委员会（NSC）对该项目的可行性展开研究。克拉运河将对马六甲海峡构成直接竞争，这一项目也会对美国在东南亚地区的战略部署带来影响。[②] 此外，马来西亚虽然经历了政府更迭，但其与中国的关系保持了稳定。马来西亚出现执政党更

---

① Thomas G. Mahnken, Ross Babbage, Toshi Yoshihara, “Countering Comprehensive Coercion: Competitive Strategies against Authoritarian Political Warfare,” Center for Strategic and Budgetary Assessments, 2018.

② “NESDC to Reboot Thai Canal Plan,” *Bangkok Post*, September 11, 2020, https://www.bangkokpost.com/business/1983399/nesdc-to-reboot-thai-canal-plan; Lam Peng Er, “Thailand's Kra Canal Proposal and China's Maritime Silk Road: Between Fantasy and Reality?” *Asian Affairs: An American Review* 45, no. 1 (2018): 1-17.

替后，一度叫停了此前达成的若干合作项目，但马哈蒂尔新政府明确表示仍将支持和积极参与“一带一路”建设。作为马来西亚最大的贸易伙伴国和该国制造业最大的投资国，中国的作用和地位非常重要，马哈蒂尔多次重申将同中国保持友好关系。2019 年 3 月，在接受《南华早报》独家采访时，马哈蒂尔表示，作为超级大国的美国展现出不可预测性，如果马来西亚被迫要在高风险的地缘政治角逐和美中之间贸易战中选边站的话，马来西亚宁愿选择经济慷慨的北京。①

对于如何应对中美在东南亚地区的竞争，牵制“一带一路”合作在东南亚地区的扩展，美国战略与国际问题研究中心副主席马修·古德曼（Matthew Goodman）等人提出，面对中国借助“一带一路”扩大经济影响力的现实，特朗普政府需要的不仅是政策工具和策略，还有正确的思维观念（mindset），应敢于竞争并大力巩固美国在亚太地区经济中的“领导地位”。美国需要重新发现和运用自身在东南亚的优势，尤其是不要低估美国在该地区的经济影响力。他们认为，近年来中国经济增速下降、国内金融风险加大、外商投资环境不佳等因素，将使中国在与美国的竞争中陷入不利地位，中国近年来利用经济手段“胁迫”周边国家的做法，也会致使相关国家希望减少对中国的经济依赖。这些因素有助于美国进一步提升和巩固在亚太特别是东南亚地区发展中的主导地位。概要而言，美国战略界人士筹谋的政策应对举措主要集中在以下五个方面。

第一，美国需要增加对东南亚地区基础设施建设的参与和支持力度。根据亚洲开发银行测算，未来 10 余年东南亚基础设施投资需求为 2.8 万亿美元。美国政府应设法推动美国企业积极寻求商业机会，尤其是要确保美国企业获得公平竞争的机会。面对亚洲基础设施投资银行带来的“机制竞争”，美国需要与日本等国合作，增强亚洲开发银行的实力，包

① Bhavan Jaipragas, “I'd side with rich China over fickle US: Malaysia's Mahathir Mohamad,” *South China Morning Post*, March 8, 2019.

括落实该行的增资计划，提升该行对基础设施建设投资的效率，更好地带动其他机构投资者对东南亚国家基础设施的长期性投资。美国可通过亚洲开发银行推动国际多边性开发银行共同制定“最佳实践”，从而巩固美国在“标准设定”（standard-setting）方面的主导地位。美国需加大与《东盟互联互通总体规划2025》（MPAC 2025）的对接，重点支持湄公河地区的基础设施互联互通建设，打通老挝、柬埔寨和越南之间的“东西向通道”，避免老挝、柬埔寨进一步倒向中国。美国需和日本、澳大利亚等盟友共同推进“高质量基础设施”的标准设定，这不仅能够突出美国和西方企业在基础设施建设领域的优势，还有助于东南亚国家利用该标准审查与中国企业的合作项目。考虑到可投入的资金有限，美国应与盟友对东南亚地区基础设施展开联合评估，结合地缘政治关切确定战略投资的重点，如马来西亚和菲律宾。美国可与日本重点合作，支持越南等东南亚国家的能源基础设施，如液化天然气（LNG）终端建设。要加强美日澳等国在东南亚的使馆经济官员的沟通协调，可选派美国国际发展金融公司人员常驻东南亚国家，确保美国主导的双边、三边合作项目能够尽快推进。

第二，美国需重视应对数字经济领域的竞争，使美国在东南亚的投资更为均衡，尤其是引导美国企业更多关注中南半岛国家。新美国安全研究中心专家丹尼尔·克里曼（Daniel Kliman）等人认为，东南亚是中国推动“数字丝绸之路”建设的重点区域，其影响不仅在于损害美国企业经济利益，还将助长中国对外输入“高科技威权主义”，长期看也会破坏美国在东南亚的情报和军事安全能力。近年来东南亚国家对发展数字经济的需求显著上升，阿里巴巴、华为、腾讯等中国企业在东南亚地区迅速扩张。美国担心，东南亚国家既在数字经济发展的硬件和技术方面如5G、大数据、海底光缆、在线支付等对华形成依赖，还模仿中国的互联网管理、数据保护等政策和规则，中国未来可能会控制东南亚地区的

“数字生态环境”。2019年，美国专家建议由国会拨款，建立新的“美国数字发展基金”，设立“数字发展银行”，向那些能够坚持互联网自由和法治原则的西方企业提供支持。[①] 此外，考虑到中国企业通过支持东南亚国家“智慧城市”建设输出中国的社会监控技术，美国应支持新加坡推动建立的“东盟智慧城市网络”，吸引更多的美国私营企业加入其中，并确保先进技术不能用于支持东南亚的“威权体制”，防范“民主倒退”。美国是东南亚地区的第三大投资来源国，投资总额约是中国的两倍。但是，美国的投资一半以上都集中在新加坡，投资布局的优化对于长期经营美国和东南亚国家关系具有重大意义。美国需要大力调动美国私营部门的力量，加大参与东南亚地区经济的力度，关键在于不断丰富能够引导美国企业服务国家战略目标的政策手段。比如，可加强“贸易政策和谈判顾问委员会”（ACTPN）等机构与美国私营部门、州市地方政府之间的沟通协作，促进后者加大对东南亚国家的关注。通过美国出口—进口银行（Ex-Im Bank）、海外私人投资公司等政府机构，为美国企业提供更有力的出口支持和投资保障，促使东南亚国家能够更多地消费美国的高端产品和服务。

第三，美国需在无法重返《跨太平洋伙伴关系协定》的情况下，寻求可替代的有效方案，强化对地区经济合作路径和规则的影响力。相关政策考虑包括在美国—新加坡自贸区基础上在东南亚发展新的高标准双边自贸区网络，继续推进“美国—东盟贸易与投资框架安排”等。过去10余年，美国曾先后提出美国—东盟企业合作、互联互通、下湄公河合作、教育合作等方面的倡议，美国政府可对这些倡议进行梳理与整合，进一步推广相关原则、规范和经验，扩大其对地区经济合作的影响。此

---

① Daniel Kliman, “Why the United States Needs a Digital Development Fund,” Center for a New American Security, October 2019, https://www.cnas.org/publications/commentary/why-the-united-states-needs-a-digital-development-fund.

外，还需充分发挥美国在“软性基础设施”（soft infrastructure）方面的优势，帮助亚太地区国家提升法治和制度建设能力，通过美国财政部、美国国际开发署、美国贸易和发展署（USTDA）等机构支持东南亚国家的能力建设，以增强这些国家的制度韧性，进而巩固美国在引导地区经济合作中的领导地位。美国需要进一步深化与日本、澳大利亚、印度等盟国和伙伴国的协作，共同确保东南亚经济的“自由和开放”。美国与其伙伴国可共同提升东南亚国家政府在项目评估、采购和税收管理等方面的能力，培训负责经济发展规划和基础设施建设的政府官员，帮助相关国家加强资本市场建设和实施公私合营（PPP）项目，这些举措都将有助于制衡中国的经济影响力。此外，注重运用好亚太经合组织等多边机制，加大对中国行为的规范。比如，强化亚太经合组织“政策支持小组”（Policy Support Unit）的功能，使其能够获得高质量经济数据，并与美日等国私营企业合作制定产业投资、基础设施建设方面的相应标准。涉及能源和通信信息技术（ICT）、公共卫生等事务的亚太经合组织工作小组也应是美国政府的关注重点。

第四，美国需在信息战和意识形态领域进一步强化对华压制，扩展美国与东南亚的民间交流，不断提升美国在东南亚的软实力。美专家认为，中国借助孔子学院等在东南亚地区开展“影响力行动”，散播“中国崛起、美国衰落”等虚假信息，塑造东南亚国家内部涉华舆论，美国国务院应通过“全球接触中心”（GEC）等机制帮助东南亚国家应对中国信息战尤其是“网络影响力行动”，尤其是在东南亚国家举行大选期间。此外还可加大对“自由亚洲电台”以及东南亚当地媒体等的支持力度，开展“真相行动”，及时向东南亚民众揭露中国在南海地区的政策举措等带来的“损害”。对于东南亚精英群体，美国可重点借助国家民主基金会（NED）、国家民主研究所（NDI）、国际共和研究所（IRI）等强化影响，以加强东南亚国家的“良治”。此外，美专家建议派遣更多的美国国会议员代表团赴东南亚国家，向对方政治和军事领导人阐明中国在该国设立海外军事基地等举措的风险，以及美国将如何对这些国家施加惩罚。美国国会可要求五角大楼就中国海外军事基地问题、国务院就中国信息战问题等向国会进行秘密汇报，以确定哪些国家是美国施压的重点对象，进而在行政部门和立法部门之间形成合力。美专家提出应重视加强美国对东南亚的公共外交和民间交流，彰显与中国不同的价值观和社会治理理念。美国应在东南亚做好“健康医疗外交”，比如美国国会可推动美国大型企业在菲律宾、印度尼西亚以及其他具有战略重要性的国家设立美资医院，向当地民众提供一流的健康医疗服务，有力应对疟疾等当地多发病，美国“千年挑战集团”（MCC）等机构可提供资金支持。此外，东南亚青年群体是推动东南亚国家民主化进程的重要力量，美国可通过国务院“东南亚青年领袖倡议”等机制、借助富布莱特越南大学等平台加大对东南亚青年人的影响，还可考虑与日本等国的相关机制展开合作。再者，美国需重视东南亚人力资源和职业教育，美国国务院教育和文化事务局可支持美国高校和研究机构与日本等国机构在东南亚开展“第三方合作”，如在泰国、马来西亚等提供商务管理、工程、技术和职业教育领域的课程，注重向东南亚民众展现美日在人工智能等高新技术领域的实力，避免中国的技术实力在当地被夸大。

第五，美国需从应对中美博弈的角度重新审视对东南亚国家的安全政策，在维护地区海上安全等方面推出新的举措。美国需降低政治因素的干扰，强化与菲律宾、泰国的军事同盟关系，如明确《美菲共同防御条约》启动的条件（菲律宾武装部队或海警力量在任何地点受到第三国攻击时），根据《美菲加强防务合作协议》（EDCA）尽快升级改造菲律宾境内的五大军事基地，帮助菲律宾重整反恐部队力量，支持泰国皇家空军的升级改造。美专家认为，越南是最有能力和意愿对中国军力进行制衡的东南亚国家，美越关系近年来虽有进展，但面临人权以及越南从俄罗斯购买武器等的挑战。美国国会需在“通过制裁打击美国对手法”（CAATSA）等方面给予越南豁免待遇，美国军方应帮助越南增强C5ISR（指挥、控制、计算机、通信、网络、情报、监视和侦察）系统等的力量，培训越南海警和渔政部队，支持越南从以色列和印度而非俄罗斯购买相关武器。在拓展与东南亚国家的安全关系方面，要用好一个法案、四大渠道，即《亚洲再保障法案》，以及“对外军售”（FMS）、“国际军事教育和培训”（IMET）、“印太海上安全倡议”和“全球和平行动倡议”（GPOI）渠道。美国应邀请更多的东南亚国家参与美国陆军主导的“太平洋通道”建设，向东南亚地区增派陆军“多域特遣部队”，增加具有实战色彩的联合演习数量，以提升美军与盟友和伙伴军队之间的“互操作性”。美专家提出，美国在南海地区展开的“航行自由行动”虽然向东南亚国家释放了安抚信号，但其对中国的威慑效果正在逐步递减，这些行动被认为仅是一种“例行公事”，无法从根本上改变中国的南海政策。美军方应研究“航行自由行动”之外新的军事行动选项如美英联合演习，使用新型军事能力展现美国军力部署的灵活性和可变性，如在菲律宾试射“高机动性火箭炮系统”（HIMARS）。此外，美国需从民生角度入手促进海上安全，美国可与日本合作成立“东南亚海洋研究所”，从海洋生态安全、可持续渔业发展等角度加大对东南亚国家人员的培训，增强东南亚民众对海洋社区安全的关注度，可在菲律宾等国的濒海地区设立研究所分部。考虑到中国经常利用渔民伸张海上权利，美国应加大对“非法、未报告和无管制的捕捞”（IUU Fishing）问题的介入，支持印度尼西亚关于将此类活动纳入《联合国打击跨国有组织犯罪公约》的倡议，从而限制中国的相关行动。美国可从澳大利亚和太平洋岛国共建“信息融合中心”（information fusion center）中借鉴经验，促进与东南亚国家的海上信息共享和海域感知系统建设。美国还可进一步推动英国、法国、加拿大等国参与东南亚地区的海上安全事务。

面对美国在东南亚意欲加大对华制衡的态势，中国方面宜保持战略定力，以更大的努力维护好与东南亚国家的友好关系，减小美国对“一带一路”在东南亚地区落地的阻力。首先，建设性处理“一带一路”合作过程中出现的问题。在新冠肺炎疫情等的影响下，中国与东南亚国家可就相关项目进行“再协商”和必要调整，进而确保“一带一路”合作的可持续性和韧性。其次，中国不仅要支持东南亚国家修建道路、铁路和港口等“硬性基础设施”，还应更加重视推动相关国家的“软性基础设施”建设，提升东南亚国家普通民众福祉。再次，要看到日本、澳大利亚等美国盟友并不愿与中国陷入对抗关系，可视情况推动中国与这些国家在东南亚地区的合作，进而化解美国构筑对华“统一阵线”的压力。最后，妥善处理南海争端等问题，稳步深化中国与东南亚国家的安全合作，逐步缓解中美在地区安全领域的紧张关系，减少美国利用地区安全问题向中国施压的空间，进而为“一带一路”在东南亚的推进创造良好环境。

# 第五章
# 美印关系与中巴经济走廊建设

南亚是中国周边外交中的重要板块，也是“一带一路”倡议的重点覆盖地区。涉及该地区的中巴经济走廊是“一带一路”建设的骨干性工程。作为南亚地区的重要国家，印度方面对“一带一路”抱有一些偏见和误解。为了推进对华战略竞争，美国将印度视为重要伙伴，在经济、安全等方面扶持印度。美印认为“中巴经济走廊”具有地缘政治影响，担心中国借助“一带一路”不断扩大在南亚地区的影响力，因而采取了若干制衡性举措。

## 第一节　印度对“一带一路”倡议的态度

南亚地区包括印度、巴基斯坦、斯里兰卡、孟加拉国、尼泊尔等国，人口数量超过 17 亿，占世界总人口的比例约为 21%，该地区经济总量占世界经济总量的 7%。南亚地区面临较为严重的贫困和欠发展问题。根据世界银行 2013 年的统计，在南亚约有 5.7 亿人每天的生活费不到 1.25 美元，而基础设施匮乏、能源供给不足、地区冲突和恐怖主义问题等因素也很大地制约了该地区的可持续发展。① 有研究指出，为了维持发展活力，到 2020 年前南亚国家每个月需要创造 100 万个就业岗位。无疑，“一带一路”国际合作将有助于应对上述发展挑战，并推动中国与南亚国家关系的不断深化。② 近年来，在“一带一路”框架下，南亚逐步形成了以中巴经济走廊，孟中印缅经济走廊，中国—尼泊尔跨喜马拉雅通道建设，中国与孟加拉国、斯里兰卡和马尔代夫的海上互联互通为四大载体，以港口、路桥、产业园区、政策沟通、民心相通为支撑的多方合作共建格局。③

“一带一路”在南亚地区的推进面临不少挑战，尤其是印度对“一带一路”合作尤其是中巴经济走廊建设持消极态度，而美国则试图利用这一点对“一带一路”展开制衡。印度对“一带一路”的负面认知主要包括以下几个方面。首先，印度方面认为“中巴经济走廊”建设对其构成战略性“威胁”。过去几十年，由于存在领土主权争议等因素，印度和巴基斯坦关系不睦，印度还认为巴基斯坦当局包庇和怂恿恐怖主义势力在印发动袭击。印巴矛盾具有很强的敌对性，由此，印度担心中国试图通过中巴经济走廊建设扶持巴基斯坦，并加大对印度的制衡。印度政府发言人曾公开表示，中巴经济走廊穿越巴控克什米尔地区，无视印度的主权和领土完整等核心利益，是“不可接受的”。④ 其次，印度战略界人士大多认为，中国通过“一带一路”建设尤其是“21 世纪海上丝绸之路”

---

① Luis Andres, Dan Biller and Matias Herrera Dappe, *Reducing Poverty by Closing South Asia's Infrastructure Gap*, Washington DC: World Bank Group, 2013, http://documents.worldbank.org/curated/en/881321468170977482/Reducing-poverty-by-closing-South-Asias-infrastructure-gap.

② "CPEC to Boost Investment in Pakistan: IMF Report," *The News*, May 10, 2017, https://www.thenews.com.pk/print/203598-CPEC-to-boost-investment-in-Pakistan-IMF-report.

③ 蓝建学：《“一带一路”倡议在南亚：进展、挑战及方向》，《印度洋经济体研究》2017 年第 4 期。

④ Manoj Joshi, "India Should Work with China on OBOR for Its Own Economic Benefit," *Hindustan Times*, May 17, 2017.

不断深化与斯里兰卡、孟加拉国、马尔代夫等印度邻国的关系，中国支持兴建的港口未来会成为海军基地，中国借此实施对印度进行“围堵”的“珍珠链”战略。再次，印度方面难以放弃将“印度洋”变为“印度之洋”的想法，对中国通过“一带一路”建设加大在印度洋区域的活动始终保持高度警惕，尤其是中国近年在东非战略要冲吉布提修建军事后勤保障基地。最后，中印之间曾在1962年爆发边界冲突，时至今日两国仍存在复杂难解的领土争端，印度担心中国借助“一带一路”建设扩展对尼泊尔以及印度东北部地区的影响，进而使印度陷入战略劣势。印度东北部地区与中国邻近，且长期存在地方分离主义武装。印度担心中国修建边境公路等将对该地区的“西里古里走廊”构成安全威胁。

此外，由于对印度东北部地区安全的担忧等因素，印度方面对孟中印缅经济走廊建设也持消极态度。多年来，印度中央政府不断加大对东北部地区发展的投入，但收效不大。从经济上看，孟中印缅经济走廊将直接使印度东北部地区受益，有助于解决从西孟加拉邦过境孟加拉国到东北各邦的运输通道问题。然而，印度方面担心，与孟加拉国和缅甸改善互联互通之后，孟缅两国的非法移民会进一步涌入印度，而东北部地区的分裂势力也会更容易获取外部援助。此外，印度还担心，孟中印缅经济走廊建设将使中国获得在该地区的主导性地位，从而冲击印度自身推动的“湄公河—恒河合作”（MGC）倡议、“孟加拉湾多领域经济技术合作”（BIMSTEC）倡议等区域合作机制。孟加拉国人口众多而资源贫乏，希望通过孟中印缅经济走廊建设，改善道路、港口等基础设施，吸引更多的外国投资。2019年7月，孟加拉国商务部长提普·孟希（Tipu Munshi）表示，中国长期以来一直是孟加拉国值得信赖的合作伙伴，预计中国将在未来10—15年内，对孟加拉国投资超过500亿美元。中国对孟加拉国的投资自2016年以来大幅增加。根据印度智库“通道之家”（Gateway House）的统计数据，中国承诺对孟加拉国投入310亿美元，建设其公路、铁路、发电站和水处理项目。2019 年，孟加拉国智库政策研究所执行主任阿赫桑·曼苏尔（Ahsan Mansur）认为，如果将私营部门的投资也计算在内，孟加拉国接受中国投资为 420 亿美元，是南亚地区接受中国投资的第二大国家，仅次于获得 600 亿美元承诺投资的巴基斯坦。[①] 尽管孟加拉国对孟中印缅经济走廊建设态度积极，但它仍受到来自印度的很大影响，印度方面对中国加大在孟加拉国的经济投资抱持警惕态度。[②] 虽然 2013 年 12 月孟中印缅经济走廊建设得到了 4 个国家政府的正式批准，但取得的实际进展依然不多。[③]

印度政策研究中心专家佐拉瓦尔·辛格（Zorawar Singh）认为，印度政府对“一带一路”持消极态度，其根源在于担心中国崛起以及对外投射地缘经济影响力会威胁印度的大国梦与其在南亚次大陆的传统地位。在此背景下，印度与日本等其他国家联手，试图制衡“一带一路”在南亚和印度洋地区的拓展。2015 年，日本安倍政府提出“高质量基础设施伙伴”计划，后在 2016 年对这一计划进行扩充，承诺未来 5 年投入 2000 亿美元用于支持相关国家的基础设施建设。该计划与“一带一路”展开竞争的意味十分明显。与此相关的是，安倍还提出“自由开放的印太战略”，其目标包括在东海、南海和印度洋区域强化互联互通建设等。日本对印度莫迪政府提供了重要的支持。2017 年 5 月，非洲开发银行会议在印度总理莫迪的老家古吉拉特邦举行，莫迪在会上提出“亚非增长走廊”设想，这是印度和日本共同推动的“印度洋—太平洋自由走廊”的一部分，旨在扩大印日两国对南亚、西亚和非洲地区发展的影响力。9 月中旬，安倍晋三访问印度期间，双方再次确认了在“亚非增长走廊”等问

---

① Arshad Mahmud, “Chinese Investment in Bangladesh Comes with Risks,” *Asia Times*, July 17, 2019.

② Kiran Stacey, “Chinese Investment in Bangladesh Rings India Alarm Bells,” *Financial Times*, August 7, 2018.

③ 刘稚、黄德凯：《地缘政治权力结构冲突下的孟中印缅经济走廊建设》，《南亚研究》2018 年第 1 期，第 37—40 页。

题上深化合作的共识。日本和印度将为此分别投入300亿美元和100亿美元。[①] 印日双方专门成立了“东进论坛”，用于推进双方的战略对接，即印度的“东进政策”与日本的“自由开放的印太战略”。[②] 此外，印度与日本合作建设伊朗的恰巴哈尔港。恰巴哈尔港与中国推动建设的巴基斯坦瓜达尔港相距不到100千米，制衡中巴合作的意图不言而喻。除了与日本深化合作，印度还在加快印缅泰三国高速公路（印度方面投资2.46亿美元）建设，并计划未来将该公路延伸到柬埔寨、老挝和越南；继续推动连接加尔各答港、米佐拉姆邦和缅甸实兑港的“卡拉丹”水陆交通工程；与伊朗、俄罗斯等合作开发“南北运输走廊”。[③]

## 第二节 美国对印度的扶持

印度是南亚地区的主导力量，它的经济增长率已经多年保持在5%以上，有预测认为，到2030年，印度会成为世界第三大经济体。印度人口2016年已经超过13亿，仅次于中国，而且青年人口所占比例较高。近年来，在莫迪政府的领导下，印度在地区和国际事务中正扮演着越发积极的角色，其“全球雄心”日益增强。美国试图将印度打造为制衡中国的重要力量，印度因素在美国南亚政策中的分量在持续上升。美国对外关系委员会高级研究员艾丽莎·艾尔斯（Alyssa Ayres）在2017年底发表的

① Ramesh Thakur, “The Enduring Basis of Strong India-Japan Relations,” *The Japan Times*, October 18, 2017.

② “Launch of India-Japan Act East Forum,” December 5, 2017, Ministry of External Affairs, India, https://www.mea.gov.in/press-releases.htm?dtl/29154/Launch_of_IndiaJapan_Act_East_Forum.

③ Anasua Basu Ray Chaudhury and Pratnashree Basu, “India-Myanmar Connectivity: Possibilities and Challenges,” ORF, December 2015, https://www.orfonline.org/wp-content/uploads/2015/12/IndiaMyanmar.pdf; Suhasini Haidar, “India Pushes for Chabahar in India-Iran-Russia INSTC Corridor,” *The Hindu*, March 4, 2021.

文章中提出，印度已开始自视为“领导型国家”，印度决策者相信“我们的时代已经来临”，“一个更加自信、迫切希望塑造全球事务而不仅仅是被动应对的印度已经让世人感受到了其外交影响力”。[①]

特朗普政府非常注重提升与印度的关系，尤其是军事安全合作。美国试图利用印度对“一带一路”特别是中巴经济走廊的反对施压中国，并通过支持印度与日本、澳大利亚等国深化经济与安全关系，增强美国对塑造“印太”地区格局的影响力。与此同时，美国与巴基斯坦的关系明显降温，不仅减少了对巴基斯坦的投入，在反恐、阿富汗等问题上对巴的压力增大。美国南亚政策的“扶印抑巴”趋势对“一带一路”在南亚地区的推进以及中巴经济走廊建设构成重要影响。

在当选美国总统之前，特朗普本人与印度之间的关系就颇为深厚，对印度抱持较大的好感。特朗普家族和印度方面有诸多商业往来，印度成为特朗普公司在北美之外最大的投资对象国，尤其是在印度建设的特朗普大厦就多达 5 座。在参加总统竞选期间，特朗普曾多次表达对印度总理莫迪的欣赏，并非常注重争取印度裔美国人选民对他的支持。应当说，毫无从政经验的特朗普是一位“个性十足”的美国总统，其个人性格、行为偏好等对美国政府外交政策的影响不容忽视。从领导人个性层面看，特朗普和莫迪之间有着诸多相似之处，这也使两者颇有“惺惺相惜”之感。一是两人都抱持“中右翼”的政治观念，以“反建制派”姿态示人。特朗普的重要智囊、前白宫首席战略师史蒂夫·班农是美国民粹主义右翼思潮的领军人物，他早在担任“布莱特巴特新闻网”首席执行官期间就对莫迪称赞有加，认为莫迪在 2014 年当选印度总理，标志着全球范围内“中右翼的反抗”。[②] 特朗普成功当选美国总统，很大程度上

---

① Alyssa Ayres, “Will India Start Acting Like a Global Power?” *Foreign Affairs*, November/December 2017.

② “Bannon Linked Modi Win to ‘A Global Revolt’,” *The Hindu*, November 17, 2016.

是因为其利用了美国白人普通民众的焦虑感，体现了“白人种族主义”在美国国内政治思潮中的兴起。莫迪则坚持宣扬印度教民族主义，非常善于利用印度教教徒对自身和国家的担忧情绪，争取印度国内选民的支持。在莫迪的同意之下，印度人民党提名宣扬“印度教至上主义”的极右翼政治人物约吉·阿迪蒂亚纳特（Yogi Adityanath）出任北方邦首席部长。

二是特朗普和莫迪都坚持“反精英”和“经济民族主义”等立场，希望大力推动国内改革。在反精英方面，特朗普和莫迪可谓“心有戚戚”。特朗普本人在竞选期间和当选后对所谓“华盛顿精英”大加鞭挞，他在总统就职演说中甚至称：“长久以来，华盛顿的一小群人攫取了利益果实，代价却要由人民来承受……建制派保护的是他们自己，而不是我们国家的公民。”[①] 莫迪则把甘地家族领导的印度国大党当作攻击的靶标，通过凸显自己的平民出身，将其塑造为新德里的“局外人”。[②] 此外，特朗普和莫迪都坚持“经济民族主义”理念，承诺将推动经济增长、能源、行政程序、社会福利等方面的变革，以让自己的国家“再次伟大”。

三是特朗普和莫迪都很注重运用新媒体塑造自身的政治形象，追求某种“明星效应”，重视与选民的直接交流。特朗普和莫迪是使用脸书、推特等社交媒体的“高手”，他们账号的关注者分别约为3300万和3000万。两人经常通过这些新媒体发布自己的政策主张，善于使用非常直白、平民化的语言与自己的“粉丝”沟通。特朗普被认为具有“推特治国”的倾向，频繁地通过推特阐述自己对某些内政外交议题的看法。而这种做法甚至在白宫内部引起争论，白宫办公厅主任约翰·凯利等人纷纷劝说特朗普不要随意发推特。莫迪也对社交媒体“情有独钟”，2015年在

① President Donald J. Trump's Inaugural Address, White House, January 20, 2017, https://www.whitehouse.gov/inaugural-address.

② Swapan Dasgupta, "Modi Must Retain His Anti-establishment Image for BJP to Recover," *The Hindustan Times*, February 12, 2015.

党内社交媒体团队的支持下，莫迪推出了个人专属的应用软件，以扩大自己在网络上的影响力，不少人认为莫迪有推动“个人崇拜”之嫌。

除了性格和政治理念上的相似，特朗普对莫迪的好感还源于，特朗普希望极大地争取印度裔美国人对他的政治支持。2016 年美国总统竞选期间，由沙拉布·库马尔（Shalabh Kumar）领导的印度教共和党人联盟（Republican Hindu Coalition）成为特朗普的重要支持团体。库马尔出生于印度，后移民美国并在芝加哥经营高科技和电子产品公司。仅他本人就曾向特朗普竞选团队捐资约 90 万美元。[①] 而库马尔与莫迪很早就相识，据称他成为莫迪和特朗普决策层之间的重要沟通渠道。特朗普与莫迪展开了较多的互动。2016 年 11 月，特朗普在大选中胜出后，莫迪很快就致电表示祝贺。2017 年 1 月 20 日特朗普正式宣誓就任美国总统，1 月 24 日他即与莫迪通电话，称印度是真正的朋友和伙伴，并表示将在打击恐怖主义等方面并肩作战。特朗普还邀请莫迪访问美国。3 月，特朗普再次致电莫迪，对莫迪所在的人民党取得地方选举胜利表示祝贺。8 月，特朗普在印度国家独立日之际又一次与莫迪通电话，向全体印度国民表达节日祝福，并宣布美国将与印度建立外长和防长参加的“2+2”对话机制，以“提升两国战略磋商的级别”。[②]

2017 年 6 月底，莫迪对美国进行了国事访问。其间，特朗普与莫迪向外界展现了亲密互动，莫迪称特朗普热情接待他是“12. 5 亿印度人的荣耀”。此外，美印双方发表联合声明，宣称两国战略伙伴关系达到了新的高度。声明重点提及反恐、航行与飞越自由、和平解决争端等内容。特朗普强调说，美印合作是基于共同价值观和民主承诺。特朗普政府再

① Jonathan Swan, “Hindu-American Emerges as Trump Mega-donor,” *The Hill*, July 19, 2016, http://thehill.com/homenews/campaign/288377-hindu-american-emerges-as-trump-mega-donor.

② “Readout of President Donald J. Trump's Call with Prime Minister Narendra Modi of India,” U. S. Embassy & Consulates in India, August 16, 2017, https://in.usembassy.gov/readout-president-donald-j-trumps-call-prime-minister-narendra-modi-india/.

次确认了印度作为美国“主要防务伙伴”的地位，支持印度成为联合国安全理事会常任理事国以及加入核供应国集团。此外，双方签署了价值超过 20 亿美元的军事交易合同。美国国务院批准向印度出售“守护者”海上无人侦察机，印度是首个从美国购买此种先进武器的非北约国家。为了推动美印防务合作，美国国防部还专门设立了两个副部长级别的职位，负责推动双方之间的“防务技术和贸易倡议”（Defense Technology and Trade Initiative，DTTI）。该倡议最早是在 2012 年提出，此后于 2015 年在美国国防部内部设立“印度快速反应小组”，用以促进该倡议的具体落实，两位副部长级别的高级官员分别聚焦于“研究和制造”“购买和维护”事务。①

美印还承诺加强在经济方面的合作。在联合声明中强调要“全面审视贸易关系”，“增加农业、信息技术、制成品、服务等领域的市场准入”，旨在促使印度提升对美国企业的开放程度，以应对特朗普政府对“不公平”贸易方面的关切。美印希望推动一系列重大经济合作项目的进展，包括美国西屋电气公司与印度核电公司有关共同建立 6 个核反应堆的项目。② 印度企业从美国购买 120 架波音飞机，印度政府同意向美国企业开放天然气市场。美国则表示要成为印度“可靠的长期能源供应者”。2017 年 8 月首批产自美国得克萨斯州的原油运抵印度。此外，美印双方同意加强反恐方面的合作，包括强化情报共享、打击恐怖融资等。而在应对朝鲜“核导威胁”等地区安全挑战方面，作为朝鲜第二大贸易伙伴的印度也大力配合特朗普政府，在 2017 年 4 月决定对朝鲜实施更强硬的制裁。

2017 年 8 月 21 日，特朗普在位于弗吉尼亚州的迈尔堡军事基地，就

---

① Shaurya Karanbir Gurung, “US to Create Two Under-Secretary Posts to Strengthen Defense Ties with India,” *The Economic Times*, August 22, 2017.

② “United States and India: Prosperity Through Partnership,” Office of the Press Secretary, The White House, June 26, 2017.

美国的南亚和阿富汗政策发表讲话。① 这是特朗普执政后首次系统阐述美国如何处理与南亚国家的关系，因而受到各方关注。从特朗普讲话以及其他美国高级官员的相关表态看，反恐和应对阿富汗战争仍然是美国南亚政策的“焦点”，印度因素在美国南亚政策中的分量进一步上升。从2001年至2017年，阿富汗战争已长达16年之久，成为美国历史上持续时间最长的战争。在竞选期间，特朗普曾表示应从阿富汗全面撤出美军。然而，在全球恐怖主义和极端主义威胁更趋复杂严峻的背景下，特朗普政府需要审慎处理阿富汗问题。2017年1月特朗普上台后，白宫国家安全委员会、美国国防部等机构对阿富汗战略进行了全面审议。特朗普在8月21日发表的讲话中，提出了美国对阿富汗的政策调整方向。一是继续增兵阿富汗，加大对阿军事投入，根据实际条件而不是预先设定的时间表制定军事计划。特朗普认为美国需要吸取从伊拉克匆忙撤军的教训，同时也不应像奥巴马政府那样将军力部署的数量和时间表“和盘托出”。二是进一步促进外交、经济和军事力量的整合，促使阿富汗政府在反腐败等方面实现“真正的改革”。特朗普强调，美国不会按照自身的偏好在阿富汗进行“国家重建”，而是应聚焦反恐任务。值得注意的是，特朗普在讲话中对未来塔利班参与阿富汗政治和解安排持开放态度。三是进一步将采取军事行动的自主权下放给美军一线将领，特朗普对奥巴马执政时期过度干预军方行动的做法提出批评，称自己不会进行“微管理”（micromanagement）。②

在处理阿富汗问题方面，特朗普政府显著突出了印度的作用。美印联合声明明确提及了阿富汗问题，特朗普“对印度为促进阿富汗的民主、

---

① Remarks by President Trump on the Strategy in Afghanistan and South Asia, The White House, August 21, 2017, https://www.whitehouse.gov/the-press-office/2017/08/21/remarks-president-trump-strategy-afghanistan-and-south-asia.

② Austin Wright, “Defense Hawks Cheer Trump's Afghanistan Speech,” *The Politico*, August 21, 2017, http://www.politico.com/story/2017/08/21/trump-afghanistan-defense-congress-241880.

稳定、繁荣和安全做出的更大贡献表示欢迎”。特朗普在 2017 年 8 月发表的南亚政策讲话中表示，印度每年从与美国的贸易中获得几十亿美元的收入，印度应当进一步加大对阿富汗问题的投入，尤其是在经济和发展援助方面。这一表态显示，特朗普将美印经贸关系与阿富汗问题“挂钩”，体现了特朗普对外政策中的“交易主义”倾向。而国务卿蒂勒森此后也表示，印度是确保地区和平稳定的重要伙伴，美国欢迎并支持印度在阿富汗经济、政治、安全等事务上发挥更大的作用。过去十余年，印度为阿富汗提供了数亿美元的援助，但主要是在经济领域，而如今美国方面则希望印度能够全面扶持阿富汗。驻阿富汗美军最高指挥官约翰·尼克尔森（John Nicholson）曾公开呼吁，印度应向阿富汗提供更多的武器装备和安全援助。①

2020 年 2 月 24—25 日，特朗普在新冠肺炎疫情背景下对印度首次正式访问，印度总理莫迪称此访是“开创性的”（path-breaking）。② 访问期间，双方在经济、能源、防务等领域签署一系列协议，尤其是价值 30 亿美元的防务贸易合同，印度将向美国采购军用直升机等先进装备。近年来，美印防务贸易合作不断升级，2020 年两国防务贸易额已经超过 200 亿美元（2008 年时几乎为 0）。③ 2020 年 10 月，美印举行外长和防长“2+2”会谈，国务卿蓬佩奥和国防部长埃斯珀赴新德里访问。蓬佩奥在印度期间，对中国和中国共产党进行恶意攻击，称美印将加强“应对所有威胁的合作”。埃斯珀表示，美国致力于与印度建立“全面和前瞻性的防务伙伴关系”，并扩大美印区域安全合作和防务贸易。访问期间，美印签署

---

① “US Favours India’s Military Support to Afghanistan: Gen John Nicholson,” *India Times*, July 12, 2018.

② Raja Murthy, “Trump’s Path-Breaking Visit to India Should Be Leveraged,” *The Statesman*, March 5, 2020, https://www.thestatesman.com/opinion/trumps-path-breaking-visit-to-india-should-be-leveraged-1502862910.html.

③ “U.S. Security Cooperation with India,” US Department of State, January 20, 2021, https://www.state.gov/u-s-security-cooperation-with-india/.

《地理空间合作基本交流与合作协定》（BECA），这是美印达成《一般军事信息安全协议》（2002 年）、《后勤交流协定备忘录》（2016 年）、《通信兼容与安全协议》（2018 年）之后签署的第四份重要军事协议。基于《地理空间合作基本交流与合作协定》，印度将可以获得美国方面提供的 GPS 数据，这将提升印度导弹和无人机打击相关目标的精准度。上述四份军事协议，是美国与北约盟国之间安全关系的重要支撑，如今美印也基本达到盟友关系的“标配”。在此次访问中，蓬佩奥和埃斯珀还专门赴印度国家战争纪念馆献花圈，向在中印边境冲突中丧生的印度士兵致意，以表明美国对印度的支持姿态。

在具体军事行动层面，美国和印度的互动关系也在不断深化。2020 年 7 月，美国海军“尼米兹”号航空母舰打击群与印度海军在印度洋安达曼—尼科巴群岛附近海域进行联合演习。这一航母打击群由“尼米兹”号核动力航母（USS Nimitz）、“普林斯顿”号（USS Princeton）导弹巡洋舰、“斯特雷特”号（USS Sterett）导弹驱逐舰和“拉尔夫·约翰逊”号（USS Ralph Johnson）导弹驱逐舰组成。其中，“尼米兹”号航母刚结束与“里根”号航母在南海地区进行的联合演习行动，经由马六甲海峡驶入印度洋。根据美军发布的通告，美印海军展开包括防空行动在内的“高端演习”，旨在最大限度地提高训练强度和两军的互操作性。印度海军发言人在官方推特上表示，“尼米兹”号航母打击群经过印度洋区域，印美海军进行了“过航演习”（Passage Exercise，PASSEX）。[①]

虽然这次军演是一次常规的“过航演习”，但它的时机非常值得注意，这是在中印关系非常紧张的背景下举行的。而且这次演习举行的地点也值得注意。安达曼—尼科巴群岛（Andaman and Nicobar Islands）位

---

① Dinakar Peri, “Indian Navy Holds Passage Exercise with ‘USS Nimitz’ Carrier Group,” *The Hindu*, July 20, 2020, https://www.thehindu.com/news/national/indian-navy-holds-passage-exercise-with-uss-nimitz-carrier-group/article32140656.ece.

于孟加拉湾与缅甸海之间，在印度洋区域具有重要的地缘战略地位。印度国防研究与分析所所长、印度前驻日大使苏扬·奇诺伊（Sujan R. Chinoy）在其题为《是时候利用安达曼—尼科巴群岛的战略潜力了》的报告中提出，印度政府可以利用安达曼—尼科巴群岛的战略潜力对中国进行全面的海上封锁。① 在美印海军演习之后，印度方面还让美国海军一架巡逻机降落在安达曼—尼科巴群岛，并且提供加油和其他后勤服务，这一举动具有重要的战略含义。正如印度智库“观察家研究基金会”美国研究项目主任德鲁瓦·贾伊尚卡尔（Dhruva Jaishankar）所言，1971 年印巴战争时期美国派“企业”号航母（USS Enterprise）开往印度外海，这一度给印度留下阴影，印度长期以来对美国在印度洋的海军活动有顾虑。如今，印度开始支持美国在安达曼—尼科巴群岛区域开展军事行动，这体现了美印安全关系的增强。②

除了在安达曼—尼科巴群岛区域，美印在海上方向的合作整体而言都在提升。2020 年 8 月 6 日，印度前国家安全顾问希夫尚卡尔·梅农（Shivshankar Menon）在阿斯彭安全论坛视频会议上表示，“对于印度来说，美国是印度转型和发展的重要伙伴。美国还是印度在海事领域的重要合作伙伴。海事领域的竞争在整个印太地区日益激烈，中国试图成为海上强国，正在进入印度洋。南海对印度和美国都至关重要，航行自由符合印度的利益。我们越来越反感中国人。在这些方面，美国和印度在海上安全方面的合作可以做得比以往任何时候都要多”。③ 应该说，梅农的这种观点在印度的战略界还是比较有代表性的。未来一个时期，美印

---

① Sujan Chinoy, “Time to Leverage the Strategic Potential of Andaman & Nicobar Islands,” *MP-IDSA Policy Brief*, June 26, 2020, https://idsa.in/policybrief/strategic-potential-andaman-nicobar-sujanchinoy-260620.

② 许宁：《美航母刚驶离南中国海就与印度军演　美印关系继续升温》，美国之音，2020 年 7 月 21 日，https://www.voachinese.com/a/us-india-navy-exercise-20200721/5511014.html。

③ 此次阿斯彭安全论坛视频会议的情况，参见 https://www.youtube.com/watch?v=eCbV8D94J3U。

或会在印度洋地区进一步加强协调，在战略态势上形成更有力的相互支撑。2020 年 8 月，美国空军太平洋部队称，三架 B-2 型“幽灵”隐形轰炸机从位于密苏里州惠特曼空军基地出发，部署到印度洋上的迪戈加西亚岛（Diego Garcia）美国海军基地，此举表明美军有能力将远程轰炸能力提供给战区指挥官，也表明美国将继续维护对盟友和伙伴的安全承诺。如果未来美军在迪戈加西亚岛常态化地部署战略轰炸机等先进武器，美印两军的协调或会随之增强。①

在美印双方增进关系之外，印度与美国盟友之间的联动也在不断深化，这反过来会有助于美印关系的锚定，也会促进“印太战略”进一步走实。这方面最明显的进展是印澳关系的强化，而印澳之间的联系长期以来是相对薄弱的。② 2020 年 6 月初，印度总理莫迪和澳大利亚总理莫里森举行了视频峰会，双方还达成一项重要的防务协议，该协议允许两国军方使用对方的军事基地。这一举措为印澳双方在“印太”地区推进军事交流、开展联合演习等奠定了基础。此外，印度还正式邀请澳大利亚参加“马拉巴尔”海上演习。“马拉巴尔”演习最开始是在印度和美国之间进行，2017 年日本正式加入。澳大利亚曾在 2007 年参加该演习，但是遭到中国方面的反对。此次时隔 13 年，澳大利亚重返“马拉巴尔”演习，这不仅在四方安全关系层面是重大进展，也表明美日印澳四边机制或会朝着一种以行动为导向的机制演进。正如印度学者布拉马·舍拉尼（Brahma Chellaney）所言，印度对于自己与美、日、澳安全关系的态度已经发生了显著变化，它们正在形成紧密的合作网络，在地区和国际间

---

① Andrew Banfield, “Will US Bombers on Diego Garcia Deter Chinese Aggression?” *The Strategist*, Australian Strategic Policy Institute, August 21, 2020, https://www.aspistrategist.org.au/will-us-bombers-on-diego-garcia-deter-chinese-aggression/.

② Dhruva Jaishankar, *The Australia-India Strategic Partnership: Accelerating Security Cooperation in the Indo-Pacific*, Lowy Institute, September 2020.

题上采取协调一致的立场，中国将面临更大的压力和挑战。[①]

在经济层面，特朗普政府将经营美印关系和削弱中国经济影响力更加紧密地结合起来。为了推动与中国经济和产业“脱钩”，特朗普政府推进“经济繁荣网络”计划，如果从中国迁出的美国企业难以回到美国本土，可以转移至印度等“经济繁荣网络”的成员国。此举实质上是推动其他国家与美国一起针对中国进行“协同脱钩”，削弱中国在全球产业链和供应链中的地位，降低其他国家对中国的经济依赖。除了美国，日本政府也斥巨资推进所谓供应链的多元化，尤其是促动日本企业从中国撤出。美日两国政府都希望帮助企业从中国转移到印度，把印度打造为美日商业界的重要投资目的地。2020 年 4 月，美国国务院高官赴新德里进行磋商，并与在印度经营的美国企业展开交流。印度莫迪政府则予以积极响应，通过提供产业迁移补贴等方式为美日企业提供支持。印度方面还计划为迁入该国的企业建设园区，专门辟出 40 多万公顷土地用于相关的基础设施建设和产业布局。6 月，国务卿蓬佩奥公开表示，印度可以与美国等国加大合作，将全球供应链从中国转移到印度。[②]

## 第三节　美、印对中巴经济走廊建设的影响

巴基斯坦是中国的“全天候战略合作伙伴”，两国之间的友谊源远流长。巴基斯坦也是最坚定支持“一带一路”合作倡议的国家之一。2015

---

① Brahma Chellaney, “China Alone,” *The Project Syndicate*, August 21, 2020, https://www.project-syndicate.org/commentary/indo-pacific-security-quad-chinese-expansionism-by-brahma-chellaney-2020-08?barrier=accesspaylog.

② “India Can Attract Global Supply Chains Away from China: Mike Pompeo,” *Financial Express*, July 22, 2020, https://www.financialexpress.com/economy/india-can-attract-global-supply-chains-away-from-china-mike-pompeo/2032356/.

年4月，习近平主席访问巴基斯坦期间，双方确定了以中巴经济走廊建设为中心，瓜达尔港、能源、交通基础设施、产业合作为重要领域的“1+4”合作框架，相关项目的投资额达到460多亿美元。中巴经济走廊可谓“一带一路”建设中的旗舰项目。这条长达3000千米的经济走廊以中国新疆的喀什为起点，终点则在巴基斯坦俾路支省的瓜达尔港，中巴经济走廊北接“丝绸之路经济带”，南连“21世纪海上丝绸之路”，是贯通南北丝路的关键枢纽。中国方面主要以商业贷款的形式为中巴经济走廊项目提供大量投资，其中约338亿美元将用于建设发电站等能源产业，118亿美元将用于兴建公路、铁路等基础设施以及发展产业园区和旅游业等。国际货币基金组织的一项研究称，到2024年，相关项目将使巴基斯坦的国内生产总值每年增加30亿—130亿美元。鉴于上述利好，时任巴基斯坦总理谢里夫在2016年12月宣称，中巴经济走廊意味着“一个新的巴基斯坦正在形成”。巴基斯坦计划发展部长阿赫桑·伊克巴尔（Ahsan Iqbal）认为，中巴经济走廊是一张“王牌”（game changer），随着相关项目的推进，未来一个时期该国的GDP增长率有望升至6%—8%，2025年之前巴基斯坦或将跻身世界前25大经济体。两国于2017年12月联合发布《中巴经济走廊远景规划（2017—2030）》。

2015年以来，在两国领导人和相关政府部门的有力推动下，中巴经济走廊建设不断取得进展。在能源领域，卡西姆港燃煤电站已经建成并正式开始商业运营，位于信德省的多个风电项目并网发电，新增装机容量显著缓解巴基斯坦供电困难问题。在交通基础设施方面，喀喇昆仑公路升级改造项目、白沙瓦至卡拉奇高速公路（木尔坦—苏库尔段）、哈克拉至德拉伊斯梅尔汗公路等项目进展顺利，旁遮普省拉合尔市的城市轨道交通橙线项目完工，并在2020年10月正式运营。在产业园区方面，多个经济特区已经完成可行性调研，并被列入优先发展序列，包括旁遮普省的费萨拉巴德M3工业城、信德省的塔贝吉（Dhabeji）特区等。2018

年 1 月，瓜达尔港自由区开园仪式举行，巴基斯坦总理阿巴西、内政部兼计划发展部长伊克巴尔、俾路支省省督阿查克扎伊、俾路支省首席部长卡杜斯等多位政要出席仪式。阿巴西表示，瓜达尔港建设是中巴经济走廊的重要组成部分，自由区的开园标志着瓜达尔港建设取得重大进展；巴基斯坦政府将保持政策延续性，希望在双方共同努力下，中巴经济走廊建设早日取得更多成果。

中巴经济走廊建设可以说是两国建交以来最大规模、最具系统性的经济合作。然而，美国、印度等国的战略界人士却对中巴经济走廊建设颇有不满，美国方面试图利用印度对“一带一路”的抵触加大对中巴经济走廊的制衡。针对大国地缘政治竞争与中巴经济走廊的关系，巴基斯坦前驻美大使侯赛因·哈卡尼（Husain Haqqani）2018 年 9 月在哈德逊研究所举办的研讨会上表示，中巴经济走廊很大程度上是巴基斯坦与美国关系削弱但与中国关系加强的结果，巴基斯坦寄希望于中巴经济走廊能够成为其“经济生命线”，以应对不断加强的美印关系。①

应看到，与印度一样，美国方面对中巴经济走廊建设高度关注。特别是美国担心中国对巴基斯坦瓜达尔港的开发将增强中国的军事安全优势，包括中国在该地设立新的军事基地。② 2017 年 6 月，美国国家广播公司（NBC）报道称，一名巴基斯坦高级外交官表示，早在 2011 年，巴基斯坦就邀请中国在巴国内建立海军基地。中国在巴基斯坦设立军事基地的可能地点是瓜达尔、基瓦尼（Jiwani）和奥玛拉（Ormara）。美国智库史汀生中心研究员萨米尔·拉瓦尼（Sameer Lalwani）认为，为了保护中国在巴基斯坦的资产、推进中国在海外地区的力量投射，中国会增加在巴基斯坦的军事存在，包括部署更多的情报人员、海空军力量以及反恐

---

① 杰西：《前巴基斯坦驻美大使：中巴合作战略利益大于经济利益》，美国之音，2018 年 9 月 7 日，https://www.voachinese.com/a/china-pakistan-20180906/4560901.html。

② Rajeswari Pillai Rajagopalan, “A New China Military Base in Pakistan?” *The Diplomat*, February 9, 2018.

作战部队。[1] 美国方面还担心，中国未来可能会利用瓜达尔港扩大其攻击型潜艇的活动范围，随着中美两国在海上越来越多地相互对峙，如果紧张局势恶化到海上封锁的程度，控制瓜达尔港将有助于中国与印度和美国展开战略博弈。2018 年 1 月，美国陆军预备役部队退役上校劳伦斯·塞林（Lawrence Sellin）在保守派媒体“每日通话”（The Daily Caller）撰文称，中国和巴基斯坦官员已多次举行会议，商讨中国在基瓦尼半岛（Jiwani Peninsula）建设海军基地的事宜。基瓦尼半岛位于战略位置显要的瓜达尔港附近，而瓜达尔港是“一带一路”项目的重要组成部分。塞林写道：“中国通过在基瓦尼的军事基地，将在波斯湾控制阿拉伯海的重要海路，并为从南海到非洲的一连串潜在军事基地提供又一个联结点，这将胜过印度，也将胜过美国在迪戈加西亚岛的海军基地。”[2] 2018 年 4 月，美国智库防务高级研究中心（Center for Advanced Defense Studies）发布报告称，中国通过“一带一路”倡议在印度洋地区获取了包括巴基斯坦瓜达尔港在内的 10 余个港口，中方的主要动机之一，是让中国海军在貌似没有任何威胁性的商业活动的掩盖之下，寻求获得后勤和军事支持。[3] 巴基斯坦海军部长贾韦德·伊克巴尔（Javaid Iqbal）对此予以明确驳斥，称瓜达尔港纯属商业性质，绝对没有任何军事色彩，中方也没有提出将该港用于军事用途。[4] 即便如此，美方依然无法消除对中巴经济走廊建设的疑虑。

此外，《纽约时报》在 2018 年 12 月刊文称，中巴经济走廊将在巴基

---

① Wajahat S. Khan, “China May Soon Establish Naval Base in U. S. Ally Pakistan,” *NBC News*, June 19, 2017.

② Lawrence Sellin, “Don't be Alarmed But China Could Be Building a Military Base in Pakistan,” *The Daily Caller*, January 1, 2018.

③ Devin Thorne and Ben Spevack, “Harbored Ambitions: How China's Port Investments are Strategically Reshaping the Indo-Pacific,” Center for Advanced Defense Studies, April 2018.

④ Ben Blanchard, “China Not Asked for Military Access to Gwadar, Pakistan Admiral Says,” Reuters, October 26, 2018, https://www.reuters.com/article/us-china-defence-pakistan-idUSKCN1N00QC.

斯坦建立一个经济特区，两国将首次在巴基斯坦的工厂共同建造导航系统、雷达系统和舰载武器，以及生产新一代战斗机，这是中国和巴基斯坦之间的“秘密计划”（confidential plan）。比如，JF-17 战斗机在巴基斯坦军方运作的旁遮普省卡姆拉航空综合设施组装，这款战斗机由中国和巴基斯坦联合研制，为巴基斯坦提供了美国 F-16 战斗机的替代品。美国方面还担心，由于巴基斯坦和美国此前存在密切的军事和情报关系，中国可以对此加以利用。尤其是巴基斯坦在中国北斗卫星导航系统中可以发挥重要作用，中国与巴基斯坦签署了一项协议，将在这个南亚国家建设一个卫星网络，该国是唯一获准使用北斗系统军事服务的国家。“该合作表面上使其从属国不再依赖于美国军用 GPS 网络，中国担心 GPS 网络会受到美国的监控和操纵，但其实（中巴合作）旨在成为北斗系统向其他‘一带一路’国家扩张的蓝图。”①

美国不仅对中巴经济走廊抱有多重关切，也很关注中巴合作面临的挑战。这些问题或会成为美国对中国进行施压、离间中国和巴基斯坦关系的“杠杆”。美国德意志马歇尔基金会高级研究员安德鲁·斯莫尔（Andrew Small）称，中巴经济走廊遭遇多重挑战，从财政和金融的角度看缺乏可行性，并受到巴基斯坦国内政治斗争所带来的负面影响，中巴经济走廊存在的各种问题体现了“中巴关系的限度”。② 此外，近年来，宗教激进主义和极端主义势力在巴基斯坦的影响力有所增强。比如，“拉巴伊克运动”（Tehreek-e-Labaik）吸引了越来越多的受教育水平低而且缺少工作机会的巴基斯坦年轻人，在巴基斯坦 2.08 亿人口中，有大约 6500 万人年龄在 15—29 岁。极端主义势力“伊斯兰国”也在向巴基斯坦西部的俾路支省渗透，并在该省首府奎达等地制造恐怖袭击事件。一些极端

① Maria Abi-Habib, “China's ‘Belt and Road’ Plan in Pakistan Takes a Military Turn,” *The New York Times*, December 20, 2018.

② Andrew Small, *Returning to the Shadows: China, Pakistan, and the Fate of CPEC*, German Marshall Fund of the United States, September 2020, pp. 3-4.

主义势力还对中巴经济走廊建设的相关项目以及在巴基斯坦的中国人员发动袭击。

概要而言，美国因素对“中巴经济走廊”建设的影响集中在以下三个方面。

首先，美国和印度联手，进一步加大在南亚地区的对华制衡，使中巴经济走廊建设面临战略性压力。对于中国推动的“一带一路”倡议，美印充满偏见且战略焦虑感不断上升。印度不仅认为中巴经济走廊建设对其构成“威胁”，还诬称中国通过在斯里兰卡、孟加拉国等国建设“军民两用”的港口设施对印度进行“围堵”。在中印近年来多次发生边境冲突的情况下，印度对中国在南亚和印度洋区域的活动更为警惕。美国则试图利用印度的这种心态，推动印度在制衡中国方面扮演更重要的角色，以印度为重要节点编织压制中国的地区安全网络，支持印度进一步巩固其在南亚地区的主导地位。[①] 印度则力图借助美国的力量以及美日澳等国的“印太战略”，推进其“东进”政策，扩大自身在地区经济、安全等事务中的影响力，施展大国外交。有美国专家担心，从长期看，在南亚地区或会出现一种巴基斯坦和中国联手对抗印度和美国的格局，这将导致地区紧张程度更趋升级。[②]

其次，美国政府对巴基斯坦加大施压，对巴基斯坦维护国内政治和社会稳定带来复杂影响。近年来，美国在大力扶持印度的同时，对巴基斯坦展现出颇为强硬的姿态，尤其是在反恐方面对巴基斯坦加大施压。特朗普表示，巴基斯坦曾经是美国“有价值的盟友”，并得到来自美国的大量军事和经济援助；但巴基斯坦却为很多恐怖主义组织提供“避难

---

① 参见 Pan Chengxin, “The ‘Indo-Pacific’ and Geopolitical Anxieties about China’s Rise in the Asian Regional Order,” *Australian Journal of International Affairs* 68, no. 4 (2014)。

② Salman Masood, “Trump’s Request for India’s Help in Afghanistan Rattles Pakistan,” *The New York Times*, August 22, 2017.

所”，美国对此不能接受，巴基斯坦应对“文明、秩序与和平”做出承诺。[①] 2017 年 6 月，印度总理莫迪访美前夕，美国国务院宣布对亲巴基斯坦的“真主穆斯林游击队”（Hizbul Mujahideen）核心成员实施制裁。在美印联合声明中，史无前例地出现“位于巴基斯坦的组织发起的跨境恐怖袭击”这类表述，显示出特朗普政府对巴基斯坦的不满。美国国务院还暂停为巴基斯坦提供 2.55 亿美元的军事援助（“国际军事教育和培训项目”框架下）。特朗普政府的这些做法招致巴基斯坦各界的强烈反对。[②] 在巴基斯坦与印度关系更加趋于紧张的背景下，美国政府减少在经济、安全方面对巴基斯坦的支持，或会使巴基斯坦国内的激进主义势力走强，对美国的“扶印抑巴”政策进行报复。巴基斯坦军队内部的某些强硬力量出于对美国的不满，增强了对阿富汗塔利班的支持力度。[③]

最后，美国政府借助债务问题等对中国和巴基斯坦的合作进行牵制，利用巴基斯坦的经济和财政困境增强其对华政策的两面性。[④] 2018 年 3 月，美国智库全球发展中心（Center for Global Development）发布报告称，巴基斯坦等国因参与中国主导的基础设施建设项目而面临过度举债问题。一些西方国家和印度的媒体炒作称，总投资达到 570 亿美元的中巴经济走廊建设使得巴基斯坦大量进口中国的设备和材料，导致巴基斯坦经常项目赤字增多。巴基斯坦正义运动党（Pakistan Tehreek-e-Insaf）也对中巴经济走廊持保留意见，包括担心债务负担问题。2018 年 7 月，该党领

---

① Remarks by President Trump on the Strategy in Afghanistan and South Asia, The White House, August 21, 2017, https://www.whitehouse.gov/the-press-office/2017/08/21/remarks-president-trump-strategy-afghanistan-and-south-asia.

② Pamela Constable, “Trump's New Afghanistan Policy Has Pakistan Angry and Alarmed,” *The Washington Post*, August 29, 2017.

③ Zalmay Khalilzad, “Breaking the Pakistan-Taliban Alliance,” *The Wall Street Journal*, June 8, 2016.

④ Adnan Aamir, “Pakistan and CPEC Are Drawn into the US-China Rivalry,” *China Brief* 20, no. 1 (January 17, 2020), The Jamestown Foundation, https://jamestown.org/program/pakistan-and-cpec-are-drawn-into-the-u-s-china-rivalry/.

导人伊姆兰·汗（Imran Khan）宣布赢得大选。7 月 30 日，美国国务卿蓬佩奥在接受美国消费者新闻与商业频道采访时表示，美国将与巴基斯坦伊姆兰·汗新政府进行接触，国际货币基金组织没有理由向巴基斯坦提供用于偿还中国债务的紧急援助，因为国际货币基金组织资金的一部分来源于美国。9 月，美国国防部表示，巴基斯坦将不会按原计划从五角大楼获得 3 亿美元的安全援助，理由是巴基斯坦在支持美国的南亚战略方面没有采取足够的果断行动。显然，特朗普政府力图通过调整对巴援助政策迫使巴基斯坦新政府重新思考其对华合作。

# 第六章
# “一带一路”与中美欧关系

“一带一路”倡议的主要目标之一，是将活跃的东亚经济圈与发达的欧洲经济圈更加紧密地联系起来，欧洲在“一带一路”合作格局中占有重要地位。与此同时，很多欧洲国家是美国的传统盟友，美欧“跨大西洋关系”更是美国主导的国际秩序的基石。特朗普执政时期，虽然美欧关系出现裂痕，但双方在对华政策关切上具有不可忽视的一致性，美国政府试图将欧洲打造为对华展开战略竞争的有力助手。应看到，欧洲对“一带一路”的态度比美国积极，中欧具有合作空间，但欧方也对“一带一路”抱持不少疑虑。“一带一路”牵动中美欧三边战略关系迈入新的阶段，中欧合作需要处理好美国因素的影响。

## 第一节 欧洲与“一带一路”建设

中国政府在2013年提出“一带一路”倡议后，经过一段时间的观望，欧盟及其主要成员国总体上对“一带一路”给予了正面回应，这与美国完全抵制的态度形成了反差。“一带一路”建设与欧洲发展规划、欧洲投资计划等展开对接，中国—中东欧国家合作也与中欧整体合作进行衔接。围绕“一带一路”倡议展开的中欧合作在增进战略沟通、设立工作机制、落实具体项目等多方面取得进展。

在欧盟层面，中欧双方决定将“一带一路”合作倡议与“容克投资计划”进行对接，并建立中欧共同投资基金，以及中欧互联互通平台（EU-China Connectivity Platform）。2018 年 7 月，《第二十次中国欧盟领导人会晤联合声明》重申，中欧将继续加强“一带一路”与欧盟有关倡议的对接。虽然 2019 年 3 月欧盟委员会（European Commission）发布的《欧中关系战略展望》（*EU-China–A Strategic Outlook*）提及欧中在经济方面存在竞争关系，但该文件也强调，欧盟委员会 2018 年 9 月提出的《欧亚互联互通战略》（*EU's Strategy on Connecting Europe and Asia*）可以与中国方面进一步展开合作。① 习近平主席 2019 年 3 月访问法国期间，欧盟委员会主席容克、德国总理默克尔专程来到巴黎参与中法全球治理论坛，习近平主席同马克龙总统、默克尔总理、容克主席举行四方会晤。这一举动不仅表明欧洲将中国视为“全球性关键力量”，也向外界展现了促进欧中建设性合作的姿态。作为欧盟政治架构的主要支柱，欧洲议会对“一带一路”也很关注。2019 年 3 月底，“‘一带一路’政策沟通委员会”在法国斯特拉斯堡宣布成立，来自英国、荷兰、德国、奥地利等国的 15 位欧洲议会议员成为该组织的创始成员。委员会下设数字经济等工作组，旨在促进“一带一路”合作以符合欧中双方利益的方式展开。

在欧盟成员国和其他欧洲国家层面，中欧“一带一路”合作也在扩展。“一带一路”首先在中东欧国家得到了积极响应。匈牙利成为首个与中国签署“一带一路”合作协议的欧洲国家，波兰总统安杰伊·杜达（Andrzej Duda）则表示，希望波兰成为“一带一路”的重要节点，“一带一路”倡议为这些国家更新本国经济基础设施、实现“向东开放”的

① European Commission, *EU-China – A Strategic Outlook*, March 2019, https://ec.europa.eu/info/sites/default/files/communication-eu-china-a-strategic-outlook.pdf.

政策目标、提升它们在欧洲的地位等提供了宝贵机遇。① 作为“中欧陆海快线”的重要部分，连接布达佩斯和贝尔格莱德的匈塞铁路已开工建设。此外，旨在为基础设施和产能合作项目提供资金支持的“16+1”金融控股公司和规模达100亿欧元的中国—中东欧基金也于2016年成立。2018年1月，中国路桥公司联合体首次中标欧盟基金支持的基建项目——克罗地亚佩列沙茨大桥。佩列沙茨大桥是一座长2440米、宽22.5米的公路斜拉桥，横跨克罗地亚南部亚得里亚海的小斯通湾，连接该国大陆与佩列沙茨半岛。2021年7月28日，克罗地亚佩列沙茨跨海大桥成功合龙。

除了匈牙利、波兰、捷克等中东欧国家，意大利、希腊、葡萄牙等欧盟重要成员国也已与中国政府签署共建“一带一路”合作谅解备忘录。尤其是2019年3月，“七国集团”成员之一的意大利正式加入“一带一路”合作架构，具有突出的象征性意义和实质性影响。“一带一路”将与该国的“北方港口建设计划”“投资意大利计划”等进行深度对接。意大利基础设施的改造将获得来自中国的更多支持，包括位于该国北端亚得里亚海沿岸的的里雅斯特港，这对于意大利重振自身在全球贸易中的地位至关重要。同年3月，卢森堡首相格扎维埃·贝泰尔（Xavier Bettel）来华出席博鳌亚洲论坛2019年年会期间，双方也签署了共同推进“一带一路”建设谅解备忘录。卢森堡虽是国土面积较小的欧洲国家，但它与意大利一样，位列欧盟的六个创始成员国之一。卢森堡主要希望在“一带一路”框架下，与中国加强金融和货运航空合作。特别是卢森堡证券交易所与上海证券交易所、中国银行等中国机构将在绿色金融等方面深化协作，这有助于实现“绿色丝绸之路”的愿景。此外，中国倡议设立

---

① Shannon Tiezzi, “Where Is China's Silk Road Actually Going,” *The Diplomat*, March 30, 2015; Justyna Szczudlik-Tatar, “Silk Road as a Tool to Facilitate Europe-China and Intra-Europe Ties,” *Guest Contribution*, Friends of Europe, November 13, 2014, http://www.friendsofeurope.org/global-europe/silk-road-tool-facilitate-europe-china-intra-europe-ties/；《波兰可在“一带一路”实施中担任形象大使》，《经济参考报》2015年11月25日。

的亚洲基础设施投资银行的第四届理事会年会也于 2019 年 7 月在卢森堡举行。

在“一带一路”的带动下，法国、德国与中国进行的“第三方市场合作”也有所推进。2018 年 1 月，法国总统马克龙在对中国进行国事访问时明确表示，法方重视在“一带一路”框架下增进两国合作，认为这极具战略意义。德国默克尔政府也与中国方面签订相关协议，旨在通过政府力量推动双方在第三方市场的合作，德国企业将有可能利用来自中国方面的优惠融资获取实利。2019 年 3 月 29 日，“一带一路”倡议德国联邦协会在不来梅成立，该组织力图促进德国中小企业借助“一带一路”平台与中方企业共同进入第三方市场。英国也对“一带一路”表现出支持态度。[①] 特蕾莎·梅（Theresa May）政府成立了专门的双边投资基金（价值 10 亿美元）用于“一带一路”相关项目，该基金由英国前首相大卫·卡梅伦（David Cameron）执掌。[②] 此外，英中贸易协会等机构就两国企业之间围绕“一带一路”的产业、金融、保险、法律等合作发布案例研究报告。

过去几年来，中欧“一带一路”务实合作取得显著成果，涉及交通运输、能源、基础设施建设等领域。中欧班列线路、频度和货运量不断增长。中欧双方努力完善通道铁路运输、口岸通关等协调机制，构建更加便捷、高效的国际物流通道网络和服务体系。“中欧陆海快线”建设取得实质进展，由中国企业负责运营的希腊比雷埃夫斯港已经成为地中海第一大集装箱港。在金融合作方面，2016 年 1 月，中国正式加入欧洲复兴开发银行，双方将加强投融资合作，就推进“一带一路”倡议、国际产能合作等增进对接，积极开展第三方市场合作。同年 11 月，“16+1”

① Baroness Fairhead, “Why China's Belt and Road Offers the UK Huge Opportunities,” UK Government, May 10, 2018, https://www.gov.uk/government/speeches/why-chinas-belt-and-road-offers-the-uk-huge-opportunities.

② Charlotte Gao, “Having Cameron Lead the UK-China Fund Is Good for Britain and China,” *The Diplomat*, December 21, 2017.

金融控股公司在拉脱维亚正式成立，该机构将重点支持中国和中东欧国家之间的互联互通和产能合作项目。此外，中国工商银行等中方商业性金融机构同欧洲复兴开发银行等机构也在加强合作，为“一带一路”建设在欧洲地区的落地提供更加有力的金融支持。值得注意的是，很多欧洲私营金融机构也对参与“一带一路”合作表现出越来越大的兴趣。比如，总部位于英国伦敦的渣打银行（Standard Chartered Bank）在“一带一路”沿线40多个国家设有营业机构，该行提出投资至少200亿美元，为“一带一路”项目提供资金支持。2018年1月，渣打银行还与中国国家开发银行签署协议，利用后者提供的100亿元人民币授信贷款，为参与“一带一路”建设的相关企业提供融资和交易服务，探索中英金融机构围绕“一带一路”项目合作、实现互利共赢的新模式。[①]

## 第二节 中欧“一带一路”合作面临的主要问题

虽然中欧“一带一路”合作不断扩展，但也面临不少问题，涉及经济竞争关系、规则和法律分歧、地缘政治和安全影响等诸多方面。这为美国针对中欧“一带一路”施加阻力提供了一定条件。

第一，中欧之间存在着“信任赤字”。多年来，中欧双方在人权、价值观、意识形态等方面的分歧难以得到弥合，欧洲方面担心在经济上与中国的“非对称依赖”扩大会导致欧洲在对华交往中陷入弱势，并失去地区和全球治理的“议程设定者”地位。[②] 2015年，欧洲多所重要智库联合撰写的欧中关系报告指出，“很多欧洲国家正在其政治理念——推动

① 《国家开发银行与渣打银行签署谅解备忘录 共同推进“一带一路”项目合作》，新华社，2018年2月1日，http://fec.mofcom.gov.cn/article/fwydyl/zgzx/201802/20180202708854.shtml。

② Alice Ekman, “China: Reshaping the Global Order?” *EUISS Alert*, No. 39/2015, EU Institute for Security Studies.

中国的民主和人权——与经济战略之间做着艰难的选择”。[①] 此外，欧盟及其部分成员国对中国与发展中国家之间的经贸关系也多有微词，甚至指责中国搞“新殖民主义”。虽然中欧双方都希望推动发展中国家的经济增长和社会进步，但它们在路径和方式上存在一定程度的差异。比如，中国坚持“不干涉别国内政”原则，更注重在基础设施建设等“硬件”方面为东道国提供帮助；而欧盟在对发展中国家关系中强调“善治”（good governance），并侧重从民主选举、公共卫生、妇女权利保护等“软件”方面着力。欧方专家担心，随着中国在“一带一路”倡议框架下加大对中亚等地区国家发展的支持力度，欧洲会在国家发展模式、国际发展政策等多个方面进一步受到来自中国的挑战。[②]

第二，中欧经济关系中的“竞争性”日益上升。近年来，中欧贸易摩擦增多，欧盟委员会多次决定针对中国公司征收惩罚性关税。欧洲议会也一直敦促欧盟贸易委员会等在处理对华关系方面采取更强硬的姿态。[③] 更重要的是，欧洲方面担心科技含量等不断提升的中国产品对其带来挑战。欧盟委员会 2014 年 3 月发布调查报告称，虽然目前在科研和创新方面，中国的表现仅有欧盟 44%的水平，但中国正快速追赶，欧盟必须加大对科研的投入以保持优势。显然，随着中国产业结构的调整和更新升级，中国产品已在某些领域和欧洲产品形成直接竞争。欧洲国家习惯于从中国经济增长中获益，但还没有适应如何从中国经济转型中获益。与此同时，欧洲方面对接纳来自中国的投资也更加慎重，尤其是担心中国政府通过加大中国国有企业在欧投资以推进其外交政策目标。荷兰国

---

① Mikko Huotari and Miguel Otero-Iglesias (eds.), *Mapping Out Europe-China Relations: A Bottom-Up Approach*, European Think-tank Network on China (ETNC), October 2015, p. 6.

② Moritz Rudolf, "China's Shadow World Order," in Mark Leonard (ed.), *Connectivity Wars: Why Migration, Finance and Trade Are the Geo-Economic Battlegrounds of the Future*, The European Council on Foreign Relations, January 2016.

③ Michael Smith, "EU-China Relations and the Limits of Economic Diplomacy," *Asia Europe Journal* 12, no. 1 (March 2014).

际关系研究所高级研究员弗兰斯-保罗·范德皮滕（Frans Paul van der Putten）认为，中国将国有企业作为落实“一带一路”倡议的重要工具，这让欧洲方面对中国政府利用中国公司在海外实现战略性目标的疑虑更为固化。①

第三，欧盟和部分成员国担心中国通过“一带一路”倡议破坏欧洲的内部团结。自2012年中国和中东欧16个国家在波兰华沙举办首次领导人会晤以来，中国—中东欧国家合作不断取得重大进展，并同“一带一路”建设实现了对接。但是，欧洲对外关系委员会主席马克·伦纳德（Mark Leonard）等人认为，中国有意识地加大对东欧等“新欧洲”的攻势，通过加大投资等手段“开发欧洲软弱的下腹部地区”。如此一来，中国就可以在欧盟内部赢得更多的游说力量，导致欧盟对华政策的松散化，削弱欧盟从整体上应对中国的力量。欧方还担心中国—中东欧国家的相关合作违反欧盟基本法，不符合欧盟和成员国之间的权责划分。实际上，为了回应欧盟的关切，中国方面主动建议将与中东欧国家开展的互联互通合作项目纳入中欧基础设施合作的大框架。中国强调在中东欧国家开展“第三方合作”，是为了缓解法国、德国等“老欧洲”国家的忧虑。中国力争将自身的优势产能同中东欧国家的发展需求、西欧发达国家的关键技术结合起来，而不是独自霸占中东欧国家的市场。中国坚持市场化的运作模式，不断提升相关合作的开放性和透明度。

第四，规则、机制、法律等方面的因素影响中欧相关合作的推进。②为了推动“容克计划”的落实，欧盟委员会设立“欧洲投资项目门户”（EIPP）提供有关信息，并向第三方投资者开放。中国的投资可以通过

---

① Jikkie Verlare and Frans Paul van der Putten, "'One Belt, One Road': An Opportunity for the EU's Security Strategy," *Clingendael Policy Brief*, Netherlands Institute of International Relations, December 2015, p. 2.

② 张骥、陈志敏：《“一带一路”倡议的中欧对接：双层欧盟的视角》，《世界经济与政治》2015年第11期，第41—43页。

直接投资欧洲战略投资基金、共同投资项目等多种方式参与“容克计划”。但是，欧盟要求中国使用美元或欧元对欧洲战略投资基金进行注资。而且，欧洲战略投资基金的章程规定，任何第三方都不被允许加入该基金的指导委员会。在这种情况下，中国的相应权利无疑受到了限制，给中欧合作的可持续性带来困扰。① 因此，未来需要一些新的机制性安排以解决这类问题。此外，欧盟的法律法规非常繁杂，中国企业在对欧洲市场环境的适应和融入方面存在不少难题，欧洲方面也对中国在欧设立为中国企业提供特殊待遇的“经济特区”等感到忧心。② 在人民币离岸交易问题上，欧盟和一些欧洲国家对英国等颇有意见，欧洲内部的这种矛盾也会对中欧合作带来负面影响。比如，欧洲银行管理局（EBA）、欧洲证券和市场管理局（ESMA）推出有关货币互换交易的新规定，增加了中英拓展人民币相关合作的成本和法律障碍。

第五，中欧围绕“一带一路”的合作面临商业、政治和安全风险。虽然中欧班列建设等取得进展，但中欧之间贸易运输通道的竞争、从欧洲回程班列缺乏货源、配套基础设施落后、物流装备标准化程度不高等问题值得重视。2008 年中希开启合作时，债务危机背景下希腊内部政治因素对中希比雷埃夫斯港等合作项目带来冲击，一些政治人物和组织利用社会民意渲染中国投资对本国经济构成威胁。

此外，欧洲学者对“一带一路”建设面临的安全挑战感到担忧，他们认为，“一带一路”会引发中国与俄罗斯、印度、美国等力量之间的地缘政治争夺，该倡议还涉及公路、铁路、港口、油气管线、通信等诸多

---

① Francois Godement, “Europe Scrambles to Benefit from China's 21st-Century Silk Road,” *Global Asia*, September 26, 2015.

② Justyna Szczudlik-Tatar, “Silk Road as a Tool to Facilitate Europe-China and Intra-Europe Ties,” *Guest Contribution*, Friends of Europe, November 13, 2014.

重大项目，安全保障责任划分与成本分担等问题会越发突出。① 可以说，这些难题都不是简单的安全挑战，而是一种较为复杂的“安全—发展相互联结”问题。② 即便在欧洲内部也存在安全风险。比如，在巴尔干地区，伊斯兰极端主义势力和跨国犯罪组织等较为猖獗，影响塞尔维亚、北马其顿、波黑等国安全，也很有可能会危及中国与相关国家开展的项目合作。③ 值得注意的是，欧方还担心中俄之间围绕“一带一路”的互动会影响欧洲的利益，无论是中俄的“抱团”还是双方在中亚等地区出现冲突，都不是欧洲希望看到的。中国在亚洲地区海洋安全问题上的政策也是欧洲方面的关切，欧盟及其成员国在南海争端问题上多次发表声明，法国等国还派出军舰在南海地区展开“航行自由行动”，海洋安全问题将给中欧围绕“一带一路”的合作带来困扰。④

## 第三节　“一带一路”与中美欧三边战略互动

作为实力快速上升的新兴国家，中国提出“一带一路”倡议引起了包括美国、欧洲在内的全球主要力量的关注，也对中欧美三边战略互动

---

① Alice Ekman, “China in Asia: What Is Behind the New Silk Roads?” *Note de l'Ifri*, French Institute of International Relations, July 2015, pp. 24–26.

② Moritz Rudolf, “China's Silk Road Initiative Is at Risk of Failure,” *The Diplomat*, September 24, 2015；赵明昊：《“一带一路”建设的安全保障问题刍议》，《国际论坛》2016 年第 2 期。

③ Darko Trifunovic and Milan Mijalkovski, “Terrorist Threats by Balkans Radical Islamist to International Security,” *Politics and Religion* 8, no. 2 (2014).

④ Nicola Casarini, “Rising to the Challenge: Europe's Security Policy in East Asia amid US-China Rivalry,” *International Spectator* 55, no. 1 (2020), pp. 87–89; James Rogers, “From Suez to Shanghai: The European Union and Eurasian Maritime Security,” *Occasional Paper*, No. 77, EU Institute for Security Studies, March 16, 2009.

产生了重要影响。[1] 第二次世界大战结束后，美欧国家组成的“跨大西洋同盟”很快便陷入与苏联阵营的相互抗衡之中，“冷战”格局使美欧在经济、政治、安全等方面形成极为紧密的联系，它们也成为国际货币基金组织、世界银行等国际机制的主导性力量。“冷战”结束后，之前主要由美欧国家构成的所谓“自由主义世界秩序”进一步向全球范围内扩展，美欧成为国际体系中的守成力量（established powers）。对美欧而言，“跨大西洋同盟关系”在其各自外交政策中占有特殊重要地位。21世纪以来，由于美国小布什政府奉行单边黩武政策等因素，美欧关系出现一定程度的裂痕。然而，在应对中国、俄罗斯、印度等新兴国家“他者的崛起”方面，美欧仍拥有重大的共同利益，它们希望共同确保西方世界继续在全球事务中占据主导地位。正如新美国基金会创始人迈克尔·林德（Michael Lind）所言，新兴国家加入了由美欧主导的名为“自由世界秩序”的俱乐部，但这个俱乐部的基本规则已经由美国和欧洲制定好了。[2]

对于中国提出的“一带一路”倡议，不少美欧政策精英都表达了担心和疑虑，尤其是美国方面对“一带一路”背景下中欧相互走近感到担忧。[3] 在奥巴马总统执政时期，时任美国财政部长雅各布·卢以亚投行达不到管理和贷款方面的“全球最高标准”等为借口，多次亲自劝说英国方面不要加入这一机制。但最终，英国、德国、法国等国不顾美国方面的阻力选择加入亚投行，这被认为是美国外交政策上的失败。知名经济学家、耶鲁大学高级研究员斯蒂芬·罗奇（Stephen Roach）认为，美国对亚投行的笨拙应对“让人们越发相信，中国可以在美国与其盟友之间

---

① Shuaihua Wallace Cheng, “China’s New Silk Road: Implications for the US,” Yale Global, May 28, 2015, http://yaleglobal.yale.edu/content/china%E2%80%99s-new-silk-road-implications-us; Yukon Huang, “Courting Asia: China’s Maritime Silk Route vs America’s Pivot,” *The Diplomat*, April 25, 2014.

② Michael Lind, “Where Are America’s Bold Foreign Policy Plans,” *The National Interest*, December 10, 2015.

③ Daniel Twining, “China’s Trans-Atlantic Wedge,” *Foreign Policy*, March 23, 2015, http://foreignpolicy.com/2015/03/23/chinas-transatlantic-wedge/.

打入楔子”。[①] 针对欧洲国家在“一带一路”驱动下进一步拉近与中国关系的态势，曾在法国国防部从事中国问题分析的美国全国亚洲研究局政治和安全事务高级项目主任纳德吉·罗兰德（Nadege Rolland）称：“如果欧洲逐渐转向亚洲而不是关注大西洋，如果中国成功将自己与俄罗斯、中亚、东欧和中东更加紧密地联系在一起，美国政策制定者或许将被迫彻底地改变他们对这些地区甚至是整个世界的传统方略。”[②] 此外，布鲁金斯学会高级研究员乔纳森·波拉克（Jonathan Pollack）等人则提醒欧洲国家要小心中国的“分而治之”策略。其声称：“通过将新‘丝路’与欧洲的基础设施开放计划联系起来，中国试图在全球经济中扮演更加强势的角色，并加大自己在欧洲的影响力”。他们提出，面对中国带来的挑战，为了确保未来的经济秩序建立在法治和既有合作原则之上，欧洲不仅要加大内部协商，还需要加大与美国的协商并强化欧美关系。[③]

实际上，欧洲政策界人士也认为，欧中之间围绕“一带一路”展开的互动关系需要认真对待美国因素。欧洲对外关系委员会专家顾德明（Francois Godement）等人指出，“一带一路”倡议是中国的“地缘政治和外交攻势”，欧洲在“一带一路”中扮演角色，必然会对欧美关系

---

① “Washington’s Big China Screw-up,” *Foreign Policy*, March 26, 2015, http://foreignpolicy.com/2015/03/26/washingtons-big-china-screw-up-aiib-asia-infrastructure-investment-bank-china-containment-chinafile/; Phillip Lipscy, “Who’s Afraid of the AIIB: Why the US should Support China’s AIIB,” Snapshot, *Foreign Affairs*, May 7, 2015, https://www.foreignaffairs.com/articles/china/2015-05-07/whos-afraid-aiib.

② Nadege Rolland, “China’s New Silk Road,” *NBR Commentary*, February 12, 2015, The National Bureau of Asian Research, http://nbr.org/downloads/pdfs/psa/rolland_commentary_021215.pdf.

③ Jonathan Pollack and Philippe Le Corre, “Why China Goes to Europe,” The Brookings Institution, July 29, 2015, http://www.brookings.edu/blogs/order-from-chaos/posts/2015/07/29-europe-engagement-china-pollack-lecorre.

造成影响。[①] 法国国际关系研究所亚洲研究中心的中国研究项目主任范文丽（Alice Ekman）等人撰写的报告《中国“一带一路”与世界：相互竞争的全球化形态》（*China's Belt and Road and the World*：*Competing Forms of Globalization*）认为，“一带一路”是中国重塑全球治理、倡导新型全球化的载体，未来中国和美国在全球基础设施网络建设方面或会形成两极对抗（two rival poles）体系，两者同时存在但互不相融，这会带来“中美各自挑头”的全球化竞争模式。这份报告建议，要更多从“全球治理”的角度看待“一带一路”，更加重视“一带一路”非物质层面的因素，如规则、数字化、融资等问题。[②] 显然，如何在增强欧洲自主性、发展对华关系的同时又能与美国共同维持“西方世界”的主导性优势，是欧洲面临的重大课题。[③]

虽然近年来欧美在应对乌克兰危机、叙利亚危机等问题上出现不少分歧，但美国在欧洲的对外战略中仍然扮演着举足轻重的角色。在俄罗斯强力回应乌克兰危机的情况下，欧洲在安全方面对美国的需求进一步上升。此外，面对中东地区的地缘政治格局转型，欧洲也希望加强与美国的协调，确保中东地区尽可能保持稳定，从而使欧洲的周边环境得以改善。近年来随着大量非洲国家民众经地中海涌入欧洲的“南大门”，在促进非洲地区和环地中海国家发展方面，欧洲也需要得到来自美国的更大支持。从经济角度而言，美欧仍然试图针对国际经济治理规则进行重

---

① François Godement, Agatha Kratz (eds.), “One Belt, One Road: China's Great Leap Outward,” European Concil on Foreign Relations, June 2015; Viktor Eszterhai, “One Belt One Road from the Perspective of the European Union: Challenge or Opportunity,” Pallas Athene Geopolitical Institute at Hungary, March 29, 2019, http://www.geopolitika.hu/en/2019/03/29/one-belt-one-road-from-the-perspective-of-the-european-union-challenge-or-opportunity/.

② Alice Ekman (ed.), *China's Belt and Road and the World: Competing Forms of Globalization*, Center for Asian Studies, IFRI, April 2019, pp. 5-8, https://www.ifri.org/sites/default/files/atoms/files/ekman_china_belt_road_world_2019.pdf.

③ Hans Kundnani, “Leaving the West Behind: Germany Looks East,” *Foreign Affairs*, January/February, 2015.

塑，维护发达国家的利益。欧洲专家还担心，中国通过"一带一路"倡议扩大在中亚等地区发展中国家的影响力，会导致欧美西方国家在国际发展领域的主导权受到损害。2019 年 3 月，欧盟委员会发表文件，称中国是"追求技术领导力的经济竞争者以及推广不同治理模式的制度性对手"。对此，卡内基国际和平基金会欧洲项目主任艾瑞克·布拉特伯格（Erik Brattberg）等人称，欧洲对中国国家主导的经济治理以及相关的安全风险持越发强烈的怀疑态度，这与美国的担忧一拍即合，为更深入的跨大西洋外交协调打开了大门；美国政策界长期以来认为欧盟在中国问题上是一个不可靠的伙伴，但现在欧盟已经开始对中国的全球崛起做出反应，包括改革外资审查机制、在南海地区进行巡航等，现在是欧美对中国联合实施跨大西洋战略的时候了。①

## 一、特朗普执政与美欧关系的裂痕

特朗普上台执政，给美欧关系带来不小冲击，这也进一步加剧了中美欧三边战略互动的复杂性。特朗普政府在经贸政策上采取"美国优先"路线，对很多欧洲国家展开施压，尤其是拥有巨额对美贸易顺差的德国成为特朗普政府压制的对象。特朗普毫不掩饰地抨击欧盟是对美国利益的威胁，他说，"我认为欧盟是一个对手（foe），看看它在贸易领域对我们做了什么"，"从贸易角度看，它们确实占了我们的便宜，很多欧洲国家都是北约成员，它们却没有承担应有的开支，比如，德国就是一个大问题"。② 在上台执政一年多后，特朗普政府在 2018 年 3 月发起了全面的

① Philippe Le Corre and Erik Brattberg, "Attention Washington: Brussels Is Getting Tough on China," April 8, 2019, Carnegie Endowment for International Peace, https://carnegieendowment.org/2019/04/08/attention-washington-brussels-is-getting-tough-on-china-pub-78806.

② "Donald Trump: European Union Is a Foe on Trade," BBC, July 15, 2018, https://www.bbc.com/news/world-us-canada-44837311.

“贸易战”攻势，不仅针对中国，也包括很多欧洲国家。虽然此后美国和欧盟展开多次谈判，但双方的分歧始终难以弥合。比如，美国要求欧洲进一步开放农业市场来增加美国农产品的出口，法国、西班牙等重视保护本国农业的欧盟成员国对此持反对态度。欧盟明确反对特朗普政府的贸易保护主义，尤其是不满美国方面以所谓“国家安全理由”为借口对欧方生产的钢铁和铝制品采取惩罚性贸易措施。2019 年 2 月，美国贸易代表办公室发布报告，就“进口汽车是否对美国国家安全构成威胁”做出结论，并据此决定对包括欧洲在内的国家加征进口关税。此举给欧洲国家的汽车产业带来冲击。汽车出口在欧盟对美贸易中占据重要地位，也直接影响着欧洲的就业市场。据欧盟委员会估算，美方如果加征 25%的关税，意味着每辆欧洲输美汽车的售价平均上涨 10 000 欧元。欧盟及其成员国认为，特朗普政府的态度和行为是对基于规则的国际贸易体系的一大挑战。①

在安全政策方面，特朗普政府强烈批评美国的北约盟友，认为德国、法国等欧洲国家未能担负起守护北约安全的责任。2017 年，北约国家的军费开支为 9587 亿美元，其中美国军费开支约占 70%。按照相关规定，北约成员国需要共同承担该组织的开支，成员国的防务开支占本国 GDP 的比例应达到 2%的水平，到 2017 年只有美国、英国等 5 个北约成员国满足这一规定。② 特朗普认为欧洲国家不应该继续享受美国提供的“安全红利”，要求德国等欧洲国家足额缴纳“保护费”。他在多个场合强调北约盟友应多承担防务费用以换取美国的安全承诺。特朗普甚至公开宣称北约是“过时的”（obsolete）。③ 这一观点令欧洲国家颇感震惊，它们试

① Marianne Schneider-Petsinger, “US-EU Trade Relations in the Trump Era: Which Way Forward?” Research Paper, Chatham House, March 2019, p. 2.

② Niall McCarthy, “NATO Summit: The Countries Meeting The 2% Threshold,” *Forbes*, December 3, 2019.

③ Mark Galeotti, “Trump Was Right: NATO Is Obsolete,” *Foreign Policy*, July 20, 2017.

图寻求增强自我安全保障的能力，包括建立独立于北约的欧洲联军。2018年11月6日，法国总统马克龙在参加第一次世界大战结束百年纪念活动时再次提出：“我们必须加强自卫能力……只有建立真正的欧洲军队，我们才能实现自卫……不能光依靠美国。”德国总理默克尔也提出，需要一支“真真正正的欧洲军队”。[①] 实际上，早在2018年6月25日，法国、德国、比利时、英国、丹麦、荷兰、爱沙尼亚、西班牙和葡萄牙就在卢森堡签署“欧洲干预倡议”（European Intervention Initiative，EI2）意向书，承诺组建一支欧洲联合军事干预部队，在面对可能威胁欧洲安全的情况时采取行动。[②] 对于欧洲寻求防务安全独立、打造欧洲联军，特朗普嗤之以鼻，认为“这非常具有侮辱性，或许欧洲首先应把它在北约需要承担的开支付清，美国为此给予了巨额的补贴”。[③]

在全球治理方面，特朗普政府消极对待气候变化挑战，以单边主义方式退出《巴黎协定》与伊朗核协议，导致美国与法国等欧洲国家陷入很大的矛盾。尤其是美国单方面废除伊朗核协议，不仅会导致欧洲面临新的安全威胁，还会使欧洲的经济利益遭受巨大损失。欧洲国家已经在2016年解除对伊朗的大部分经济制裁，伊朗大幅增加对欧洲的能源产品出口，欧洲企业对伊朗的贸易和投资活动也显著上升。在特朗普政府单方面退出伊朗核协议的情况下，欧盟决定继续维护与伊朗的经济合作关系。为了避免欧洲企业在美国加大对伊朗制裁过程中受到冲击，法国、德国等决定合作建立新的国际支付系统。法国经济和财政部长布鲁诺·勒梅尔（Bruno Le Maire）公开表示：“我们希望欧洲成为一个主权大陆，

① Jennifer Rankin, “Merkel Joins Macron in Calling for a ‘Real, True European Army’,” *The Guardian*, November 13, 2018.

② Nick Witney, “Macron and the European Intervention Initiative: Erasmus for Soldiers?” European Council on Foreign Relations, May 22, 2018, https://ecfr.eu/article/commentary_macron_and_the_european_intervention_initiative_erasmus_for_sold/.

③ Rebecca Morin, “Trump Calls Macron's Comments on Building a European Army to Defend against US ‘Insulting’,” *Politico*, November 9, 2018.

而不是附属，这就意味着欧盟必须要拥有完全独立自主的金融工具。”德国外长海科·马斯（Heiko Maas）也明确指出，欧盟要想继续同伊朗保持经济交往，保护欧洲企业免受美国单边主义政策的冲击，就必须要绕过现行国际支付系统，创立欧洲货币基金并建立独立的银行结算系统。①

此外，近年来，欧洲地区的“极右翼民粹主义”政治力量出现崛起态势，包括法国“国民阵线”（后更名为“国民联盟”）、“德国选择党”等，这些政治势力普遍采取民族主义、排外主义立场，支持反移民、反欧盟、反欧元等政策。特朗普对欧洲民粹主义政治势力的崛起抱持欢迎态度，他支持英国“脱欧”，轻视欧盟，甚至建议法国也选择“脱欧”。特朗普的重要智囊史蒂夫·班农在欧盟总部布鲁塞尔建立名为“运动”（The Movement）的组织，积极扶持欧洲国家的民粹主义政党。② 此外，特朗普政府对欧盟内部的“造反派”给予大力支持，尤其是波兰。波兰总统杜达具有较强的民族主义倾向，他在 2018 年 9 月访问华盛顿期间喊出了“波兰优先”的口号，对特朗普的“美国优先”大为赞赏。波兰还大力邀请美国在该国增加驻军，并提出要将美国基地命名为“特朗普堡”。在波兰与欧盟关系越发紧张的背景下，欧洲国家担心美国借助波兰对欧盟实施“分而治之”。

总之，法国、德国等欧洲国家对特朗普政府产生了明显的“疏离”情绪。在特朗普政府坚持“美国优先”路线的情况下，欧洲方面对美国的不满和不信任感明显上升。特朗普政府的对欧政策调整在美欧战略界引发普遍质疑，支持修补美欧关系裂痕、进一步巩固“跨大西洋关系”、加大美欧联手制衡中国力度的声音也很突出。例如，法国《世界报》编

① Patrick Wintour, “US Faces European Backlash against Iran Sanctions,” *The Guardian*, May 11, 2018; Jo Harper, “Germany Urges SWIFT End to US Payments Dominance,” DW, August 27, 2018, https://www.dw.com/en/germany-urges-swift-end-to-us-payments-dominance/a-45242528.

② Maia de la Baume and Silvia Borrelli, “Steve Bannon's Stuttering European Adventure,” *Politico*, March 5, 2019.

辑主任西尔维·考夫曼（Sylvie Kauffmann）称，“中国不再满足于边缘地带，正以更坚定的态度瞄准欧洲的心脏：华盛顿和布鲁塞尔对习近平在意大利采取的行动表示不满。被认为是欧洲最大盟友的美国本身也在和中国对抗——这是一场关于贸易和技术优势的大战，其中贸易战已减缓了欧洲的经济增长。在一个正常的世界里，华盛顿会让它的欧洲盟友加入战斗。但这不是一个正常的世界。特朗普总统领导下的美国要么将欧洲视为竞争对手，要么视为附庸”。[①] 2019 年 6 月，新美国安全研究中心高级研究员朱利安·史密斯（Julianne Smith）在《纽约时报》撰文称，特朗普若想认真应对美中竞争，就应努力争取尽可能多的盟友，尤其是欧洲盟友；从历史上看，欧洲国家一直是美国最亲密的盟友之一，但在中国问题上，欧洲人感觉自己已被降到观察员的地位；特朗普政府官员既未向其盟友简要介绍其对华政策，也并未提出任何类似跨大西洋统一战略的建议；特朗普应尽快让欧洲国家以美国盟友的身份重回谈判桌，美欧需就中国的政治、经济和技术野心展开更广泛的对话。[②]

## 二、意大利加入“一带一路”合作

特朗普政府对欧洲国家参与“一带一路”建设颇感不满，尤其是意大利。2019 年 3 月，中国和意大利正式签署有关“一带一路”合作的文件。意大利既是“七国集团”成员，也是欧盟和北约的成员，意大利支持和参与“一带一路”具有重要意义。然而，在此过程中，特朗普政府对中意合作实施了巨大阻力。

---

① Sylvie Kauffmann, “Europe Is a Soft Target, and It's Under Attack,” *The New York Times*, March 25, 2019.

② Julianne Smith, “If Trump Wants to Take on China, He Needs Allies,” *The New York Times*, June 12, 2019.

在西方国家中，意大利与中国长期保持良好关系。① 意大利参与“一带一路”合作既有历史的基础，也有现实的动因。美国卡内基国际和平基金会专家费代丽嘉·宾迪（Federiga Bindi）认为，出于历史和地缘政治的考虑，意大利一直将自己视为东西方之间的桥梁；即使在冷战期间，意大利也能既从美国获得支持，也与苏联保持着良好关系。2008 年金融危机后意大利在经济上遭遇危机，后因利比亚战争而感到遭受美国的背叛，因移民和财政问题感到遭受欧盟的背叛。在这种情况下，意大利开始重新审视外交政策，更加重视发展对华关系，中国也为意大利应对经济挑战等提供了有力的支持。

2004 年，中意建立全面战略伙伴关系。2015 年，意大利加入亚投行，并和其他 16 个欧盟成员国一样，成为创始成员国。2017 年 5 月，意大利时任总理保罗·真蒂洛尼（Paolo Gentiloni）参加了在北京举行的“一带一路”国际合作高峰论坛，他是参加这一论坛的唯一一位七国集团国家首脑。意大利国内政党虽然在中国问题上存在分歧，但大多数认为，中国借助“一带一路”合作在希腊比雷埃夫斯港的开发经营活动，提高了地中海作为中国国际贸易中心的重要性。意大利也是地中海沿岸国家，但是如果将来匈塞铁路将比雷埃夫斯港与欧洲的中心地带连接起来，那么位于亚得里亚海北部的意大利港口可能就会被取代。因此，意大利需要邀请中国方面参与意大利国内港口与铁路网的开发，充分利用“一带一路”倡议带来的机遇。②

当然，意大利国内政界对于参与“一带一路”合作也存在谨慎甚至是反对的声音，有人担心这会影响意大利与美国的关系。2019 年 3 月，极右翼政客、执政联盟领导人、意大利政府副总理马泰奥·萨尔维尼

---

① Giovanna de Maio, *Playing with Fire: Italy, China, and Europe*, The Brookings Institution, May 2020, pp. 2-4.

② “Italy Will Sign Accord with China but It Is Not Binding,” Reuters, March 12, 2019, https://uk.reuters.com/article/uk-italy-china-conte-idUKKBN1QT1RP.

（Matteo Salvini）无端炒作所谓中国通过“一带一路”让意大利变成“殖民地”的话题，称“如果是为了帮助意大利公司在海外投资，那么我们愿意与任何人对话”，“但如果是外国公司殖民意大利，我们绝对不准备这么做”。[①] 此外，2019 年 3 月初，意大利副外长圭列莫·皮基（Guglielmo Picchi）表示，意大利与中国签署“一带一路”基础设施计划初步协议的时机并不对。他在推特上发文写道：“5G 和基础设施接入是国家安全问题，必须仔细评估。我认为在这个时候我们不应该签字。”[②] 来自政党“北方联盟”的议员朱里奥·塞特莫罗（Giulio Centemero）称，“我们忠诚于和美国的同盟关系，将来也会如此，这是（意大利外交政策）的支柱”，他提出要针对“一带一路”对意大利基础设施、通信网络产生的国家安全影响进行更深入的审查。另一位议员保罗·弗门蒂尼（Paolo Formentini）也强调，“我们支持贸易，但当危及国家利益时贸易就要止步”，而维护意大利与美国这一“长期盟友”（historical ally）的关系就是国家利益，“美国敦促我们保护国家安全”。[③] 意大利前总理西尔维奥·贝卢斯科尼（Silvio Berlusconi）创立的中右翼政党——意大利力量党（Forza Italia）也对参与“一带一路”持消极态度。该党重要成员、曾担任意大利政府教育部长的玛丽亚丝黛拉·杰尔米尼（Mariastella Gelmini）表示，意大利存在变成“中国在欧洲的特洛伊木马”的风险。[④] 欧洲议会议长、意大利力量党副主席安东尼奥·塔亚尼（Antonio Tajani）称，意

---

① “China/Italy: No to Colonisation on Belt and Road-Salvini,” ANSA, March 11, 2019, https://www.ansa.it/english/news/2019/03/11/chinaitaly-no-to-colonisation-on-belt-and-road-salvini_268eef47-4669-4334-96ce-794b7f906aba.html.

② “Italy Junior Foreign Minister Warns against Signing China Deal at Present,” Reuters, March 7, 2019, https://www.reuters.com/article/us-china-italy-mou-picchi-idUKKCN1QN2CI.

③ Simone Dossi, “Italy-China relations and the Belt and Road Initiative: The Need for a Long-term Vision,” *Italian Political Science* 15, no. 1 (2020): 10.

④ “China's New Silk Road Gets Bumpy as Xi Visits Italy,” France 24, March 22, 2019, https://www.france24.com/en/20190322-chinas-new-silk-road-gets-bumpy-xi-visits-italy.

大利与中国签署“一带一路”协议是“严重的错误”，“不能以出口意大利产品为理由，而割让（cede）主权”。[①] 西尔维奥·贝卢斯科尼认为，在美国和中国的对抗中，意大利和欧洲应支持美国。[②]

特朗普政府高官以及美国驻意大利大使等人，曾多次劝说意大利不要与中国签署“一带一路”合作文件。这种施压实际上一直持续到文件签署的最后一刻。2019 年 3 月，班农与意大利联盟党领导人会面，鼓动后者对中国在意大利的投资进行抵制。班农无端将中国推进的国际合作定性为“英国东印度公司掠夺性资本主义模式”（British East India Company model of predatory capitalism），警告同为极右翼势力的意大利联盟党高层不要支持“一带一路”。[③] 2019 年 3 月，意大利副总理、五星运动政治领导人路易吉·迪马约（Luigi Di Maio）在白宫与总统国家安全事务助理约翰·博尔顿举行了会面，美方再次就“一带一路”问题对意方进行施压。迪马约对记者说，他向美国人保证，与中国的协议纯粹是为了商业，意大利仍坚定地留在美国的政治轨道上。迪马约还强调称，美国在意大利的投资远远超过中国。[④] 此外，白宫国家安全委员会的官方推特账户在 3 月 9 日发文称，“支持‘一带一路’将为中国掠夺性的投资方式提供合法性，不会给意大利人民带来任何好处”。白宫国家安全顾问小组发言人加

① “Italy Making Serious Mistake with China,” ANSA, March 21, 2019, https://www.ansa.it/english/news/world/2019/03/21/italy-making-serious-mistake-with-china_3f3962d2-8b0d-46a4-bf59-09e14a75582a.html.

② Federiga Bindi, “Of Italy and China, and Historical Ties (and Some Convenient Amnesia),” Carnegie Endowment for International Peace, March 21, 2019, https://carnegieendowment.org/2019/03/21/of-italy-and-china-and-historical-ties-and-some-convenient-amnesia-pub-78662.

③ Jason Horowitz, “A Forgotten Italian Port Could Become a Chinese Gateway to Europe,” *The New York Times*, March 18, 2019, https://www.nytimes.com/2019/03/18/world/europe/italy-trieste-china-belt-road.html.

④ Jason Horowitz, “Italy's Deal with China Signals a Shift as US Influence Recedes,” *The New York Times*, March 30, 2019, https://www.nytimes.com/2019/03/30/world/europe/italy-one-belt-one-road-china.html.

勒特·马奎斯（Garrett Marquis）称，意大利是全球主要的经济体，是极佳的投资目的地，意大利政府没有必要支持中国“一带一路”这个项目的合法性；中国的“一带一路”是一个“面子工程”（vanity project），意大利应该避开。①

对于美国方面的这种“警告”，意大利副总理迪马约表示：“我要清楚指出，我们为了出口跟中国谈‘一带一路’，这不是为了与中国达成一个政治协议，而仅仅只是帮助意大利的公司。”迪马约补充说，意大利是美国的盟友，尊重美国的顾虑，但是中国市场对“意大利制造”的产品和技术有非常大的需求。② 负责与中国方面就“一带一路”合作进行磋商的意大利经济发展部副部长迈克·杰拉奇（Michele Geraci）称，意大利政府将处理好美国及欧盟对“一带一路”计划的关切，与中国签署的协议将会符合美国和欧盟的标准。③ 出于对本国利益的深入考量，意大利政府最终还是顶住了美国的压力，与中国签署了“一带一路”合作协议。但是，由于美国对中国企业华为参与意大利 5G 网络的反对，意大利方面选择删除了“一带一路”协议中所有涉及技术和通信的内容。意大利政府还表示，这份协议是不具有约束力的（non-binding）。意大利方面还强调，中美在意大利的利益并不冲突。比如，的里雅斯特市长罗伯托·迪皮亚扎（Roberto Dipiazza）表示，这座城市会因同中国拉近关系而获益良多，中方会从这里的深水港、关税优惠及铁路货场获得更大利益，“我们会发现中国和美国有达成一致的地方”。④

---

① Simone Dossi, “Italy-China Relations and the Belt and Road Initiative: The Need for a Long-term Vision,” *Italian Political Science* 15, no. 1 (2020): 1.

② “Italy Wants to Sign Belt and Road Deal to Help Exports: Deputy PM,” *Today*, March 10, 2019, https://www.todayonline.com/world/italy-wants-sign-belt-and-road-deal-help-exports-deputy-pm-0.

③ “Italy Must Look into EU, U.S. Concerns Over Belt and Road Deal: Official,” Reuters, March 11, 2019, https://www.reuters.com/article/us-china-italy-belt-and-road-idUSKBN1QS0P6.

④ Jason Horowitz, “A Forgotten Italian Port Could Become a Chinese Gateway to Europe,” *The New York Times*, March 19, 2019.

意大利加入“一带一路”合作的过程，体现了中美欧三方互动的复杂性。意大利做出这一决定，从根本上讲是因为中国在国际社会所具有的影响力不断提升，意大利试图通过参与“一带一路”建设实现自身的国家利益。正如《纽约时报》刊发的文章所言，“意大利敏锐的历史感以及对大国地位变化的察觉”促成了意中合作。时任意大利总理朱塞佩·孔特（Giuseppe Conte）表示，随着中国对世界经济施加更大的影响，中国“也将在政治层面（施加）越来越大的影响”。针对意中“一带一路”合作所引发的争议，意大利经济发展部副部长迈克·杰拉奇称，“这不是孤立于欧洲之外，这是意大利在领头”，“当你领头时，你确实需要有片刻的孤独。但这段时间将是非常短的”。[①] 显然，美国不会停止对中欧“一带一路”合作的干扰。除了意大利，特朗普政府对另一个希望加大参与“一带一路”的欧盟成员国——马耳他也实施了阻挠。与意大利一样，马耳他位于地中海地区，该国与美国拥有紧密的传统关系。对于参与“一带一路”合作，马耳他财政和金融服务部长爱德华·希克卢纳（Edward Scicluna）表示，作为主权国家，我们有自己的利益，“一个国家要想生存并具有竞争力，尤其是一个小国，那就要实现多元化”。[②]

## 三、美国因素对中欧“一带一路”合作的影响

概要而言，美国因素对中欧“一带一路”合作的影响集中在以下三个方面。

第一，美国要求欧洲盟友加强对中国投资的审查力度，美欧在限制

① Jason Horowitz, “Italy’s Deal with China Signals a Shift as US Influence Recedes,” *The New York Times*, March 30, 2019.

② Silvia Amaro, “After Italy, Malta Says It’s Considering Joining China’s Belt and Road Investment Scheme,” CNBC, March 13, 2019, https://www.cnbc.com/2019/03/13/after-italy-malta-says-its-looking-at-chinas-belt-and-road-plan.html.

中国获取技术等方面采取更多的共同行动。“一带一路”倡议提出以来，中国企业在欧洲的直接投资不断增加，中国在欧洲的并购活动非常强劲，而且很多涉及欧洲的技术类企业。与美国一样，欧洲方面对“中国制造2025”等感到忧虑，认为中国在欧投资会引发国家安全风险。① 在中美“贸易战”长期化的背景下，很多中国企业会将投资重点从美国改为欧洲，这可能会导致美欧进一步深化相互协调，尤其是防控西方技术优势的流失。美国早已在国内建立外国投资安全审查机制，并将中国列为重点对象。美国方面要求欧盟建立相应机制，对中国借道欧洲推进技术企业兼并的行动展开反制。

2017年9月，欧盟委员会提出一项外商投资审查法案，要求在应对包括中国在内的外国投资方面加强欧盟成员国之间的数据共享、信息交换和相互监督，相关举措还包括将战略行业清单的范围扩大到航空、媒体等产业，赋予欧盟委员会审查特定交易的权力，建立外商投资数据库以及针对相关交易的警示机制等。2019年3月，欧盟出台有关外商直接投资审查的新规定。2020年10月，“欧盟外国直接投资审查框架”正式运行，借助这一机制，欧盟委员会与欧盟成员国在外资审查领域协调采取行动。② 值得注意的是，相关中欧合作会直接涉及美国的利益，这必然引起美国方面的更大干预。比如，2018年12月，中国和葡萄牙签署“一带一路”合作谅解备忘录。葡萄牙政府积极吸引来自中国的投资，包括中国三峡集团以26.9亿欧元收购葡萄牙电力公司（EDP）21.35%股权，成为葡电单一最大股东，并于2021年12月签署双方新一轮《战略合作框架协议》。然而，葡萄牙电力公司下属的可再生能源公司是美国清洁能

① Garima Mohan, “Europe's Response to the Belt and Road Initiative,” The German Marshall Fund of the United States, March 30, 2018, https://www.gmfus.org/news/europes-response-belt-and-road-initiative.

② “EU Foreign Investment Screening Mechanism Becomes Fully Operational,” EU Commission, October 9, 2020, https://ec.europa.eu/commission/presscorner/detail/en/ip_20_1867.

源的第三大供应商，在美国拥有重要业务。① 此外，中国与德国、意大利等欧洲国家之间展开“一带一路”合作，尤其是中国收购技术类企业的行动是美方关注的重点。涉及先进航天技术等领域企业的商业交易非常容易引发美国政府的干预。②

第二，美国方面担心中欧“一带一路”合作的安全影响，炒作中国在欧洲国家制造所谓“债务陷阱”问题。美国方面担心“一带一路”合作涉及的大型基础设施项目尤其是港口，会给美国在全球的军事部署和行动造成阻碍。2008 年金融危机后，中国远洋运输总公司、中国招商局港口控股有限公司等中国企业，积极参与欧洲国家港口的开发和运营，涉及希腊比雷埃夫斯港、荷兰鹿特丹港、比利时安特卫普港、德国汉堡港。“一带一路”倡议为中国与欧洲国家在港口建设和经营方面的合作带来更大动力，如中国企业有意参与意大利的里雅斯特港（位于地中海北部）、葡萄牙锡尼什港（位于大西洋沿岸）的相关项目。对此，美国海军前作战部长、斯坦福大学胡佛研究所高级研究员加里·拉夫黑德（Gary Roughead）称，中国参与海外港口经营在美国引发反弹，“中国的港口经营者将能密切监控美国船只，留意其维护活动，接触到进出维修点的设备并与我们的船员自由交流”。③ 美国智库“防务高级研究中心”也针对中国对欧洲等地区的海外港口的投资发布报告，认为这有助于增强中国海军的远程行动能力。④ 此外，还有美国专家提出，要关注中国企业对欧

① “Investors Set to Reject China Three Gorges' US $ 10. 8b Bid for Portugal's Largest Energy Firm,” *South China Morning Post*, May 15, 2018.

② Elisabeth Braw, “How China Is Buying Up the West's High-Tech Sector,” *Foreign Policy*, December 3, 2020; Sébastian Seibt, “New Silk Road: Will Italy Be China's Trojan Horse?” France 24, March 21, 2019, https://www.france24.com/en/20190321-italy-china-new-silk-road-trojan-horse-conte-xi-trade.

③ Kristin Huang, “Why China Buying Up Ports Is Worrying Europe,” *South China Morning Post*, September 23, 2018.

④ Devin Thorne and Ben Spevack, “Harbored Ambitions: How China's Port Investments are Strategically Reshaping the Indo-Pacific,” Center for Advanced Defense Studies, April 2018.

洲国家旅游设施的投资，这些设施可以为中国近距离监控美国军事基地提供帮助。荷兰国际关系研究所高级研究员弗兰斯-保罗·范德皮滕表示，中国企业在欧洲的商用港口投资能够令中国政府获得更大的政治杠杆，其影响已经超出了中欧关系，并引发美国政府的反制，如特朗普政府与希腊加强了军事合作。①

欧洲国家担心中国的投资加大相关欧洲国家的债务负担，美国媒体和智库专家也对这一问题进行炒作，以此增加“一带一路”的声誉成本。以黑山为例，该国位于欧洲巴尔干半岛中西部和亚得里亚海的东岸，曾是南斯拉夫的一部分，后在2006年6月宣布独立。黑山是欧洲经济较不发达的国家之一，人口约62万（2019年），它在2010年12月获得欧盟候选国地位。黑山将参与“一带一路”合作视为提升本国发展水平、完善基础设施、增加国民收入的重要途径，但这却引起欧美方面的不满。②2018年5月，国际货币基金组织欧洲部专家撰写的研究报告称，中国进出口银行为修建连接黑山（Montenegro）和塞尔维亚的公路项目提供贷款，该项目导致黑山债务水平急剧上升，预计将耗费该国近四分之一的国内生产总值（GDP）。③美国智库全球发展中心在2018年3月发布的有关中国基建项目过度举债的报告中，也重点提及了黑山这一案例。另一家美国智库——战略与国际问题研究中心重新连接亚洲项目主任乔纳森·希尔曼称，黑山高速公路项目所需资金约等于该国国内生产总值的20%，中国与黑山签订的合同要求任何争端都需要在中国的法庭上得到

① Frans-Paul van der Putten, “European Seaports and Chinese Strategic Influence: The Relevance of the Maritime Silk Road for the Netherlands,” *Clingendael Report*, December 2019, pp. 4, 15-16.

② Milica Kovačević, *Vulnerabilities to Chinese Influence in Montenegro*, Center for International Private Enterprise, January 2021.

③ Ruben Atoyan, et al., *Public Infrastructure in the Western Balkans: Opportunities and Challenges*, International Monetary Fund, May 2018, file: ///C: /Users/zhaom/Downloads/45547-western-balkans-public-infrastructure-020818. pdf.

处理，并允许中国将土地作为抵押品。[①] 然而，事实上黑山曾两次尝试从欧盟国家那里为这条公路项目进行融资，但都没有成功。[②] 美国方面则将债务问题作为在欧洲地区施压中国的工具。2019 年 6 月，美国的欧洲问题专家朱利安·史密斯（Julianne Smith）称，美国“可以采取更多措施帮助其他国家避免‘一带一路’倡议中的许多陷阱。去年，美国财政部就曾派出一支评估小组前往缅甸，帮助该国应对一个‘一带一路’项目的挑战。欧洲也应该这么做。他们不必前往地球的另一端，在葡萄牙、希腊、意大利和塞尔维亚就可以开始这项工作。这些国家已经加入中国的项目，还有更多的项目在考虑中”。[③]

第三，美国促动欧洲国家进一步参与“印太”地区事务，通过推出“欧亚互联互通计划”等做法对中国进行战略牵制。2017 年以来，法国总统马克龙等欧洲国家政要多次提出要对“一带一路”加大应对力度。2018 年 2 月，德国外长西格玛尔·加布里尔（Sigmar Gabriel）在慕尼黑安全会议上发表讲话称，“开启新丝绸之路的倡议，和有些德国人的想象很不相同。这可不是对马可·波罗情意绵绵的怀念，而是一个以中国利益为中心打造世界格局的尝试”。[④] 此外，欧盟对外行动署（EU External Action Service）在其文件中称，“一带一路”意在建立一个以中国为中心的全球秩序，中国的对外贷款金额令人瞠目，使一些国家债台高筑并对中国产生“不健康的依赖”。在此背景下，2018 年 9 月，欧盟委员会发布

---

① Jonanthan Hillman, “Five Myths about China'a Belt and Road Initiative,” *The Washington Post*, May 31, 2019.

② Valerie Hopkins and James Kynge, “Montenegro Fears China-backed Highway Will Put It on Road to Ruin,” *Financial Times*, April 10, 2019.

③ Julianne Smith, “If Trump Wants to Take on China, He Needs Allies,” *The New York Times*, June 12, 2019.

④ “Speech by Foreign Minister Sigmar Gabriel at the Munich Security Conference,” German Federal Foreign Office, February 17, 2018, https://www.auswaertiges-amt.de/en/newsroom/news/rede-muenchner-sicherheitskonferenz/1602662.

题为《连接欧洲和亚洲——对欧盟战略的设想》的政策文件（简称“欧亚互联互通计划”），目的是在能源、运输和数字经济领域与亚洲国家扩大合作，并提出欧盟委员会将为此建立一个600亿欧元的投资保障基金，这一基金在2021—2027年将吸引3000亿欧元资金。该计划主要有三大目标：一是建立交通、能源和数字网络；二是与亚洲国家发展互联互通伙伴关系；三是使用现有的欧盟基金、开发银行的贷款、公私合作伙伴关系来实现可持续金融。① 德国墨卡托中国研究中心欧洲对华政策研究室主任让·魏登菲尔德（Jan Weidenfeld）认为，“欧亚互联互通计划”很大程度上是对“一带一路”的回应，欧盟方面希望借此强调基础设施项目必须遵守环境、金融等方面的相应规范和标准。②

欧洲方面认为自己应当与美国共同加大对“印太”地区的介入，从而更有力地应对中国地缘影响力的扩展。欧洲国家对亚洲地区的出口占其出口总额的35%以上，欧洲认为“印太”地区的稳定包括南海航道的开放事关其经济和安全利益。此外，一些欧洲战略界人士认为，由于中国借助“一带一路”伸入欧洲的巴尔干、南欧等地区，欧洲需要进一步参与“印太”地区的事务，在中国的周边地区扩大影响力，与美国、日本等国联手制衡中国。欧洲对外关系委员会亚洲和中国项目副主任杜懋之（Mathieu Duchatel）等人称，不愿按照中方条件参与“一带一路”的情绪在欧洲内部正慢慢增多，“一带一路”可能会进一步加剧贸易和投资关系的不平衡，尤其是中国推进“21世纪海上丝绸之路”建设会对欧洲

① “The European Way to Connectivity—A New Strategy on How to Better Connect Europe and Asia,” EU External Action Service, September 19, 2018, https://eeas.europa.eu/headquarters/headquarters-Homepage/50752/european-way-connectivity-%E2%80%93-new-strategy-how-better-connect-europe-and-asia_en.

② Robin Emmott, “EU Unveils Asia Infrastructure Plan, Denies Rivalry with China,” Reuters, September 19, 2018, https://www.reuters.com/article/us-eu-asia-idUKKCN1LZ1XF.

产生严重影响，“给双方带来更多的竞争而非合作选项”。[1] 2018 年 5 月，法国总统马克龙在访问澳大利亚期间提出由法国、印度和澳大利亚建立“巴黎—德里—堪培拉新战略轴心”的设想，维护“基于规则的秩序”。这一提议被认为是旨在应对中国的崛起，并与美国的“印太战略”进行呼应。

---

① Mathieu Duchatel and Alexandre Sheldon Duplaix, “Blue China: Navigating the Maritime Silk Road to Europe,” European Council on Foreign Relations, April 13, 2018, https://ecfr.eu/publication/blue_china_navigating_the_maritime_silk_road_to_europe/.

# 第七章
# 美国对中非“一带一路”合作的应对

长期以来，非洲国家在中国外交全局中拥有特殊重要地位。“一带一路”倡议为中国深化与非洲的关系带来新的机遇，非洲国家普遍期待在基础设施、公共卫生、教育等领域获得更有力的支持。美国对中非关系抱有偏见，诬称中国在非洲国家搞“掠夺性经济”等。特朗普政府出台所谓新非洲战略，明确表示要在非洲地区加大与中国的竞争。

## 第一节　“一带一路”与非洲

从资源能源供给、市场空间扩展、国际事务协调等多个角度看，非洲在中国的外交布局中占据着难以替代的战略地位。非洲目前有 10 亿左右人口，而且非洲人口是全世界上最年轻的。据联合国儿童基金会 2020 年预测，2050 年之前，全世界将有大约 41%的婴儿在非洲出生。其总人口约 60%是 25 岁以下的年轻人，到 2050 年人口总数将翻倍，达到 20 多亿，约占世界总人口的 20%。[①] 近年，随着商业环境的改善，经济发展日

① “Africa’s Population Will Double By 2050,” *The Economist*, March 28, 2020.

趋稳定，非洲的中产阶级数量也在不断上升。根据非洲开发银行的研究报告，非洲中产阶级（按购买力平价计算年收入超过3900美元）总数已达到3.5亿人，其消费需求也在不断增强，预计2030年非洲人口的总消费支出将达到2.2万亿美元。① 以埃塞俄比亚为例，该国拥有9100万人口，它曾长期与饥饿和贫穷作战，但10余年来它的贫困率已降低一半，其年均经济增长率接近11%。除了人口资源，自然资源尤其是能源丰富也是非洲吸引力的重要来源。撒哈拉以南非洲被认为是全球石油和天然气的“新战场”，喀麦隆、加纳、赤道几内亚、肯尼亚、坦桑尼亚、乌干达正成为重要的石油生产国，莫桑比克和坦桑尼亚还发现大量近海天然气资源，南非则拥有引人瞩目的页岩气资源。②

然而，非洲地区的发展也面临多重挑战，在减贫和创造就业、促进基础设施发展、维护公共卫生等方面的任务非常艰巨。这不仅直接涉及中国在非洲地区的利益，也会对中国总体外交布局的均衡性带来影响。非洲开发银行的统计指出，非洲青年人口（15—35岁）总数为4.2亿，其中大约三分之一处于失业状态，另有三分之一是“脆弱就业”状态。每年大约有1000万—1200万非洲青年进入就业市场，但是每年拥有的正式就业岗位仅有300万个。非洲地区不断增长的青年人口既可以是发展的资源，也可能因为资源能源、基础设施和教育机会等难以满足需求而成为巨大挑战，甚至导致社会不稳定和恐怖主义势力的扩张。③ 显然，“增长并不等于发展”，如果没有国家经济结构的优化，没有充分的就业，没有更好的社会保障，非洲地区的发展就不会是可持续的。

---

① African Development Bank, OECD Development Centre and the United Nations Development Programme, *African Economic Outlook 2017*, pp. 28 - 29, https://www.afdb.org/fileadmin/uploads/afdb/Documents/Publications/AEO_2017_Report_Full_English.pdf.

② African Development Bank and the African Union, *Oil and Gas in Africa* (Oxford University Press, 2009), pp. 7-8.

③ Audrey Donkor, “Africa's Youth Unemployment Crisis Is a Global Problem,” *Foreign Policy*, October 19, 2021.

2012 年以来，中国对非外交进入蓬勃发展的新时期。2013 年 3 月 25 日，习近平主席在坦桑尼亚尼雷尔国际会议中心发表题为《永远做可靠朋友和真诚伙伴》的演讲，提出“真实亲诚”的对非外交理念。2015 年 12 月，习近平主席出席中非合作论坛约翰内斯堡峰会，会上，中非双方同意将“新型战略伙伴关系”提升为“全面战略合作伙伴关系”。“一带一路”建设为中非关系发展带来新的重要机遇。截至 2021 年底，中国已经与 54 个非洲国家中的 52 国签署共建“一带一路”政府间协定，支持埃塞俄比亚、肯尼亚、吉布提等国开展基础设施建设，与埃及、南非、加纳、科特迪瓦等国共同推动 40 多个产能合作重点项目。此外，中国还与非洲联盟签署了《中华人民共和国政府与非洲联盟关于共同推进“一带一路”建设的合作规划》，中方与非盟委员会建立共建“一带一路”合作工作协调机制，推动“一带一路”倡议同非盟《2063 年议程》深度对接。非盟《2063 年议程》提出到 2045 年实现区内贸易占全非贸易比重增至 50%、全非贸易占全球贸易比重增至 12%的发展目标。在设施联通领域，非洲国家希望大力改善基础设施条件，非盟《2063 年议程》将“通过世界级的基础设施连接整个非洲”列为重要目标，《非洲基础设施发展规划》确定了能源、交通、信息通信和跨境水资源四大发展领域。①

非洲国家普遍认为，“一带一路”合作将在基础设施建设、农业发展、教育医疗等多个领域给非洲带来重要机遇。② 正如尼日利亚国际问题研究院国际经济研究室主任伊凡姆·乌比（Efem Nkam Ubi）所言：“基础设施和工业化是‘一带一路’倡议的两项初始许诺。可以相信，非洲和中国在这些领域的合作将为非洲的经济增长和发展带来更多资源。在

① 《中非“一带一路”合作开启新篇章》，《经济日报》2020 年 12 月 24 日。

② Robert Tama Lisinge, “The Belt and Road Initiative and Africa's Regional Infrastructure Development: Implications and Lessons,” *Transnational Corporations Review* 12, no. 4 (2020): 425-438; Linda Calabrese, “Making the Belt and Road Initiative Work for Africa,” ODI, October 15, 2019, https://odi.org/en/insights/making-the-belt-and-road-initiative-work-for-africa/.

修建其基础设施和发展工业能力方面，‘一带一路’将给非洲国家带来巨大机遇。”① 应该说，“一带一路”彰显了中非合作、南南合作的巨大潜力和活力，中非双方都在更加广阔的视野下重新审视彼此关系。中非关系呈现出以下三方面的新趋势：一是中国将把支持非洲工业化和农业现代化作为对非关系的“重心”，而在这一过程中，基础设施建设、金融、绿色发展、贸易和投资便利化等方面的合作将持续深化；二是中国对非工作的着力点将进一步“下移”，也就是更加强调惠及非洲的普通民众和社会基层，加大对非洲减贫、公共卫生等“民生”事业的支持力度；三是中非在国际安全事务上的合作预计将显著提升，既包括在非盟层面增加对维和力量建设的帮扶，也涉及中国和有关非洲国家双边层面的安全合作。

中国政府将促进中非贸易关系、深化产能合作当作重要关注点。非洲国家的经济和贸易结构长期失衡，工业化和农业现代化步伐缓慢。近年来，原油和大宗商品价格下跌重创尼日利亚、安哥拉等依靠能源资源出口的非洲新兴经济体，其他非洲穷国的状况更是堪忧。而且，非洲多国货币贬值、通胀和公共债务比例的上升，使这些国家的经济雪上加霜。由于贸易壁垒等因素，非洲的纺织品和农产品被排除在欧盟和美国之外，每年因美欧日等国的农业保护政策，非洲出口收入就损失约 300 亿美元。中国连续 10 多年是非洲的最大贸易伙伴。2000 年以来，中非之间的贸易额从近 100 亿美元增加到 2000 多亿美元。中国主动扩大对非洲的非资源类产品的进口，对非洲 33 个最不发达国家 98%税目输华产品提供零关税待遇，帮助更多的非洲农业、制造业产品进入中国市场。据统计，2017 年以来，中国从非洲进口年均增长 20%，每年为非洲创造近 40 万个就业岗位。近年来，中国对非洲农产品的进口持续增长，已成为非洲第二大

① Efem Nkam Ubi, “How Africa Can Benefit from China’s Belt and Road,” *Financial Nigeria*, June 2019.

农产品出口目的地国。中非电子商务等贸易新业态蓬勃发展，“丝路电商”合作不断推进，中国已与卢旺达、塞内加尔建立电子商务合作机制，中国企业积极投资海外仓建设，非洲优质特色产品通过电子商务直接对接中国市场。中国—毛里求斯自贸协定于 2021 年 1 月 1 日正式生效，成为中非间首个自贸协定，为中非经贸合作注入新动力。[①] 此外，中方积极推进中非产业对接和产能合作，新建或升级一批工业园区，向非洲转让农业技术，在非洲 100 个乡村实施“农业富民工程”等。

中国已经成为非洲国家发展融资的主要来源之一，尤其是应对基础设施建设的融资缺口。南非国际事务研究所公布的数据显示，非洲每年需要 930 亿美元资金建设基础设施。非洲开发银行的研究提出，非洲国家每年在基础设施领域需要 1300 亿—1700 亿美元投资，融资缺口为 676 亿—1075 亿美元。[②] 利比里亚前公共工程部长久德 · 穆尔（Gyude Moore）称，非洲的基础设施缺口严重，包括有 6 亿人难以使用电力，在中国的支持下，非洲的基础设施建设已经取得很大进展。[③] 根据美国波士顿大学全球发展政策中心（Global Development Policy Center）等机构所做的研究，2000—2019 年，中国国家开发银行、中国进出口银行等中国金融机构为非洲提供了 1141 项“贷款承诺”（loan commitments），规模约为 1530 亿美元，其中 65%是和基础设施相关的。[④] 此外，中非发展基金、非洲中小企业发展专项贷款等不断得到增资，支持农业、能源等领域项目。

---

① 中华人民共和国国务院新闻办公室：《新时代的中非合作》，2021 年 11 月，http://www.gov.cn/zhengce/2021-11/26/content_5653540.htm。

② African Development Bank Group, “Africa's Infrastructure: Great Potential but Little Impact on Inclusive Growth,” in *African Economic Outlook 2018*, https://www.afdb.org/fileadmin/.uploads/afdb/Documents/Publications/2018AEO/African_Economic_Outlook_2018_-_EN_Chapter3.pdf.

③ Lia Zhu, “BRI Helps Fill Development Gap Left by West,” *China Daily*, February 17, 2022.

④ Zainab Usman, “What Do We Know About Chinese Lending in Africa?” Carnigie Endowment for International Peace, June 2, 2021, https://carnegieendowment.org/2021/06/02/what-do-we-know-about-chinese-lending-in-africa-pub-84648.

从标志性项目看，“一带一路”合作已经取得不少实际成效。比如，中国支持修建了从蒙巴萨到内罗毕的铁路，这是肯尼亚自独立以来实施的最大的基础设施项目，也是“一带一路”在东非的旗舰项目。2017年6月，作为非洲大陆重要的现代化标准轨距铁路运输线，蒙内铁路实现通车运行。内罗毕大学国际经济学教授加里雄·伊基拉表示，标轨铁路项目将从蒙巴萨港口到内陆的货物运输成本节省了50%，有效提升地区出口竞争力和降低进口成本。该项目解决了3万多人的就业问题，中国帮助肯方培训技术、管理等方面的大量本地人才。①

此外，在“一带一路”框架下，中国加大了对吉布提的关注和投入。吉布提虽然面积较小，但地缘位置重要，其位于亚丁湾西岸，扼守从红海到印度洋的曼德海峡。“从海向看，吉布提是国际贸易的海上咽喉，经由此地的航运量占到全球总量的三分之一，船舶年通过量接近2万艘次；从陆向看，吉布提是埃塞俄比亚等东非国家的出海口，埃塞俄比亚正处于工业化快速发展时期，是承接新一轮产业转移最有潜力的目的地之一。”② 连接埃塞俄比亚首都亚的斯亚贝巴和吉布提市的亚吉铁路在2018年1月投入运营，这条被誉为“新时期的坦赞铁路”的运输线将两地之间的货运时间从原来的7天减少到13个小时。在铁路沿线，中国支持相关工业园区的发展。中国对吉布提的投资，为该国建设国际自由贸易区提供了重要动力，未来有望使其成为区域运输和贸易的重要枢纽。此外，中国企业还大力参与东非地区的电信基础设施建设，如升级非洲东海岸海底光缆。

除了促进非洲国家的基础设施建设，中国还通过共建产业园区方式推动非洲国家的工业化进程，为当地创造大量就业。近年来，中国参与非洲经济的方式更加平衡，以自由贸易区内的制造业为重点。通过“一

---

① 《肯尼亚的“一带一路”经济学》，《光明日报》2017年5月3日。

② 《打造“一带一路”在非建设支点》，《经济日报》2018年10月22日。

带一路”合作，相关非洲国家希望借鉴中国的“特区模式”，提升非洲新兴制造业的发展速度。随着中国国内的工资上升和转向高附加值产业，中国的中小企业尤其是纺织和鞋类企业，对在非洲进行投资经营的兴趣越发增强。比如，埃塞俄比亚希望在2025年之前成为制造业大国，为此规划建设多达14个工业园，华坚集团等几家中国民营企业成为埃塞俄比亚东方工业园发展的重要推动者。该工业园是中国在埃塞俄比亚的国家级经贸合作园区，已经吸引了80多家企业入驻。位于埃塞俄比亚南方州的阿瓦萨工业园就是中土集团承建的工业园之一，这是以埃塞俄比亚政府为主要投资方的第一个工业园，同时也是非洲第一个零排放绿色工业园。全面开工投产后，年出口额可达10亿美元，解决6万人的就业。[①] 联合国非洲经济委员会专家所做的一项研究表明，如果“一带一路”的相关项目能够使用得当，东非地区的出口每年将增长1.9亿美元。[②]

在经济合作之外，中国还在不断扩展与非洲的安全合作关系。[③] 应看到，非洲地区的各类安全挑战正趋深化。近年来，在西亚北非持续动荡的影响下，极端主义和恐怖主义势力向非洲多国渗透，“博科圣地”“索马里青年党”等组织和“基地”“伊斯兰国”都有勾连。肯尼亚、埃塞俄比亚等国一直被视为防范恐怖主义向撒哈拉以南非洲扩张的屏障，但这些国家的安全形势也在恶化。在2015年举行的中非合作论坛约翰内斯堡峰会上，习近平主席宣布，中方向非盟提供6000万美元无偿援助，支持非洲常备军和危机应对快速反应部队的运作，支持非洲国家加强反恐、

① 曹家宁：《埃塞俄比亚东方工业园吸引83家企业入驻　创造就业岗位1.3万个》，《人民日报》2018年8月10日。

② Rodgers Mukwaya and Andrew Mold, “Modelling the Economic Impact of the China Belt and Road Initiative on East Africa,” Conference Paper, GTAP 21st Annual Conference on Global Economic Analysis, September 2018, https://www.researchgate.net/publication/327572478_Modelling_the_economic_impact_of_the_China_Belt_and_Road_Initiative_on_East_Africa.

③ Tom Bayes, *China's Growing Security Role in Africa: Views from West Africa, Implications for Europe*, Konrad Adenauer Stiftung, 2020, pp. 3-5.

防暴、海关监管、移民管控等方面的能力建设。2017 年 7 月，中国人民解放军驻吉布提后勤保障基地宣告成立，主要为中国在非洲和西亚地区参与维和、人道主义救援、国际航道安全维护等任务提供保障。2018 年 6 月，中国国防部主办首届中非防务安全论坛，来自 50 个非洲国家和非盟的代表出席论坛，包括塞拉利昂等 12 国军队的总参谋长和副总参谋长。此外，中国还设立中非和平安全合作基金，在联合国维和、打击海盗、反恐等领域实施 50 多个安全援助项目。

中非之间的政策沟通和民心相通也不断取得进展。自 2013 年“一带一路”倡议提出以来，中非合作论坛于 2015 年和 2018 年分别在约翰内斯堡和北京举办两次峰会。中国持续推进与非盟《2063 年议程》的对接，中国方面支持非洲《加速非洲工业化发展行动计划》《非洲基础设施发展规划宣言》等文件的落实，与非盟共同编制《中非基础设施合作规划》等。值得注意的是，中国共产党和非洲多国政党也已建立机制性的交往关系。在促进民心相通方面，考虑到非洲国家发展面临巨大的“人才赤字”，中国进一步从“能力建设”的角度加大支持。中国向非洲国家派遣专家顾问，帮助制订发展规划，新设立一批区域性的职业教育中心和“能力建设学院”，为非洲培训 20 万名职业技术人才，提供 4 万个来华培训名额。此外，中方将参与非洲疾控中心等公共卫生防控体系和能力建设，鼓励中国医药企业在非洲开展本地化生产和经营。中国在非洲国家已经设立 50 多所孔子学院。

在一定程度上，中国与非洲扩展合作关系带动了其他大国对非洲的关注和投入，中非关系面临的国际环境也在发生深刻变化。近年来，美国、欧洲、印度、日本、俄罗斯、土耳其等国家和地区都更加积极地参与非洲事务。比如，2019 年 2 月，欧盟为应对非洲移民的压力，启动了欧盟—非洲“可持续投资和就业”计划，力图在农业、基础设施、能源、数字化、工业化和航空运输业等领域加强合作，目标是在 5 年内为非洲国家创造 1000 万个就业岗位。应该说，如果中国对基础设施、制造业的投资能促使非洲国家发展竞争力的提升，那么这对于欧洲来说也是有利的，尤其是可以减少欧盟面临的非洲移民压力。德国、法国等也希望能够与中国方面加强在非洲国家的“第三方合作”。[①]

中非围绕“一带一路”的合作存在一些问题和挑战。比如，国外舆论高度关注非洲国家的债务水平问题，并对中国进行不实指责。[②] 有人认为，自 2013 年以来，肯尼亚的公共债务几乎增加了两倍，2018 年国际货币基金组织将该国的债务风险从低等提升到中等。如果肯尼亚违约，来自中国的债务可能会被视为主要因素。[③] 2013 年，中国同意投资 100 亿美元建设被称为“坦桑尼亚深圳”的巴加莫约（Bagamoyo）港口和经济特区项目，该港口建成后将成为东非最大的门户，集装箱吞吐量预计可以超过欧洲最大的货运港口鹿特丹。阿曼国家公共储备基金（State General Reserve Fund）也参与了这一项目。然而，2019 年 6 月，坦桑尼亚总统约翰·马古富力（John Magufuli）宣布暂停巴加莫约港的建设，称该项目面临中方各种严苛的条件。2021 年 6 月，马古富力的继任者、坦桑尼亚总统萨米娅·苏卢胡·哈桑（Samia Suluhu Hassan）宣布，坦方仍希望能够重启巴加莫约港项目。非洲国家政权更迭带来的政策不确定性，对合作构成挑战。

---

① Christopher Ayres, “The EU-China-Africa Partnership: Trilateral Relations Entering New Waters,” EIAS, September 9, 2020, https://eias.org/op-ed/the-eu-china-africa-partnership-trilateral-relations-entering-new-waters/.

② Paola Subacchi, “China's Debt Grip on Africa,” *Project Syndicate*, January 15, 2021.

③ Dipanjan Roy Chaudhury, “Africa's Rising Debt: Chinese Loans to Continent Exceeds $140 Billion,” *Economic Times*, September 23, 2021.

## 第二节　美国对中非合作的主要关切

21世纪的第二个10年，中非合作在多个领域取得显著进展和成效。美国则将中国在非洲地区经济、安全影响力的上升视为重要挑战。尤其是美国非常担心中国在非洲地区的安全存在，针对中国在吉布提设立后勤保障基地加以阻挠干扰。美国这种零和性的思维和做法引起非洲国家的不满。

### 一、中美在非洲的影响力变化

随着中国对非关系的不断拓展，中美在非洲地区的影响力对比出现明显变化，这引起美国方面的关切。从经济领域看，中国在2009年超过美国成为非洲最大的贸易伙伴，2020年中非贸易总额达到1870亿美元，美非贸易总额约为457亿美元。① 此外，美国曾长期是非洲的最大援助国，但在2009年被中国超过。美国波士顿大学和约翰斯·霍普金斯大学的相关机构所做的研究显示，2000—2015年，中国给予非洲国家的贷款总额约为955亿美元。战略与国际问题研究中心发布的报告显示，从2013年到2017年，中国向非洲提供了870亿美元的贷款，年均贷款额超过170亿美元。②

从非洲民众的认知看，中国的影响力也有所增强。国际性民意调查组织“非洲晴雨表”（Afrobarometer）在2019—2020年所进行的调查显

① 《2020年中非经贸合作综述》，中国商务部网站，2021年4月12日，http://xyf.mofcom.gov.cn/article/tj/zh/202104/20210403051448.shtml；美国与非洲贸易额数据来源于Statista网站，https://www.statista.com/statistics。

② “U.S. Economic Engagement in Africa: Making Prosper Africa a Reality,” CSIS, April 2019, p. 6.

示，59%的受访者积极评价中国在非洲的影响力。① 2018 年 2 月，美国智库大西洋理事会发布的题为《全球化世界中的权力和影响力》的报告称，中国已经成为在非洲最具影响力的国家，居于美国、法国和南非等国之上。1963 年至今，法国在非洲的影响力从 37%降至 8%，英国则从 13%降至 3%，美国从 13%降至 10%，中国则从不到 1%上升至 13%。该报告认为，中国在非洲的成功，部分源于中国政府不在合作中附加政治条件的务实立场。②

中国在非洲影响力的提升引发美国方面的忧虑，尤其是特朗普政府明显从大国竞争的角度看待这一问题。2018 年 2 月，美国助理商务部长艾琳·沃尔什（Erin Walsh）在战略与国际问题研究中心举办的“建立新的美非伙伴关系”研讨会上发表讲话称：“特朗普确实看重非洲的经济和战略重要性。整个非洲大陆的经济发展正在创造巨大的需求。”她明确表示，特朗普政府加强美国与非洲关系的政策与美国的国家安全战略是一致的，即经济安全就是国家安全，“美国将继续研究与非洲进行商业接触的各种新的方法，核心是促进美国的繁荣和发挥美国的影响力。美国将在非洲展开竞争”。③

特朗普政府和美国战略界人士对中国与非洲关系的主要关切集中在以下四个方面。

第一，债务负担问题。2018 年 3 月，时任美国国务卿蒂勒森对乍得、

① Josephine Appiah-Nyamekye Sanny and Edem Selormey, “Africans Regard China's Influence as Significant and Positive, but Slipping,” Afrobarometer Dispatch, No. 407, November 17, 2020, https://afrobarometer.org/sites/default/files/publications/Dispatches/ad407-chinas_perceived_influence_in_africa_decreases-afrobarometer_dispatch-14nov20.pdf.

② Mathew Burrows, et al., *Power and Influence in a Globalized World*, The Atlantic Council, February 2018, pp. 19–20, https://www.atlanticcouncil.org/wp-content/uploads/2021/06/Power_and_Influence_.pdf.

③ “Creating a New U.S. and Africa Partnership,” Center for Strategic and International Studies, February 23, 2018, https://www.csis.org/events/creating-new-us-and-africa-partnership.

吉布提、埃塞俄比亚、肯尼亚和尼日利亚等5个非洲国家进行访问。在这次访问前举行的媒体吹风会上，美国国务院高官表示，中国提供的低息贷款让多个非洲国家背负过多的债务负担，正在扼杀这些国家的经济活力，“很多撒哈拉以南非洲国家的债务已经达到国内生产总值的50%—200%，其中一大半是中国贷款，这种情况是不可接受的，也是我们需要重点关注和处理的”。蒂勒森本人称，中国投资为当地创造的就业机会不多，如果非洲国家政府接受中国的贷款且陷入麻烦，就可能因违约而失去对本国基础设施或资源的控制。他还称，“我们不是企图阻挡中国资金进入非洲。重要的是，非洲国家要小心地考虑那些协议的条款，不要丧失自己的主权”。① 蒂勒森的继任者蓬佩奥也多次炒作中国对非洲国家的贷款问题，声称这带来了“不可持续的债务负担”。②

第二，基础设施的安全风险。对于中国在非洲投资、建设和运营的港口设施，美国战略界人士给予较高的关注。战略与国际问题研究中心非洲项目主任贾德·德沃蒙特（Judd Devermont）等人认为，90%的非洲国家出口依赖港口，中国出于军事、商业和政治目标，在撒哈拉以南非洲地区参与投资、建设和营运46个港口，这对美国的利益构成挑战。根据2017年“世界港口指数”统计，撒哈拉以南非洲共有172个港口，中国实体所涉及的港口则占17%。在这46个港口中，至少有6个港口是军民两用港口或是停靠过中国海军舰船。中国企业负责运营的11个港口中有6个是深水港，可供大型商业船只和军舰使用。此外，美国专家提出，中国在非洲建立的电信网络以及基础设施，对美国构成相当大的“反情报”威胁，他们对中国在非洲国家获取手机和网络数据表示担忧。任职

① Justina Crabtree, “US’s Tillerson Warns African Nations Not to ‘Forfeit Their Sovereignty’ by Taking Chinese Loans,” CNBC, March 9, 2018, https://www.cnbc.com/2018/03/09/us-tillerson-warns-against-china-loans-to-africa.html.

② “Pompeo Says China’s Africa Lending Creates Unsustainable Debt Burdens,” Reuters, June 25, 2020, https://www.reuters.com/article/usa-china-africa-idINKBN23V2S3.

于美国传统基金会非洲和中东政策高级研究员乔希·马瑟维（Josh Meservey）认为，中国公司承建的电信网络覆盖非洲，来自中国的公司参与186个非洲国家政府部门大楼的施工，中国还向非洲方面赠送电脑等电子设备，这会带来情报方面的隐患。他还特别提及法国《世界报》有关中国情报部门侵入非盟总部大楼计算机系统并窃取机密数据的报道，称这类行动也会造成美国军事、外交和反恐情报的泄露。①

第三，中非军事安全合作。在中非经济合作之外，美国方面还越来越担心，中国利用“一带一路”建设不断扩展与非洲的军事安全关系，以保护中国在非洲的经济利益并扩大地缘政治影响力。“近年来，中国显著扩展了在非洲地区的军事存在，展开越来越多的海军巡航、军事训练项目、交流、港口访问、反海盗行动和联合演习。仅在2018年，中国人民解放军就在尼日利亚、喀麦隆、加纳和加蓬进行了演习。中国还提升了对联合国维和行动的贡献，派遣大约2400名中国军人承担联合国在非洲的行动”。② 美国前外交官、捍卫民主基金会（Foundation for Defense of Democracies）高级研究员克雷格·辛格尔顿（Craig Singleton）猜测称，中国除了在吉布提建立海外军事基地，还准备在纳米比亚、坦桑尼亚等国修建军事设施，中国已经在坦桑尼亚兴建用于军事人员训练的设施，中国国企也在投资建设该国的巴加莫约港。③ 此外，有统计数据显示，中国对非洲的武器销售数量已经超过美国。在首届中非防务安全论坛上，中方宣布要向非洲国家提供反海盗、反恐等领域的“全面支持”，包括技

① Joshua Meservey, “Government Buildings in Africa Are a Likely Vector for Chinese Spying,” Backgrounder, No. 3476, The Heritage Foundation, pp. 2–4; Joshua Meservey, Testimony on Looking Forward: U. S. -Africa Relations before the Subcommittee on Africa, Global Health, Global Human Rights, and International Organizations, House Foreign Affairs Committee, March 26, 2019, p. 2.

② Geoffrey York, “Parting the Red Sea: Why the Chinese and US Armies Are Fortifying This Tiny African Country,” *The Globe and Mail*, June 6, 2019.

③ Craig Singleton, “Beijing Eyes New Military Bases across the Indo-Pacific,” *Foreign Policy*, July 7, 2021.

术、装备、人员培训等。对此，美国海军学院学者克里·A. 摩尔（Kerry A. Moore）等人提出，这次论坛显示了中国对非政策的两点突出变化：一是中国希望通过提升对非安全关系来保护在非洲的中国利益；二是要强化中国作为非洲可靠的安全伙伴的声誉。[①] 在中国扩展对非安全关系的同时，特朗普政府却在减少对非援助包括安全援助，并考虑削减在非洲的驻军。

第四，意识形态和民主治理问题。美国担心中国与非洲的合作会给推动民主治理带来不良影响。2018 年 12 月，美国国会参议院军事委员会下属的新兴威胁和军力小组委员会就“中国在非洲存在和投资的影响”召开听证会。传统基金会非洲和中东政策高级研究员乔许·马瑟维在听证会上表示，中国试图在非洲国家政府间建立影响力，破坏了美国长期以来推广民主价值的努力。中国除加大“贿赂”和“贪腐”以赢得合约，还向非洲国家政府提供压制民众的手段和科技。史汀生中心高级研究员孙韵说，中国的威权主义和国家资本主义在非洲同时并进，中国政府为非洲的精英阶层提供奖学金，将意识形态加诸他们身上，期望未来他们在非洲复制“中国经验”，这一点和美国宣扬的民主精神背道而驰。[②] 战略与国际问题研究中心非洲项目主任贾德·德佛蒙特提出，中国对非洲学生发放的奖学金，已经超过了美国和英国。这方面的投资可能带来战略和战术的影响，使中国能够影响盟友并且培养其支持的下一代非洲领导人。针对美国如何与中国展开软实力方面的竞争，大西洋理事会高级研究员奥伯利·鲁比（Aubrey Hruby）称，美国应加大对非洲国家

---

① Kerry A. Moore and Jennifer Staats, “As Military Ties Deepen, China Advances Its Ambitions in Africa,” US Institute of Peace, July 18, 2018, https://www.usip.org/blog/2018/07/military-ties-deepen-china-advances-its-ambitions-africa.

② Hearing on Implications of China’s Presence and Investments in Africa, Subcommittee on Emerging Threats and Capabilities of the Senate Armed Services Committee, December 12, 2018, https://www.govinfo.gov/content/pkg/CHRG-115shrg35460/pdf/CHRG-115shrg35460.pdf.

创意产业、娱乐业、体育产业等行业的投入，推动奈飞（Netflix）、好莱坞等美国企业在非洲扩展业务，这不仅有利于促进美国的商业利益，还能够深化美国对非洲青年人群体的影响力，“推动美国媒体和娱乐业在非洲市场的扩张，不仅可以帮助美国公司，它还是针对基础设施融资的一种低成本、高影响力的替代方案，以维持美国在非洲大陆的积极形象”。他还建议，美国国际发展金融公司应对那些教育产业领域的私募基金或是企业进行投资，帮助后者开拓非洲国家的教育产业市场。比如，位于毛里求斯的“非洲领导力大学”希望在非洲各国开设开放式学习中心，为非洲大学生提供技能和领导力培训。美国方面可以对这类项目加大支持力度。[①]

## 二、吉布提与中美关系

东非地区国家吉布提扼守曼德（Bab el-Mandeb）海峡，历史上曾是法国的殖民地。吉布提虽然国土面积不大，但在印度洋和地中海之间的交通运输线上却占据重要位置，这条海运线路是世界上最繁忙的航道之一。美国、法国、意大利、西班牙、沙特、日本等国都在吉布提设有军事基地。吉布提是美军雷蒙内尔军事基地所在地，该基地开设于 2003 年，它是美军在非洲地区唯一的军事基地，约有 4000 名美军在此驻扎。雷蒙内尔军事基地对于美国在非洲和波斯湾地区开展反恐行动（如打击索马里的极端伊斯兰分子）以及情报搜集等任务，具有重要意义。

中国军队在吉布提的后勤保障基地于 2017 年 7 月设立，主要是为了完成联合国维和、人道主义救援、维护国际航道安全等任务。截至 2019 年 4 月，中国人民解放军海军舰艇部队在从 2008 年 12 月开始的亚丁湾护

① Aubrey Hruby, “Deconstructing the Dragon: China’s Commercial Expansion in Africa,” *Issue Brief*, Atlantic Council, July 2019, p. 17.

航行动中，已经派出30多批编队、100艘次舰艇、2.6万余名官兵，为1198批6600余艘中外船舶护航。当然，以吉布提为后勤保障基地，维护国际航道安全对于维护中国自身利益也是至关重要的，中国大约60%的原油进口、40%的贸易经由连接地中海和红海的苏伊士运河。在红海两岸、地中海和非洲之角等地区，有大量的中国侨民，维护其安全是中国军队的职责之一。然而，在中国政府当初向吉布提方面提出设立后勤保障基地时，美国方面立即展开了阻挠行动。最终，吉布提政府并未屈从于美国的压力，该基地顺利设立。

吉布提政府同意中国设立后勤保障基地的另一个重要原因，是该国希望在经济发展方面得到来自中国的支持。吉布提虽有地缘优势，但其过于依赖港口经济，该国贫困率高达40%，失业率超过60%。因此，吉布提非常期待吸引中国的投资来开发本国的基础设施，创造更多的就业岗位。美国全球发展研究中心的估算认为，中国在吉布提的主要项目投资额达到14亿美元。在一些西方国家人士看来，中国在吉布提加大投入，反映出中国对非洲政策的变化，即从重视资源获取转变为长期的战略伙伴关系，他们把中国在吉布提的行动视为一种“吉布提试验”。[①] 2018年2月，针对多拉莱（Doraleh）集装箱港口的运营业务，吉布提政府中止与阿联酋企业迪拜世界港口公司的相关合同，并于3月5日与新加坡太平船务有限公司签署新的协议。迪拜世界港口公司就此提出国际仲裁。然而，由于这家新加坡企业与招商局集团等中国企业存在多年合作关系，美国方面担心中国企业会最终控制这一港口。

中国在吉布提设立的后勤保障基地以及中国或会控制基地附近的多拉莱港口的运营，引发美国方面的强烈反应。2018年3月，美国国会众议院情报委员会主席德文·努内斯（Devin Nunes）在参加福克斯新闻台节目时表示，吉布提位于非洲之角地区，扼守红海入海口，中国在吉布

---

① François Dubé, "China's Experiment in Djibouti," *The Diplomat*, October 5, 2016.

提的基地以及投资有助于北京加强对世界贸易的控制，“如果他们愿意，他们能够有效地切断世界贸易”。同月，美军非洲司令部司令瓦尔德豪泽（Thomas Waldhauser）在美国众议院军事委员会作证时表示，他担心中国有朝一日会限制美国对该港的使用，而美军在吉布提、索马里和东非所需要的大约98%的后勤补给要通过多拉莱港运输。[①] 瓦尔德豪泽认为，对于美国来说，确保对该港口的使用权是一种“战略必需”（strategic imperative）。[②] 但是美方并不确定能否实现这一目标，担心中国对吉布提发挥更大的影响力。美军非洲司令部相关官员表示，“坦白说，他们（中方）占了上风，他们可以提供我们的伙伴想要和需要的东西”，“我们担心我们会在竞争中落败”。[③] 2018 年 11 月，共和党籍参议员马克·卢比奥（Marco Rubio）和民主党籍参议员克里斯托弗·库恩斯（Christopher Coons）联名致信美国国务卿蓬佩奥，称对中国未来控制多拉莱港产生的军事和政治后果感到担忧。2018 年 12 月，总统国家安全事务助理约翰·博尔顿表示，中国控制多拉莱港集装箱码头，将改变“非洲之角的势力平衡”，危及美国军方保护美国民众免受东非地区恐怖主义组织袭扰的能力。[④]

美方还担心，中国未来会利用吉布提的债务问题对该国加大控制。国际货币基金组织 2017 年发布的报告显示，过去两年，吉布提的公共债务占 GDP 的比率从 50%上升到 85%，其中大部分债务是和中国相关的。[⑤] 2018 年 8 月，美国哈里斯非洲伙伴公司总裁、白宫国家安全委员会前非

---

① “US Military Fears Being Outplayed by China in Africa as Power Struggle Heats Up,” Sputniknews, May 27, 2019.

② Geoffrey York, “Parting the Red Sea: Why the Chinese and US Armies Are Fortifying This Tiny African Country,” *The Globe and Mail*, June 6, 2019.

③ “US Military Fears Being Outplayed by China in Africa as Power Struggle Heats Up,” Sputniknews, May 27, 2019.

④ Geoffrey York, “Parting the Red Sea: Why the Chinese and US Armies Are Fortifying This Tiny African Country,” *The Globe and Mail*, June 6, 2019.

⑤ https://www.imf.org/external/pubs/ft/dsa/pdf/2017/dsacr1787.pdf.

洲事务高级主任格兰特·哈里斯（Grant Harris）在《时代》周刊撰文称，吉布提是美国在非洲最重要的军事基地所在地，由于接受大量中国贷款，吉布提的债务与GDP之比已经从2014年的50%上升至80%，如果吉布提因债务违约而将相关港口交给中国，那么美国在非洲和中东的军事能力将会受到严重威胁。[①] 扎克·维尔丁（Zach Vertin）是布鲁金斯学会研究海湾、非洲之角和红海地缘战略的高级研究员，还曾经担任奥巴马总统苏丹特使的高级顾问。他认为，中国扩大在吉布提的存在，促使红海地区的大国竞争进一步升温。布鲁金斯学会研究员杜如松（Rush Doshi）等人认为，中国在吉布提设立基地的真正目的，是为未来可能出现的大国冲突做准备，吉布提更像是中国军队全球化部署的测试用例（test case）。[②]

美国除了在言辞上对中国在吉布提的行动进行指责，还挑起了不少事端。中国设立的后勤保障基地，占地面积约36公顷，距离美军基地大约有10千米的距离。美军多次无端指责中国军队对其采取不负责任的行动。2018年5月，美方称中方用激光照射美军运输机，导致两名美军士兵眼睛受伤。2018年12月，总统国家安全事务助理约翰·博尔顿在公开演讲中声称，中国军队制造的此类事故多达10起。2019年6月，美军非洲司令部情报主管海蒂·伯格（Heidi Berg）海军少将对媒体表示，中方试图限制美方飞机对“国际空域”的使用，还针对美军基地采取了“侵入行动”（intrusion activity）。对于这些指责，中方予以驳斥，并批评美军派遣侦察机在中方基地上空进行侦查。在中国设立基地后，美国方面

---

① Grant Harris, “China Is Loaning Billions of Dollars to African Countries. Here's Why the US Should Be Worried,” *Time*, August 30, 2018, https://time.com/5381467/china-africa-debt-us-security/.

② 斯洋：《中国海军亚丁湾护航和红海上的大国竞争》，美国之音，2019年4月20日，https://www.voachinese.com/a/us-china-red-sea-rivalry-20190419/4883737.html; Ryan Hass, Bruce Jones, and Jennifer Mason (ed.), *China's Belt and Road: The New Geopolitics of Global Infrastructure Development*, The Brookings Institution, April 2019, p. 12, https://www.brookings.edu/wp-content/uploads/2019/04/FP_20190419_bri_interview.pdf.

进一步加大了对美军基地的建设力度，花费 10 多亿美元进行升级整修，并将付给吉布提政府的用地租金翻倍至每年 6300 万美元。[①]

与哪些国家进行合作，是一国的主权权利，吉布提政府并不希望中美在该国产生矛盾和冲突，也对西方国家人士大谈所谓中国的“债务陷阱”等问题心存不满。美国总统国家安全事务助理约翰·博尔顿诬称，中国用贿赂、不透明协议和债务来促使非洲国家满足北京的愿望和要求，如果中国控制多拉莱港口，东非地区的实力均衡就会朝着有利于中国的方向改变。吉布提港务和自由贸易区管委会主席阿布贝克·奥马尔·哈迪（Aboubaker Omar Hadi）将博尔顿的这番言论视为一种“宣传”，他认为吉布提人有足够的“本地专业能力”来管理好港口。[②] 他还指出，在港口问题上美国方面散布了“不实信息”（misinformation），“美国政治人士被操纵了，他们得到的是错误信息，他们离非洲和吉布提太远了”。[③] 吉布提经济、财政与工业部长伊利亚斯·穆萨·达瓦莱（Ilyas Moussa Dawaleh）在接受加拿大媒体采访时表示，“我们感谢中国人帮助我们发展基础设施，我们也想要其他的伙伴帮助我们，而不只是和我们谈中国的债务陷阱。或许他们认为他们在攻击中国，但他们是不尊重非洲人。我们足够成熟，清楚知道我们在为我们的国家做些什么”。针对中美两国在吉布提的互动关系，他称，“我们很高兴我们的朋友在这里，但我们不想因为我们的慷慨大方而受伤害”，“各大国会不会在吉布提发生冲突？它们不应该冲突。这不符合我们的利益，也不符合它们的利益。两个超

---

① Geoffrey York, “Parting the Red Sea: Why the Chinese and US Armies Are Fortifying This Tiny African Country,” *The Globe and Mail*, June 6, 2019.

② Nizar Manek, “Djibouti Needed Help, China Had Money, and Now the US and France Are Worried,” Bloomberg, April 7, 2019.

③ Geoffrey York, “Parting the Red Sea: Why the Chinese and US Armies Are Fortifying This Tiny African Country,” *The Globe and Mail*, June 6, 2019.

级大国可以从本地区的稳定而不是不必要的冲突中获得更多益处”。[①]

## 第三节　特朗普政府的新非洲战略

特朗普政府上台初期，对非洲总体上采取轻视态度，迟迟没有任命主管非洲事务的官员和驻非洲国家使节。特朗普还宣布，终止实施“以人权、发展、经济增长和人道主义援助为主的非洲议程”，将美国对非洲国家的援助削减30%，用于“总统艾滋病紧急救援计划”（President's Emergency Plan for AIDS Relief）的10亿美元经费也被取消。此外，特朗普政府还缩减了用于非洲减贫行动的援助经费。[②] 更有甚者，特朗普将非洲国家称为“粪坑”（shithole），引起非洲联盟以及很多非洲国家的强烈抗议。[③] 与之形成鲜明对比的是，中国方面持续深化与非洲的关系，在2018年9月中非合作论坛北京峰会上，中非双方决定构建更加紧密的中非命运共同体。在此背景下，特朗普政府逐步加大了对中美在非洲地区竞争的关注度，并推出相关举措。[④]

2018年12月，特朗普政府发布任内首个非洲战略，提出三大核心目标：一是加强美国与非洲的经贸合作，促进美非共同利益；二是打击恐怖主义和暴力冲突；三是确保美国纳税人的援助资金得到有效利用。这

---

① “Djibouti's Debt-defying Stunt: Taking China's Money without Accepting China's Control,” *The Globe and Mail*, July 16, 2019.

② 从经济和社会角度看，美国对非政策框架下包括以下主要法案、倡议和规划：The African Growth and Opportunity Act, the President's Program for Emergency AIDS Relief, the President's Malaria Initiative, the Young African Leaders Initiative, Power Africa, Feed the Future, the Trade and Investment Hubs, and the Millennium Challenge Corporation。

③ “Trump's ‘Shithole’ Rremarks Spur International Anger,” Aljazeera, January 12, 2018, https://www.aljazeera.com/news/2018/1/12/trumps-shithole-remarks-spur-international-anger.

④ Nicholas Westcott, “The Trump Administration's Africa Policy,” *African Affairs* 118, no.473 (2019): 737-749.

一战略的立足点是更好地利用现有资源，而不是增加美国的投入。在经济方面，特朗普政府提出“繁荣非洲”（Prosper Africa）倡议，希望与非洲国家重新商谈既有的贸易协定，建立“对等”的伙伴关系。特朗普政府将对非政策的重心从实施发展援助变为促进投资，包括拨款5000万美元为那些想要进入非洲国家市场的美国企业提供“技术支持”。美国国务院负责非洲事务的助理国务卿蒂伯·纳吉（Tibor P. Nagy Jr.）称，一些非洲国家对援助日益依赖，他对这种状况感到失望；美国今后的政策是寻求推动这些国家走向“自力更生”，建立能够吸引大量投资的环境。他表示，世界没有足够的发展援助资金来引领非洲实现发展，但拥有充足的外国直接投资来实现这一目标。[①] 特朗普政府的非洲新战略提出，美国对非洲国家的援助将得到重大改革，尤其是减少对在人权和治理问题上令美国不满的国家如苏丹的援助金额，“那些在国际场合屡次投票反对美国或采取不符合美国利益行动的国家不应获得来自美国的慷慨对外援助”，“我们的目标是促使受援国能够自立，防止形成长期的依赖”。截至2020年11月，“繁荣非洲”倡议帮助推进了在30多个非洲国家的超过280个项目，规模约为220亿美元。[②]

在安全方面，特朗普政府的主要关切是反恐，注重提升非洲国家自身的安全能力，正如这份非洲战略所言，“我们的目标是该地区的国家能够在它们自己的所在区域承担起和平与安全的主导权（ownership）”。特朗普政府提出，美国将延续与肯尼亚、索马里、利比亚、马里等国的安全伙伴关系，并推动在非洲地区复制“萨赫勒五国集团联合部队”（G5

① “Briefing on U.S. Policy in Africa with Ambassador Tibor P. Nagy, Jr.,” US Department of State, October 23, 2018, https://2017-2021.state.gov/briefing-on-u-s-policy-in-africa-with-ambassador-tibor-p-nagy-jr/index.html.

② Nicolas Cook and Brock R. Williams, *The Trump Administration's Prosper Africa Initiative*, Congressional Research Service, November 7, 2020, https://sgp.fas.org/crs/row/IF11384.pdf.

Sahel Joint Force)[①] 这类安全治理模式，有效打击恐怖主义、跨国有组织犯罪、人口贩卖等。美国国防部在另一份对非洲的战略文件中提出四项主要任务：一是支持美国应对非洲安全挑战的“全政府”努力；二是利用国际伙伴关系实现相关安全目标；三是保持战略介入（access）力和影响力；四是寻求低成本、资源投入可持续、创新性的安全解决方案。[②] 针对在非洲地区的维和行动，特朗普政府强调美国将重新评估对联合国维和行动的支持，“我们将仅支持有效的、高效率的行动，我们将寻求对那些无法实现其自身目标或促进长久和平的任务进行合理化、充实或终止”。

应看到，特朗普政府的新非洲战略具有十分鲜明的与中国竞争的色彩。[③] 2018 年 12 月，总统国家安全事务助理约翰·博尔顿在美国传统基金会发布该战略时，首先就谈及中国因素。他诬称，中国和俄罗斯在非洲地区采取带有“掠夺性”的行动，美国则是其主要受害者，这些行动是“一带一路”倡议等中国更大战略的一部分，其最终目标是实现中国在全球的主导。“大国竞争对手，即中国与俄罗斯，正在迅速扩大它们在整个非洲的金融和政治影响力。它们在该地区的投资有意瞄准有助于取得对美国的竞争优势的地方”。博尔顿还专门提及赞比亚欠下中国的 60 亿—100 亿美元的债务以及吉布提与中国的关系，声称中国正在非洲寻求更多的政治、经济和军事力量，“中国通过使用贿赂、不透明协议以及对债务进行战略性利用，使非洲国家被北京的所愿所需俘获”，“中国的投资项目充斥腐败，达不到与美国发展项目同样的道德和环境标准”。在回答听众提问时，博尔顿又多次提及中国，称中国在非洲进行“全面的干

---

① 五国包括毛里塔尼亚、尼日尔、乍得、布基纳法索和马里。

② Michelle Lenihan, Testimony before US House of Representatives Committee on Foreign Affairs, “Democracy, Development, and Defense: Rebalancing US-Africa Policy,” May 16, 2019.

③ David H. Shinn and Joshua Eisenman, “China Has Nothing to Fear from America’s Africa Strategy, as It’s Largely Bluster,” *South China Morning Post*, January 28, 2019.

预”（comprehensive intervention），美国和整个西方应该警醒起来。[①] 长期研究非洲问题和中非关系的美国学者、得克萨斯大学奥斯汀分校公共事务学院助理教授马佳士（Joshua Eisenman）等专家认为，博尔顿的发言几乎在所有方面都针对中国，试图将中国描述为“坏家伙”，这份非洲战略的“焦点就是对抗中国在非洲的商业、安全和政治影响力”。[②]

无疑，特朗普政府推动的新非洲战略，是其深化对华战略竞争的重要组成部分，将会对中非“一带一路”合作带来影响。这主要包括以下五个方面。

第一，美国力图在促进贸易方面强化与中国的竞争。特朗普政府提出的“繁荣非洲”倡议，旨在为美国企业打开非洲市场，提升非洲商业环境，从而“使美国能够与中国和其他在非洲有商业利益的国家进行竞争”。[③] 这其中，美方高度重视应对非洲的“青年人膨胀”（youth bulge）问题，希望通过“繁荣非洲”倡议争取更多非洲青年的支持。据预测，在2050年前非洲人口将翻倍至22亿人，其中约60%是年龄在25岁以下的青年人。[④] 此外，到2030年，非洲年消费和商业支出将达到6.7万亿美元。为扩展美国在非洲的经济利益，特朗普政府提出要促进“自由、公平、对等的美非贸易”，并决定将《非洲增长与机遇法》的有效期延长

① John Bolton, “A New Africa Strategy: Expanding Economic and Security Ties on the Basis of Mutual Respect,” *Lecture*, No. 1306, February 20, 2019, The Heritage Foundation, pp. 3-7, https://www.heritage.org/sites/default/files/2019-02/HL1306.pdf.

② David H. Shinn and Joshua Eisenman, “China Has Nothing to Fear from America's Africa Strategy, as It's Largely Bluster,” *South China Morning Post*, January 28, 2019; Michael Shurkin, “The Good and Bad of the Trump Administration's New Africa Strategy,” *The Hill*, December 20, 2018; Witney Schneidman and Landry Signé, “The Trump Administration's Africa Strategy: Primacy or Partnership?” The Brookings Institution, December 20, 2018, https://www.brookings.edu/blog/africa-in-focus/2018/12/20/the-trump-administrations-africa-strategy-primacy-or-partnership/.

③ “U.S. Economic Engagement in Africa: Making Prosper Africa a Reality,” CSIS, April 2019, p. Ⅳ.

④ Tibor P. Nagy, Jr., Testimony before US House of Representatives Committee on Foreign Affairs, “Democracy, Development, and Defense: Rebalancing US-Africa Policy,” May 16, 2019.

至2025年。自2000年以来，美国仅与摩洛哥签署双边自由贸易协定，仅与卢旺达达成双边投资条约。2020年2月，特朗普政府宣布与肯尼亚开启自贸协定谈判，此外，美国还有意与毛里求斯、加纳等国展开谈判。在次区域层面，2008年，美国和“南部非洲关税联盟”（成员国包括南非、博茨瓦纳、莱索托、斯威士兰和纳米比亚）达成《贸易、投资和发展合作协定》（TIDCA），美国力图在此基础上进一步推出贸易便利化安排。此外，已有40多个非洲国家签署《非洲大陆自由贸易区协定》（AfCFTA），该协定致力于建立非洲大陆12亿人口、GDP总额约3.3万亿美元的单一市场。这为美国深化与非洲的贸易关系带来机遇。美国贸易代表莱特希泽称，美国将支持该协议“实现所有的潜力”。[①] 战略与国际问题研究中心非洲项目主任贾德·德佛蒙特就中美在非洲地区的经贸竞争提出，美国应利用科技优势在农业、再生能源和金融服务等领域为非洲提供支持。他还建议美国增加与非洲领导人的联系，与印度和日本等国共同在非洲应对中国的扩张。[②]

第二，特朗普政府加大对非洲国家基础设施建设的支持，尤其注重在数字基建领域形成针对中国的优势。美国方面启动“连接非洲”项目，针对非洲的交通运输产业投资超过10亿美元。由于非洲国家的数字经济发展前景良好，电信通信行业被美国专家视为应格外重视的竞争领域。美国贸易和发展署设立“接入非洲”（Access Africa）倡议，与美国商业界一同在非洲国家开发“高质量信息和通信技术基础设施与服务”。[③] 此

① Rosa Whitaker and Stephen Lande, “U. S. Trade Is Key to Driving Africa’s Post-Coronavirus Recovery,” *US News*, June 3, 2020, https://www.usnews.com/news/best-countries/articles/2020-06-03/us-trade-is-key-to-driving-africas-post-coronavirus-recovery.

② Judd Devermont, Statement before Subcommittee on Emerging Threats and Capabilities, Senate Armed Services Committee, “Implications of China’s Presence and Investment in Africa,” December 12, 2018, https://csis-website-prod.s3.amazonaws.com/s3fs-public/congressional_testimony/ts181212_Judd_Devermont.pdf.

③ “Africa: USTDA Launches Access Africa Initiative,” All Africa, June 14, 2019, https://allafrica.com/stories/201906200006.html.

外，特朗普政府新设立“国际发展金融公司”，该机构的前身“海外私人投资公司”（OPIC）推动的项目中有四分之一在非洲地区，平均每年对非洲的投资额约为10亿美元。海外私人投资公司总裁雷·沃什伯恩2018年7月在南非表示，美国将在非洲的基础设施投资领域与中国展开竞争。他对中资企业主导的项目（如赞比亚首都卢萨卡机场扩建）提出批评，并称“美国不会选择没有经济效益的项目”。国际发展金融公司拥有的资金额达到海外私人投资公司的两倍，可以使用当地货币提供贷款担保、开展股权投资、向相关国家提供技术援助/可行性研究支持等。[①]国际发展金融公司与美国国务院、美国国际开发署密切合作，促进美国在非洲地区的经济接触。美国政府希望利用国际发展金融公司的灵活性，推动美国私营企业在非洲等地区开展投资经营的意愿。大西洋理事会高级研究员奥伯利·鲁比认为，美国应在自身具有优势的基础设施领域加大与中国的竞争，如可再生能源、石油开采与工程、能源管理、智慧城市、金融科技等。他提出，美国IBM公司已经在肯尼亚首都内罗毕、加纳首都阿克拉、南非城市茨瓦内等地设立“更智慧城市挑战团队”（Smarter Cities Challenge Teams），帮助当地解决交通拥堵等问题。鲁比建议国际发展金融公司与IBM、微软、甲骨文、思科等公司在非洲市场展开合作，促进智慧城市、网络安全、数据中心等的建设。美国另一个涉及海外基础设施建设的机构“千年挑战集团”可直接与某些城市而不是所在国政府签订合作协议，更加灵活地推动相关合作。[②]

第三，美国方面渲染“债务陷阱”等问题，破坏非洲国家与中国的合作关系，利用多边方式加大对华施压。联合国非洲经济委员会执行秘书薇拉·松韦（Vera Songwe）2018年11月在《金融时报》撰文称，非

---

① *The Build Act*, OPIC, https://www.opic.gov/build-act/faqs-build-act-implementation.

② Aubrey Hruby, "Deconstructing the Dragon: China's Commercial Expansion in Africa," *Issue Brief*, Atlantic Council, July 2019, pp. 15-18.

洲 20 多个低收入国家的债务水平较高，国际货币基金组织等对此已经发出警告，但是中国贷款对非洲国家的债务影响是有限的，不应成为决策者关注的重点。① 然而，美国仍继续抹黑中非合作，炒作“债务陷阱”风险。② 美国智库专家建议更好地利用国会平台引起各方对“债务陷阱”的关注，包括向非洲国家派遣更多跨党派的美国国会议员代表团。然而，对于“债务陷阱”问题，美国知名非洲问题专家、约翰斯·霍普金斯大学教授博黛蓉提出了不同看法。她本人主持约翰斯·霍普金斯大学中非研究倡议（China-Africa Research Initiative）项目，该项目收集了关于 2000—2017 年中国在非洲 1000 多笔贷款的信息，总额超过 1430 亿美元。基于实证研究，她认为所谓“一带一路”的债务风险被夸大了。2019 年 4 月，博黛蓉在《纽约时报》刊文称：“以非洲为例。国际货币基金组织估计，截至 2017 年底，约 17 个非洲低收入国家已陷入或面临‘债务危机’的风险，或在偿还公共债务上面临困难。基于我们关于中国贷款的数据，以及世界银行和国际货币基金组织的统计数据，我们在中非研究倡议项目为这些国家建立了债务档案——而我们发现大量全球性银行和债券持有者牵扯其中：在莫桑比克较为显著的是瑞士信贷（Credit Suisse）；在乍得则是英瑞合资的矿业巨头嘉能可（Glencore）。在包括喀麦隆和埃塞俄比亚在内的国际货币基金组织认定为面临风险的 17 个国家中，有一些国家的最大债权人是中国，但多数债务的持有人仍然是非中国借贷方。只有在吉布提和赞比亚，中国的贷款占其国家公共债务的半数或半数以上。”③

---

① Vera Songwe, “African Must Demand Loans Are Made in Local Currencies,” *Financial Times*, November 25, 2018.

② 尼日利亚国际事务研究所国际经济关系项目主任伊凡姆·乌比（Efem Nkam Ubi）认为，“非洲国家欠西方国家和金融机构的债务要多于欠中国的……非洲不应当允许‘中国怀疑论’（Sino-Skepticism）破坏与中国的投资合作”。Efem Nkam Ubi, “How Africa Can Benefit from China’s Belt and Road,” *Financial Nigeria*, June 2019.

③ Deborah Brautigam, “Is China the World’s Loan Shark?” *The New York Times*, April 29, 2019.

第四，美国渲染涉及中国的负面论调，并力图通过培训相关国家政府官员和记者等方式对中国进行施压。美国方面持续炒作中国对非洲倾销廉价商品、中资项目破坏环境、中国企业不愿雇佣当地劳工、中国获取非洲土地等问题。美国众议院外交委员会主席艾德·罗伊斯（Ed Royce）称，美国应为非洲“提供竞争性选择，替代中国的政府主导模式”。一些美国人士诬称，中国的贷款和投资会使非洲国家的腐败问题更加严重，破坏这些国家的治理能力。大西洋理事会高级研究员奥伯利·鲁比称，美国和英国的公司必须遵守有力的国内反腐败法律，例如，美国的《反海外腐败法》（*Foreign Corruption Practice Act*）和英国的《贿赂法》（*Bribery Act*）；但中国公司经常违反《联合国反腐败公约》，近年来在肯尼亚、刚果民主共和国、阿尔及利亚等非洲国家出现了多起针对中国企业的腐败指控；美国方面应继续要求中国严格遵守《联合国反腐败公约》，美国司法部、财政部应支持非洲国家政府对外国企业的腐败行为开展调查。[①] 由此，美国试图在能力建设领域加大对非洲国家的“支持”，包括促进相关国家的政府采购改革、完善项目招投标程序、加大对相关官员的培训等。美国贸易代表办公室负责推动的“全球采购倡议”（GPI）加大了对非洲国家政府官员的培训力度。据统计，从2013年到2016年，该项目邀请了来自发展中国家的775名官员，但其中仅有115名来自非洲国家。2018年以来，美国贸易代表办公室强化了与肯尼亚等非洲国家的联系。[②] 美国国际开发署更加注重相关国家的选举和民主能力建设，包括为非洲国家的司法改革提供协助、培训选举管理机构的官员、支持那些

① Aubrey Hruby, “Deconstructing the Dragon: China’s Commercial Expansion in Africa,” *Issue Brief*, Atlantic Council, July 2019, pp. 9-10.

② “USTDA Expands Partnership with Kenya, Creating Opportunities for U. S. Businesses,” USTDA, August 27, 2018, https://ustda.gov/news/press-releases/2018/ustda-expands-partnership-kenya-creating-opportunities-us-businesses.

从事公民和选民教育的当地组织等。[①] 战略与国际问题研究中心非洲项目主任贾德·德佛蒙特称，“美国应支持非洲的民主，支持民主机构、公民社会和记者来检查中国的恶性活动，包括腐败。在肯尼亚、加纳和赞比亚，记者揭露了中国的不端和负面行为。这一点至关重要，因为我们看到中国试图在非洲新闻界压制反华言论的例子。华盛顿可以揭露中国正在做的事情”。奥伯利·鲁比也提出，“在非洲市场，有力的和专业化的商业媒体对外国公司的不良行为可以发挥重要的制衡作用”，美国媒体彭博社在2014年发起了一项非洲媒体倡议，为商业媒体的记者提供培训，美国政府应当与彭博社等机构合力扩大相关项目的影响。[②]

第五，美国加大关注和牵制中国在安全领域与非洲国家的合作，限制中国对非洲国家安全事务的影响力。2019年5月，美国国防部负责非洲事务的代理助理防长帮办米歇尔·乐尼汉（Michelle Lenihan）在众议院对外事务委员会作证时表示，美国在非洲面临“复杂而动荡的安全环境，以来自其他大国的竞争和侵犯性行为以及来自恐怖主义团体、暴力极端主义组织、非法走私者和跨国犯罪组织的持续威胁为标志”。[③] 如前所述，美方对中国在非洲扩展军事安全影响力非常警惕，美国国会议员、美军非洲司令部高官等都提出要深入调查中国在非洲获取安全影响力的行动。尤其是美国意欲加强对中国在吉布提后勤基地的监视和侦察。美国将利用反恐问题维护其在非洲的战略地位，这也是对中国进行牵制的一种方式。特朗普政府《国家安全战略报告》将非洲定位为重要反恐合作伙伴。美国《国家防务战略》将“应对重大恐怖主义威胁”作为推进

---

① Ramsey Day, Testimony before US House of Representatives Committee on Foreign Affairs, “Democracy, Development, and Defense: Rebalancing US-Africa Policy,” May 16, 2019, pp. 2-4.

② Aubrey Hruby, “Deconstructing the Dragon: China's Commercial Expansion in Africa,” *Issue Brief*, Atlantic Council, July 2019, p. 16.

③ Michelle Lenihan, Testimony before US House of Representatives Committee on Foreign Affairs, “Democracy, Development, and Defense: Rebalancing US-Africa Policy,” May 16, 2019.

美非安全关系的核心目标，称将与非洲国家和非盟合作削弱恐怖主义势力，并强调要“限制非洲域外大国的恶性影响力”。[①] 近年来，美军在54个非洲国家中的至少49个国家开展了相关军事行动，包括特种作战、军事演习和训练等。[②] 在索马里，美军派遣500人特种部队，对恐怖组织“沙巴布”进行打击。美方还为萨赫勒五国集团联合部队提供6000万美元的支持。美国将扩大反恐方面的援助和培训，包括与苏丹等国加强反恐合作。应看到，美国在非洲推进反恐不仅要靠五角大楼和军队的力量，也借助美国国务院（主要是反恐局）、国际开发署等民事机构负责运作的大量项目，这为美国在非洲国家提升安全影响力提供了重要支撑。这些项目包括“跨撒哈拉反恐伙伴”（Trans-Sahara Counterterrorism Partnership）计划及其下设的“和平之声项目”（Voices for Peace Project），“东非地区反恐伙伴”（Partnership for Regional East Africa Counterterrorism）计划，“加强社区针对极端主义的弹性”（Strengthening Community Resilience Against Extremism）项目，“和平、稳定与和解项目”（Peace，Stabilization and Reconciliation Project）。此外，彼得森国际经济研究所、丹佛大学经济学教授卡伦·亨德里克斯（Cullen Hendrix）认为，军售是衡量国家之间战略伙伴关系的重要指标，军售是“中国政府在非洲大陆扩展影响力的一种机制”。[③] 美国将加大对尼日利亚等国的军售力度，大力防范中国借助武器贸易等方式增强安全影响力。

值得注意的是，在“非洲之角”等特定地区和部分战略支点国家，美国将加大与中国的“争夺”。埃塞俄比亚、吉布提、索马里、厄立特里

---

① *Summary of the 2018 National Defense Strategy of the United States of America: Sharpening the American Military's Competitive Edge*, p. 10.

② Geoffrey York, “Parting the Red Sea: Why the Chinese and US Armies Are Fortifying This Tiny African Country,” *The Globe and Mail*, June 6, 2019.

③ Cullen S. Hendrix, “Arms and Influence? Chinese Arms Transfers to Africa in Context,” PIIE, July 15, 2020, https://www.piie.com/blogs/realtime-economic-issues-watch/arms-and-influence-chinese-arms-transfers-africa-context.

亚位于“非洲之角”地区，冷战时期美国与苏联在“非洲之角”展开激烈的竞争。近年来，美国对中国在“非洲之角”地区影响力的上升倍感忧心。特朗普政府高官多次到访该地区。美国还试图利用埃塞俄比亚国内政治变局，推动该国采取疏远中国的政策。美国国际开发署非洲局负责官员拉姆西·代伊（Ramsey Day）称，“在埃塞俄比亚发生历史性转变的时刻，我们集中精力开展切实的、有针对性的干预，这将使美国接触的影响最大化”。[①] 此外，美国将肯尼亚视为落实非洲战略的支点国家，特朗普执政后，肯尼亚每年获得来自美国的一亿多美元的安全援助。美国方面还力图通过炒作中国企业在肯尼亚铁路项目的“腐败”问题，干扰中肯围绕“一带一路”的合作。

虽然特朗普政府力图加大在非洲地区的对华竞争，将中国与非洲的接触视为对美国推动非洲民主化和可持续发展的重大挑战，但也有一些美国学者愿意重新审视“一带一路”以及中国在非洲的积极作用，并认为中美在非洲仍可以展开合作。应该说，非洲的稳定与繁荣符合中美共同利益，中美在非洲并不必然陷入零和博弈，在两国都加大对非洲的关注和投入的情况下，需大力探索中美良性互动之道。比如，美国知名非洲问题学者博黛蓉凭借丰富的实地调查资料写就《龙的礼物：中国在非洲的真实故事》一书，肯定了中国在改善基础设施、创造就业岗位、提供医疗和教育援助等方面对非洲国家做出的贡献。美国战略与国际问题研究中心非洲项目主任贾德·德佛蒙特认为，“在中国那些威胁美国利益的行动和那些无害的或是有互补性的行动之间做出明确区分，这是至关重要的”。[②] 战略与国际问题研究中心的另一位学者珀尔·里斯伯格（Pearl Risberg）认为，“‘一带一路’逐步显现的经济影响并不必然对美

① Ramsey Day, Testimony before US House of Representatives Committee on Foreign Affairs, “Democracy, Development, and Defense: Rebalancing US-Africa Policy,” May 16, 2019, p. 4.

② Judd Devermont, Statement before the Senate Armed Services Committee Subcommittee on Emerging Threats and Capabilities—Implications of China’s Presence and Investment in Africa, December 12, 2018.

国的繁荣或是全球发展构成一种威胁。审视在非洲地区的‘一带一路’项目，可以揭示有关这一倡议在发展中国家如何发挥作用的微妙现实”，如果只是从最坏情景看待“一带一路”，“美国就会丧失支持非洲国家发展以及与中国寻求共同基础（an area of common ground）的机遇”。她认为，在基础设施领域，“通过增强美国对非洲基础设施建设的参与程度，在美中（利益）重合之处谨慎地协调双方努力，并将美国的采购和透明度标准带到非洲地区，非洲国家和美国都可以从中国在非洲的投资建设中获益。进一步而言，对于美国与中国进行接触并成为伙伴以及两国追求建设性的共同愿景来说，这些非洲国家可以为之带来一种机遇”。[①] 卡内基国际和平基金会高级研究员裴敏欣称，美中虽然陷入战略竞争，但仍可以在拥有共同利益（overlapping interests）的方面进行合作，比如在苏丹和南苏丹地区，结束两个非洲国家内部的暴力、保护人权是美国的利益，而实现两国的稳定有助于维护中国能源投资的安全。此外，索马里也可以是美中合作的对象，维护商业运输航线的安全是两国的共同利益。[②] 布鲁金斯学会高级研究员孙韵认为，由于“一带一路”是中国政府提出的倡议，美国政府与中国政府之间很难在非洲进行合作，但是中国企业和美国企业在非洲基础设施项目上的合作却在增强，尽管中国的项目和融资倾向于投向中国企业，但是一些美国公司所具有的技术优势让它们也能从中国的大规模行动中获益。[③]

---

① Pearl Risberg, “The Give-and-take of BRI in Africa,” New Perspectives in Foreign Policy, CSIS, April 8, 2019, pp. 43-45, https://www.csis.org/give-and-take-bri-africa.

② Minxin Pei, “International Development Cooperation in the Age of US-China Strategic Rivalry,” Brookings Blum Roundtable, 2019, pp. 1-4.

③ Sun Yun, “China's Changing Approach to Africa,” in *Foresight Africa: Top Priorities for the Continent in 2019*, Africa Growth Initiative, The Brookings Institution, January 2019, p. 106, https://www.brookings.edu/wp-content/uploads/2019/01/BLS18234_BRO_book_007_WEB.pdf.

# 第八章

# 中美在中东地区的博弈

中东地区是三洲（亚洲、欧洲、非洲）五海（里海、黑海、地中海、红海、阿拉伯海）交界之地。该地区拥有极为丰富的能源资源，而且博斯布鲁斯海峡、达达尼尔海峡、曼德海峡与霍尔木兹海峡四大海上通道也提高了中东地区的地缘战略重要性。近年来，中东国家普遍采取一种“向东看”的政策取向，重视发展与中国的关系，“一带一路”建设为中国深化与中东国家合作提供了新的平台，它受到中东国家的普遍欢迎和支持。“一带一路”对于中东地区的安全局势也具有潜在的正面影响，正如以色列希伯来大学杜鲁门和平研究所研究员迈克尔·坦切姆（Michael Tanchum）所言，“一带一路”是中国重新绘制欧亚大陆商业联通性地图的努力，它将对中东产生深远影响，中东地区各类冲突中的行为者也有望为支持“新的商业联通体系”而选择减缓对抗。① 然而，中东也是美国外交和军事安全资源重点投入的区域，美国对中国在中东地区影响力的上升有所警觉。特朗普政府推动的对华战略竞争，对“一带一路”在中东地区的推进也造成了冲击。

---

① Michael Tanchum, “China's One Belt, One Road Reshapes MidEast,” *The Jerusalem Post*, January 24, 2017.

# 第一节 “一带一路”在中东地区的推进

过去几百年来，由于复杂的宗教和族群关系、激烈的大国博弈等因素，中东成为世界上安全热点最为集中、各类冲突最为交织的地区之一。特别是进入21世纪以来，随着美国发动阿富汗和伊拉克战争，中东地区秩序进入新一轮的重塑期，沙特、伊朗、土耳其等地区大国竞相缠斗，一些极端主义和恐怖主义势力利用该地区的社会经济矛盾、教派族群矛盾、地缘政治矛盾等趁势“做大”。中东经济发展缺乏亮眼表现，地区国家财政收入过于依赖油气出口，国内发展和对外贸易格局的调整难以推进。面对地区乱局和变局，很多中东国家都在努力寻求可持续的、多元化的经济发展之道，并期待能够搭上中国发展的快车，与亚太地区不断深化联系，“一带一路”建设为此提供了重要机遇。[①]

## 一、中国与阿拉伯国家的合作

沙特、埃及、伊拉克等阿拉伯国家与中国的交往源远流长，中国长期支持阿拉伯民族解放运动，从1956年到1990年，中国同22个阿拉伯国家建立了外交关系。2004年，中国—阿拉伯国家合作论坛（下称“中阿合作论坛”）成立，以加强对话与合作、促进和平与发展为宗旨，该合作论坛下设10余个机制。中国还同海湾阿拉伯国家合作委员会建立了战略对话机制。阿拉伯国家已经成为中国第一大原油供应方和第七大贸易伙伴，考虑到中国对能源资源的巨大需求以及经济外向型发展的现实，

① Mordechai Chaziza, “The Gulf States and the New Silk Road,” July 18, 2019, https://www.algemeiner.com/2019/07/18/the-gulf-states-and-the-new-silk-road/.

中国需要与阿拉伯国家携手共建“一带一路”。[①] 2014 年 6 月，习近平主席在中阿合作论坛第六届部长级会议开幕式上致辞时表示，“中国同阿拉伯国家因为丝绸之路相知相交，我们是共建‘一带一路’的天然合作伙伴”。

当前和未来一个时期，中国与阿拉伯国家在“一带一路”框架下的合作主要围绕以下四个方面。第一，构建以能源合作为主轴，以基础设施建设和贸易便利化为两翼，以核能、航天卫星、新能源三大高新领域为突破口的“1+2+3”合作格局。第二，进一步扩大中阿务实合作，双方共建的重要项目包括中阿技术转移中心、阿拉伯和平利用核能培训中心以及“北斗”卫星导航系统落地阿拉伯项目。第三，扩展中阿金融合作，加强双方央行间货币合作，商讨扩大跨境本币结算和互换安排，加大融资保险支持力度等。第四，增进中阿人文交流，包括组织上万名双方艺术家互访，推进“中约大学”建设，面向阿拉伯国家实施“杰出青年科学家来华计划”等。

2016 年 1 月，习近平主席对中东地区展开历史性访问。习近平在阿拉伯联盟总部发表演讲，他特别提到了所谓“中东之问”。他说：“中东是一块富饶的土地。让我们感到痛心的是，这里迄今仍未摆脱战争和冲突。中东向何处去？这是世界屡屡提及的‘中东之问’。”虽然中国不可能仅凭一己之力来解决中东地区的麻烦，但仍尝试提出“中国方案”。习近平强调，化解分歧，关键要加强对话；破解难题，关键要加快发展；道路选择，关键要符合国情。在演讲中，习近平提出，中方支持建立新的中东问题促和机制，决定向巴勒斯坦提供 5000 万元人民币无偿援助，2016 年再向叙利亚、约旦、黎巴嫩、利比亚、也门人民提供 2.3 亿元人民币人道主义援助。习近平此访期间，中国方面与沙特、埃及和伊朗签署了 50 多项合作文件。无疑，中东能否真正走出困境最终还要靠地区国

① Jonathan Fulton, *China's Changing Role in The Middle East*, The Atlantic Council, June 2019, pp. 3-6.

家自身，仅有中国的努力是远远不够的。这正体现了“一带一路”合作的核心特性——“共商、共建、共享”。中国既没有意愿更没有能力去主导中东地区国家。习近平的访问虽然表明中国正在对其中东外交政策进行深度调整，更加积极地寻求“创造性介入”中东地区事务，但面对外界对中国的一些疑虑，习近平明确强调，中国在中东地区“不找代理人”“不搞势力范围”“不谋求填补‘真空’”，中国要做“中东和平的建设者、中东发展的推动者、中东工业化的助推者、中东稳定的支持者、中东民心交融的合作伙伴”。①

中国方面始终坚信，发展是解决中东问题的根本之道，和平必须和发展相互携手，定点清除、无人机、轰炸机解决不了中东面临的恐怖主义等威胁。中东地区国家需要独立、自主地探索发展道路，它们面临的突出难题是如何尽快实现经济的多元化发展，它们需要的是大量外部投资，中东国家数以亿计的青年人需要的是工作机会。相关研究表明，很多青年人的“极端化”实际上是为了找寻一份生计，如果加入极端主义组织就可以每月领取数百美元的工资，没有人会轻易拒绝这一份工作。为了给当地创造更多的就业岗位，中国方面大力推动中东地区国家的工业化水平。除了与相关国家合作建立工业园区，中国还设立 150 亿美元的工业化专项贷款，分别向中东国家提供 100 亿美元商业性贷款和 100 亿美元优惠性质贷款，同阿联酋、卡塔尔设立共计 200 亿美元的共同投资基金。

“一带一路”建设为中国增进与中东地区国家尤其是阿拉伯国家的关系提供了新的重要平台。这些国家渴望加快经济发展的转型，摆脱对能源出口的过度依赖，推进国家的工业化，“一带一路”倡议与巴林的“2030 年经济愿景”、阿曼的“2020 年愿景”、阿联酋的“2021 年愿景”

① 《习近平在阿拉伯国家联盟总部的演讲（全文）》，新华网，2016 年 1 月 22 日，http://www.xinhuanet.com//world/2016-01/22/c_1117855467.htm。

以及科威特的“2035年愿景”之间具有巨大的相互对接潜力。[①] 沙特、埃及、阿联酋、卡塔尔、阿曼等国积极响应该倡议，已与中国方面签署相关政策声明与协议，一大批务实合作项目稳步落地。

以沙特为例，该国在地理位置上处于“一带”和“一路”的交汇区域，是中国在中东和海湾地区推动“一带一路”建设的重要伙伴。作为全球最大的产油国，沙特可谓“阿拉伯世界”的领头羊，它不仅在石油输出国组织（OPEC）中占据事实上的领导者地位，还具有通过能源手段影响外交关系的强大能力。20世纪70年代，在沙特的推动下，石油价格一度大幅上涨，对美国、欧洲等发达国家造成巨大冲击。然而，近年来，在中东乱局延宕、全球石油消费下滑的大背景下，沙特遭遇严重的经济挑战。一方面，沙特需要大幅增加军事安全费用，包括为支持也门、叙利亚等国的政治和军事组织提供资助，这自然会影响其用于经济发展和民生的财政投入；另一方面，沙特需要面对美国页岩油气开发等带来的竞争，其主要经济支柱能源产业倍受挑战。在石油价格下跌的情况下，沙特的政府财政收入锐减，不得不通过消耗外汇来填补财政赤字。2016年7月，沙特在主权债券市场上借款50亿美元，这是该国2007年来首次采取这一做法。国家经济增长下滑导致就业岗位减少，沙特政府需要应对失业带来的新的社会动荡，尤其是30岁以下的年轻人约占该国总人口的三分之二。在“阿拉伯之春”爆发的最初几年，沙特政府通过向示威者发放钱款、提高工资水平等方式来平息民众抗议，但随着国家收入下降，这种应对之道越发不可持续。

2015年1月，沙特新国王萨勒曼继位，他大力推行改革，尤其重视推进本国经济的多元化，希望能够降低沙特经济发展对能源产业的依赖度。为更好地落实经济政策改革，萨勒曼专门设立经济和发展委员会这一新的中央机构。2015年6月，沙特首次向外国投资者开放本国股市，

---

① Jonathan Fulton, *China's Changing Role in the Middle East*, The Atlantic Council, June 2019, p. 10.

吸引外国企业到沙特投资。在外交方面，沙特也开始采取更加独立于美国的路线，特别是萨勒曼国王缺席2015年5月在华盛顿举行的美国—海湾国家峰会。除了大力与中国方面增进关系，沙特还积极深化与俄罗斯的关系，加大对俄投资。虽然沙特是最晚与中国建立外交关系的阿拉伯国家（双方于1990年7月21日建交），但两国关系发展迅速。1990年，中沙两国的贸易额是2.9亿美元，2014年增至691亿美元。中沙两国在2008年同意将双边关系定位为“战略性友好关系”，2016年1月，两国建立全面战略伙伴关系，中国长期支持沙特提出的“阿拉伯和平倡议”，支持海湾地区无核化，赢得沙特方面的赞赏。

近年来，中国和沙特的经济合作关系迎来关键的重塑期，沙特从中国的“一带一路”中看到了重要机遇，努力将其提出的“2030愿景”与“一带一路”倡议进行对接。尤其是中沙能源产业合作进入优化升级的新阶段。由于中国经济增速放缓、全球石油供给相对充足等因素，中国从沙特的能源进口量有所下降，两国在原有合作的基础上进一步向能源产业的上下游拓展，提升能源资源开发合作的深度。正如中国中东问题特使吴思科所言，“中国与沙特阿拉伯两国之间的石油关系不能光是贸易，光是贸易的话就像大船在海上漂浮，要有锚才能把船固定住，因此双方要有大的合作项目”。[①] 此外，在“一带一路”框架下，中沙在基础设施建设方面的合作面临新机遇。长期以来中国都是沙特的最大工程承包国，中国公司广泛参与沙特工业城等重要项目。近年来，沙特在基础设施建设资金投入方面面临新的困难，比如，2015年2月沙特政府将总额1090亿美元的太阳能项目竣工时间从2032年推迟至2040年，搁置了10余个体育场建设项目。在沙特方面投入有限的情况下，中国公司在成本控制、管理经验等方面的优势更为凸显。

① 吴思科：《能源史话：中东能源外交二三事》，《能源》2017年第1期，第94页。

在阿拉伯国家中，除了沙特，埃及也是“一带一路”建设的重要伙伴国。[①] 埃及是首个承认中国的阿拉伯国家，1999 年两国建立“战略合作关系”，2014 年提升为“全面战略伙伴关系”。埃及首都开罗是阿拉伯国家联盟总部的所在地。埃及也是非洲联盟的成员国，埃及的区位优势非常突出，可以辐射中东、欧洲和非洲市场。埃及人口在 2020 年已经超过 1 亿，劳动力成本相对低廉。然而，由于国内政局动荡等因素，埃及的经济发展较为滞后。2011 年，埃及爆发“广场革命”，穆巴拉克政权被推翻。此后，担任总统的穆斯林兄弟会领导人穆尔西在 2013 年 7 月又遭到罢黜并拘捕。短短几年时间里，埃及经历了两次“革命”、三次“修宪”以及上万次的民众游行示威。2014 年 6 月，军人出身的塞西总统上台后，埃及国内政治局势初步实现稳定。

为促使埃及长治久安，塞西政府将经济发展摆在了更为重要的位置上，一方面，通过大幅削减能源补贴、改革税制等方式，推动经济发展重新走上正轨；另一方面，大力改善国内投资环境，制定新的投资法，减少投资审批，在外资监管、仲裁等方面推出一系列新举措。此外，塞西政府还积极推动一批大型基础设施建设项目，如开掘工程总价达 82 亿美元的新苏伊士运河、建设“苏伊士运河走廊经济带”、斥资 450 亿美元修建新首都等。塞西政府加紧应对国内能源短缺问题，与德国、俄罗斯等国企业签订数百亿美元的电站建设合同。2015 年 8 月在埃及近海发现巨型天然气田，这为埃及发展能源产业带来新的希望。除了努力推动国内经济改善，塞西政府也积极调整埃及以往过于亲美的外交政策。[②] 它明显向俄罗斯靠拢，寻求与俄加强安全关系，在叙利亚问题上与沙特等海

① Adel Abdel Ghafar and Anna L. Jacobs, *China in the Mediterranean: Implications of Expanding Sino-North Africa Relations*, The Brookings Institution, July 2020, pp. 5-7.

② Giuseppe Dentice, “Shifting Priorities: The Evolution of Egypt’s Foreign Policy,” Italian Institute for International Political Studies, September 24, 2020, https://www.ispionline.it/en/pubblicazione/shifting-priorities-evolution-egypts-foreign-policy-27409.

湾国家保持一定距离。

塞西政府高度重视发展对华关系。2014 年 12 月和 2015 年 9 月，塞西总统两次访华，特别是他本人对中国的发展经验和成就非常钦佩。[①] 中埃双方签署大量合作协议，涉及埃及方面力图重点发展的能源、路桥、港口等领域项目。2015 年 9 月，中埃两国签署《中埃产能合作框架协议》，中国国家发展改革委、商务部等部门和埃及贸易工业部等部门建立了两国产能合作机制，并于 2016 年 7 月召开中埃产能合作第一次部长级会议，确定的合作项目包括新首都建设、阿塔卡抽水蓄能电站等。苏伊士经贸合作区堪称中埃产业合作的标志性项目。该经贸合作区位于苏伊士湾，紧邻苏伊士运河和埃及海港因苏哈纳港，距开罗 120 千米，具有独特的地理交通优势。天津泰达投资控股有限公司在园区建设、开发和运营方面发挥重要作用。2016 年 1 月，在埃及进行国事访问的习近平主席为中埃苏伊士经贸合作区二期项目揭牌。该园区吸引了一批产业规模和技术水平居世界前列的中资企业，以世界最大的玻璃纤维生产企业巨石为例，其投资让埃及跃居世界第三大玻璃纤维生产国。

总之，面对阿拉伯国家“向东看”的期待以及实现国家经济多元化发展的普遍需求，中国方面在“一带一路”框架下与它们展开了内容广泛、形式多样、各具针对性的合作。值得注意的是，沙特、阿联酋等国还提出要打通从巴基斯坦瓜达尔港到阿联酋的海运通道，将“中巴经济走廊”延伸至波斯湾。[②] 这表明，“一带一路”建设在中东地区的推进具有良好前景。当然，中东地区的政治关系和大国博弈异常复杂，反恐等安全形势仍很严峻，甚至是阿拉伯国家内部也是矛盾重重，这些都是在

① Kyle Haddad-Fonda, “Egypt and Other Arab States Embrace a Chinese Model of Development,” *World Politics Review*, March 16, 2017.

② Sabena Siddiqui, “Why Saudi Arabia Joining CPEC Matters,” *The Diplomat*, February 2, 2019.

中东开展“一带一路”合作需要应对的挑战。①

## 二、中国与伊朗的合作

伊朗是中东地区大国，其国土面积约为164.5万平方千米，人口数量8165万（中国外交部2021年8月发布）。伊朗的地缘位置极为重要，扼守全球海上通道的“咽喉”——霍尔木兹海峡，并同土库曼斯坦、阿塞拜疆、亚美尼亚、土耳其、伊拉克、巴基斯坦和阿富汗相邻。伊朗实行政教合一的政体，虽然该国长期遭受国际制裁，但在油气资源丰富等因素的影响下，伊朗仍可维持经济体系的基本运转，在政治上保持总体稳定。2016年，伊核问题全面协议正式执行，伊朗得以逐步摆脱部分国际制裁压力，迫切需要获得对外经贸合作空间以及外部投资。在这种情况下，“一带一路”为中国和伊朗深化合作提供了宝贵机遇。伊朗具有连通南亚与西亚、中亚与波斯湾的独特地缘优势，它成为中国在中东地区推进“一带一路”合作的重要伙伴。

中国和伊朗的交往源远流长。两千多年前，张骞奉汉武帝之命出使西域，他的副使曾到访此地。古代的泉州港见证了中国与波斯的商贸往来，明代郑和率领的远洋船队曾经多次到访伊朗南部的霍尔木兹地区。新中国和伊朗于1971年8月正式建立外交关系。“伊斯兰革命”后，伊朗霍梅尼政府一度推行“不要西方，也不要东方，只要伊斯兰”的外交政策路线，中伊关系受到一定影响。到了哈梅内伊时代，伊朗开始进行温和的政治改革，并着力打破国际孤立，中伊关系也随之有所恢复。21世纪以来，伊朗因核问题受到西方国家的严重制裁。中国与伊朗保持了政治和经济关系。中国成为伊朗的最大贸易伙伴和最大的原油进口国。

① 张楚楚：《以实正名：中国与中东国家的基础设施合作》，《西亚非洲》2021年第4期，第68—70页。

中国企业在伊朗承接了一大批民生项目，涉及能源、铁路、钢铁、建材、汽车、通信等领域，为伊朗保持国内经济稳定和改善民生做出了贡献。

伊朗对中国提出的“一带一路”倡议高度支持，是“一带一路”建设的重要合作伙伴。[①] 2016年1月，习近平主席对伊朗进行了历史性的访问，他是伊朗核协议达成后首位到访伊朗的外国元首。访问期间，中伊双方将两国关系提升为“全面战略伙伴关系”。双方还签署共建“一带一路”谅解备忘录，以及“加强产能、矿产和投资合作谅解备忘录”，为“一带一路”框架下的中伊合作奠定了政策基础。此外，伊朗是亚洲基础设施投资银行的意向创始成员国。伊朗一直都很重视推动地区基础设施互联互通，很早就提出“西南亚计划”，包括伊朗—巴基斯坦输气管道、伊朗—印度—阿富汗运输贸易走廊、伊朗—阿富汗—塔吉克斯坦—吉尔吉斯斯坦铁路等项目。伊朗方面希望能够用好“一带一路”国际合作带来的“红利”，进一步发挥其作为“亚欧大陆桥”和“中亚出海口”的地缘优势。

中伊围绕“一带一路”的合作已经取得诸多进展。[②] 在政策沟通方面，中国国家发展和改革委员会与伊朗工况贸易部建立两国产能合作工作组，负责具体推动重点项目。伊朗政府成立了以财经部牵头的“一带一路”合作部际协调机构。中国企业在伊朗参与的在建重大项目近70个，涉及能源、基础设施、产业园区等多个领域。截至2019年底，中国在伊朗投资存量30.56亿美元，中国在伊朗投资企业主要有中石油、中石化、中国中铁、中海油等。显然，能源合作是中伊经贸关系的重中之重。[③]

① Ariel Cohen, “China and Iran Approach Massive $400 Billion Deal,” *Forbes*, July 17, 2020.

② Li Tianyang, “Belt&Road Initiative Expands China-Iran Cooperation,” *China Daily*, January 25, 2019.

③ 中国国际贸易促进委员会：《企业对外投资国别（地区）营商环境指南　伊朗（2021）》，2021，第31页，https://www.ccpit.org/image/1473840398441926657/989725e1174548a3b9b8b1b3809a4e84.pdf。

在交通基础设施方面，总价440多亿元人民币的德黑兰至伊斯法罕高铁项目已经进入施工阶段。围绕德黑兰至马什哈德高铁电气化升级改造项目，中国进出口银行与伊朗道路和城市发展部签署相关融资协议。中伊双方合作推进的大型交通设施项目还包括伊朗国家铁路电气化改造、德黑兰地铁六号线一期工程、阿瓦士轻轨一号线一期工程、霍梅尼国际机场二期扩建工程等。此外，中国企业还在帮助伊朗推进电力、信息产业等方面的基础设施建设。比如，葛洲坝集团公司承建了位于洛雷斯坦省的鲁德巴水电站项目，该项目位置偏远，条件非常艰苦。中国电信巨头华为公司与伊朗电信公司（TCI）合作，对该国的固定电话和移动电信网络进行升级改造。中伊还在卫星通信领域拓展合作，伊朗电子工业公司引入了北斗卫星导航系统技术，除了在伊朗建立北斗地面接收站，还建设空间数据收集中心。伊朗至今还不能获得美国GPS的服务，北斗系统将进一步帮助伊朗提升导航技术和产业。①

在产业园区方面，2014年2月中国商务部与伊朗工矿贸易部签署关于开展中伊产业园区合作的谅解备忘录，并于2015年成立相关工作组。位于巴姆汽车工业园内的奇瑞汽车产业园一期项目已经完工投产，二期项目也在实施之中。该园区规划面积5平方千米，预计总投资4亿美元，实现年产16万辆整车。此外，伊朗政府将在贾斯克建立经济自由区，其中还将配套占地约20平方千米的工业园区，希望能够引入相关中国企业重点发展石化、钢铁等产业。

中国和伊朗还探索与西方国家企业共同开展“三方合作”。2017年7月，中国石油天然气集团、法国道达尔公司与伊朗国家石油公司在德黑兰签署合作协议，共同开发伊朗南帕尔斯天然气田第11期项目。根据协议，道达尔公司是该项目作业方，持股50.1%，中石油持股30%，伊朗国家石油公司持股19.9%。项目开采经营期20年，总投资额48亿美元。

① “Iranian Ambassador Calls for Aerospace Cooperation with China,” *Tehran Times*, August 4, 2020.

南帕尔斯天然气田位于波斯湾，总面积约9700平方千米，是世界最大的天然气田，为伊朗和卡塔尔共同拥有。南帕尔斯天然气田第11期项目是伊朗在西方解除对其经济制裁后首次与外国公司在油气领域签署的合作项目。①

当然，中国企业在伊朗的经营也面临一些难题和风险。一是制裁风险。美国至今保留了对伊朗的多项制裁，美国国会于2016年11月决定将《对伊朗制裁法案》有效期延长至2026年。特朗普政府选择退出伊朗核协议，美伊关系高度紧张。这给中国企业与伊朗方面的合作带来不确定性，尤其是金融方面的风险。二是融资难题。伊朗方面对相关项目拿不出足够资金，但又经常对中国提出的融资方案表示不满。如何探索同伊朗的正常融资合作模式，是亟待解决的难题。三是营运挑战。伊朗的政府部门效率不高，项目审批时间长，税制复杂，针对外资公司的法律法规和政策常会变化，对外资的戒备心较强。伊朗属于外汇管制国家，结汇渠道狭窄，跨境支付存在汇路不通的情况，市场汇率和官方汇率的差价较大，由此给企业带来较大的经营风险。四是安全风险。伊朗国内和周边国家的反恐形势较为严峻，尤其是“东伊运”“东突”分子近年出现从土耳其等国借道伊朗向阿富汗转移的动向，这或将对在伊朗的中国企业、项目和人员构成一定的安全威胁。

## 第二节　美国对中东政策及其影响

21世纪以来，美国试图用武力方式推动中东国家的民主化，实施所谓“大中东”计划，却致使中东地区面临的恐怖主义等安全问题更加突

① 《中石油、道达尔与伊朗石油公司合作开发气田项目》，新华网，2017年7月3日，http://m.xinhuanet.com/2017-07/03/c_1121257406.htm。

出。尤其是美国和伊朗之间的冲突难以缓解，特朗普政府退出伊朗核协议的做法使地区形势更加紧张。美国对中国借助“一带一路”合作在中东地区扩展影响力抱持警惕态度，中美在中东地区的互动关系变得更加复杂。

## 一、中东陷入“越反越恐”困境

2001年“9·11”事件发生后，反恐成为美国国家安全战略的重中之重，小布什政府发动阿富汗和伊拉克战争，在这些国家搞“政权更迭”，对地区战略格局带来冲击。尤其是2003年，美国不顾国际社会的普遍反对，悍然发动伊拉克战争，推翻萨达姆政权。美国哈佛大学教授斯蒂芬·沃尔特（Stephen Walt）认为，“美国的介入没能铲除华盛顿担心的坏蛋，也没能建立新的、更好的政权，而仅仅是给当地的反美情绪火上浇油，并且激化了逐渐升温的内部矛盾”。① 萨达姆倒台后，在伊拉克国内人口占多数的什叶派掌权，逊尼派的“基地”组织伊拉克分支则展开“叛乱”。伊拉克陷入严重的政治分裂状态，本国内部的族群和教派矛盾恶化，这种动荡像毒瘤一样向整个中东地区扩散，重新引燃了各种激烈冲突。

奥巴马政府试图修正小布什政府的中东政策失误，选择与伊斯兰世界修复关系、结束伊拉克战争、缓和与伊朗的敌对关系。然而，美国并没有放弃在中东推进“民主化”的目标。始于2010年下半年的“阿拉伯之春”，被奥巴马政府视为由中东地区青年人主导的自由民主变革。然

① Stephen Walt, “If Only We'd Just Spent More Blood and Treasure in Yeman,” *Foreign Policy*, January 23, 2015.

而，“阿拉伯之春”很快就演变为“阿拉伯之冬”。[①] 极端主义和恐怖主义势力利用各国教派和族群冲突，寻找新的立足点，将其影响力从阿富汗和巴基斯坦向阿拉伯半岛、东非和北非萨赫勒地区不断扩展。在奥巴马政府力促叙利亚阿萨德政权下台并期待“民主的”反对派掌权的过程中，曾是地区“样板”国家的叙利亚饱受内战摧残，数百万叙利亚人因战乱而流离失所。叙利亚的宗教和族裔背景比伊拉克还要复杂，什叶派中的分支阿拉维派阿萨德家族在该国长期执政，是伊朗的地区盟友，同时与俄罗斯的关系也很紧密，它自然也就成了美国的“眼中钉”。然而，得到美国支持的叙利亚反对派武装之中也包括“基地”组织的追随者。实力最强的反对派力量之一“支持阵线”（Al-Nusra Front）公开宣誓效忠“基地”组织。这些势力使用脸书、推特等社交媒体，传播激进意识形态，从美欧国家成功招募了大量人员，赢得了不少同情者和支持者。[②]

在中东地区，美国自相矛盾和错误的外交政策尤其是对“政权更迭”的迷思，不仅令其自食苦果，也使地区局势面临失控的风险。美国等西方国家常常叫嚣“干预的权力”，却越来越不愿意承担“干预的责任”，从而造成巨大的人道主义危机，相关国家的无辜民众则成了最大的受害者。正如美国对外关系委员会主席理查德·哈斯（Richard Haass）所言，“当地复杂的现实、美国的干预或过度或不足（有时采取行动，有时却不作为），这些情况相互叠加，使得中东成为全球最不稳定的区域”。[③] 更为严峻的是，“基地”组织等各种伊斯兰极端主义和恐怖主义力量此起彼伏、相互勾连，正形成一条贯通南亚、中亚、阿拉伯半岛、东非、西非

---

① Daniel L. Byman, “After the Hope of the Arab Spring, the Chill of an Arab Winter,” The Brookings Institution, December 4, 2011, https://www.brookings.edu/opinions/after-the-hope-of-the-arab-spring-the-chill-of-an-arab-winter/.

② Zachary Laub, “Syria’s Civil War: The Descent Into Horror,” Council on Foreign Relations, March 17, 2021, https://www.cfr.org/article/syrias-civil-war.

③ 理查德·哈斯：《失序时代：全球旧秩序的崩溃与新秩序的重塑》，黄锦桂译，中信出版社，2017。

和北非的“动荡弧”。这势必会对“一带一路”建设构成不可忽视的安全挑战。

## 二、美国和伊朗冲突深化

在特朗普执政时期，美国与伊朗之间的冲突更趋深化，美国政府试图建立针对伊朗等国的“阿拉伯版北约”，这对“一带一路”合作在中东地区的展开造成不利影响。2015—2016 年，在中国、俄罗斯、法国、德国等国协助之下，美国奥巴马政府与伊朗针对核问题达成《联合全面行动计划》（即伊朗核协议）并予以启动。根据该协议，伊朗将放弃生产武器级核材料，在未来 10 年内严格限制本国的核计划，接受外界的相关核查，而西方社会则将逐步解除对伊朗的制裁。2016 年 3 月，伊朗政府委托相关机构所做的研究报告显示，国际制裁在过去 4 年使该国 60% 的中小企业破产，国家经济处于崩溃的边缘，伊朗的石油和天然气产业在未来 5 年需要超过 2000 亿美元的投资。① 伊朗核协议达成后，欧洲、俄罗斯等国企业都表现出与伊朗深化经济关系的积极意愿，伊朗的国际环境一度出现和缓迹象。

然而，与奥巴马政府旨在缓和与伊朗关系的政策路线不同，特朗普政府希望加大对伊朗的遏制力度。特朗普执政令伊朗核协议的命运变得晦暗。一方面，特朗普及大多数共和党人士认为奥巴马政府对伊朗太过软弱，应当继续保持对伊高压，不能给伊朗“松绑”；另一方面，作为伊朗的“劲敌”，沙特、以色列等国大力推动特朗普政府对伊朗采取强硬政策，意欲借美国之手阻遏伊朗在中东进一步“做大”。《联合全面行动计划》达成后，虽然伊朗同意通过停止发展核武器来换取国际社会逐步解除对其制裁，但却没有停止推进弹道导弹技术的步伐，这引起美国的不

① “Iran Needs $200 Billion to Develop Oil Industry,” *The Tehran Times*, February 10, 2016.

满。伊朗于 2015 年 10 月和 11 月、2016 年 3 月、2017 年 1 月多次进行弹道导弹试射。在特朗普上台后不久，2017 年 2 月美国财政部就宣布对涉嫌为伊朗弹道导弹项目提供支持的实体和个人进行制裁，其中包括中国的相关企业和中国公民。①

除美伊关系紧张以外，其他中东国家与伊朗之间的关系也出现负面发展。“阿拉伯之春”以来，以伊朗为代表的什叶派国家和以沙特为首的逊尼派国家激烈争夺对中东地区的主导权。2016 年 1 月，由于沙特政府处决该国的什叶派宗教领袖等因素，伊朗与沙特断交，阿联酋、科威特等阿拉伯国家也降格与伊朗的外交关系。沙特和伊朗还在也门打起了“代理人”战争。此外，伊朗与部分地区国家还存在领土权益争端，如针对大、小通布岛和阿布穆萨岛的主权归属与阿联酋关系不睦，围绕海上油气田的权益划分与科威特矛盾重重。②

2017 年 5 月，特朗普对沙特等中东国家展开“外交首访”，在此访中多次针对伊朗做出强硬表态，呼吁各方协力反对伊朗支持恐怖主义和干涉他国内政。特朗普积极顺应沙特等国的要求，将伊朗树立为美国与地区国家的“共同敌人”。特朗普访问沙特的重头戏是出席 50 多个阿拉伯和伊斯兰国家领导人参加的峰会，包括埃及总统塞西、巴林国王哈马德等人。“阿拉伯北约”的建立是特朗普此访取得的一大进展。虽然过去很多年来一直在讨论建立阿拉伯国家的军事联盟，但鲜有实质性举措。③

正当特朗普访问中东之际，伊朗也迎来了总统选举。当时担任伊朗总统的鲁哈尼与强硬派宗教人士莱希展开“对决”，最终代表温和改革势

① “Iran Sanctions under the Trump Administration,” The Crisis Group, January 15, 2020, https://www.crisisgroup.org/middle-east-north-africa/gulf-and-arabian-peninsula/iran/iran-sanctions-under-trump-administration.

② Jonathan Marcus, “Why Saudi Arabia and Iran Are Bitter Rivals,” BBC, September 16, 2019, https://www.bbc.com/news/world-middle-east-42008809.

③ David Gardner, “Donald Trump’s Dream of an Arab NATO Is a Fantasy,” *Financial Times*, November 15, 2018.

力的鲁哈尼获胜。强硬派力量反对与美国缓和关系，在处理与沙特、以色列等国关系方面也抱持强烈的敌视心态，并对鲁哈尼主导的国内经济改革颇有不满。然而，在此次选举中，超过70%的高投票率对鲁哈尼较为有利，很多来自城市地区的选民尤其是年轻人和女性帮助鲁哈尼获得压倒性胜利。伊朗大多数民众仍希望坚持稳健和开放的政策路线，以便在经济发展、吸引外资、创造就业等方面取得更多进展。伊朗国内的失业率高企，外资也因美国仍未全面解除制裁等原因迟迟不愿进入伊朗。然而，特朗普政府并不愿意对鲁哈尼释放善意。颇具讽刺性的是，美国国内甚至还有人希望强硬派候选人莱希能够获胜，进而可以更顺理成章地加大对伊朗的制裁与遏制。特朗普在沙特和以色列期间，多次点名批评伊朗，称其支持恐怖分子和叙利亚，威胁中东地区稳定。特朗普政府还要求鲁哈尼政府摧毁国内的“恐怖主义网络”，并停止进行弹道导弹试验。

2018年5月8日，特朗普在白宫宣布美国将退出伊朗核协议，并重新对伊朗实施严厉的经济和金融制裁。对于这一决定，前总统奥巴马表示这是一个“严重的错误”，将使整个世界更加不安全。法国总统马克龙、英国首相特蕾莎·梅、德国总理默克尔发表联合声明，对特朗普政府的退出决定表示遗憾，强调法英德三国将继续留在伊朗核协议内。为了保住伊朗核协议，欧盟甚至决定继续维护与伊朗的经济合作关系。为了避免欧洲企业在美国加大对伊朗制裁的过程中受到冲击，法国、德国等决定合作建立新的国际支付系统。

特朗普政府对伊朗加大施压，会给伊朗造成一系列负面影响，这必然会导致中伊“一带一路”合作受阻。美国的制裁将使伊朗国内的经济形势更加严峻，伊朗政府用于基础设施建设等方面的财政资源进一步受限。伊朗国内的失业问题，尤其是大量青年人失业问题更加恶化，这也会导致伊朗的社会稳定受到损害。此外，伊朗内部不同势力之间存在分歧和矛盾，美国对伊朗政策调整会对改革派势力造成负面影响。虽然近年来在鲁哈尼政府的影响下，改革派势力赢得了伊朗国内民众的更多支持，但保守派势力依然强大，尤其是在美国加大对伊压力的情况下，不排除保守派势力进一步回弹。保守派势力一贯坚持反美立场，面对西方国家的制裁，主张更多依靠伊朗自身发展抵抗型经济，对于扩大开放、引入外资等做法抱有较深疑虑。特朗普政府退出伊朗核协议让伊朗经济倍受打击，令伊朗普通民众感到不满和失望，保守派将会利用这种"反美"情绪赢得政治支持。

## 三、中美在中东地区的互动关系

近年来，中国在中东地区的影响力不断上升，这已经引起美国战略界的关注。[①] 在 2016 年发布的一份研究报告中，兰德公司学者施道安（Andrew Scobell）等人认为，中国在中东地区主要有四方面利益：一是确保能源安全和经济利益是中国加强与中东地区关系的首要驱动因素；二是从地缘战略角度看，虽然中国寻求在中东地区制衡美国的影响力，但并没有积极地反对美国；三是由于中国国内有大量的穆斯林民众，中国发展与中东国家的关系有助于维护国内的稳定；四是中国希望通过对中东地区事务的参与提升其大国地位。美国学者认为，中国针对中东地区采取所谓"谨慎的龙"战略，即谨慎地处理与中东各方力量的关系，既保护自身不断扩展的利益，又避免在中东地区冲突中选边站队。中国对美国在中东地区的利益并不构成威胁，两国存在利益重合之处，即维护该地区的稳定和确保能源供给不受破坏。[②]

---

① Jonathan Fulton, "China's Power in the Middle East Is Rising," *The Washington Post*, August 9, 2018.

② Andrew Scobell and Alireza Nader, "China in the Middle East: A Wary Dragon," RAND Corporation, 2016.

显然，在塑造中美在中东地区的互动关系方面，能源因素具有突出的作用。随着页岩油气的开发以及特朗普政府推行“美国优先”的能源政策，美国已经基本实现“能源自立”目标，对中东地区的能源依赖程度显著下降。与之相对的是，中国对进口能源的依赖程度将不断上升，而其中大部分是从海湾地区的石油输出国组织国家的进口。得克萨斯大学奥斯汀分校克莱蒙茨国家安全中心主任乔治·西伊（George Seay）提出，随着美国减少对石油输出国组织国家能源的依赖，美国的中东政策也需要实现“转向”（pivot）。具体而言，一是与沙特、埃及、约旦和阿联酋等国建立中东地区的“北约”，以色列可以成为这一组织的非正式成员，推动这些国家在美国支持下担负起维护地区稳定的首要责任；二是更加重视发展与以色列的商业和经济关系，发挥以色列这个“创新国度”（Start-Up Nation）的优势，促进美以双边投资；三是通过军事基地和海军的存在，维持美国在中东地区的军事力量，但要积极将责任转给地区国家；四是将维护霍尔木兹海峡稳定的重担转移给那些依赖石油输出国组织石油的国家，美国不会完全撒手不管，但确保海峡的开放不应成为美国的首要责任；五是减少或取消美国对中东国家的援助，把资金节省下来用于参加中东版“北约”的那些国家；六是更加谨慎地在中东进行军事干预，除非是为了维护令人信服的美国安全利益或是应对迫在眉睫的威胁。①

在美国希望减少对中东战略投入的背景下，中东国家则寻求与包括中国在内的“下一代能源消费市场”深化关系。美国企业研究所高级研究员凯伦·杨（Karen Young）认为，海湾国家迫切希望深化与中国的关系，认为中国是其油气出口主要的“下一代能源市场”。她提出，中国在中东和非洲之角地区成为美国的竞争者，阿拉伯国家希望与中国合作，投资建设基础设施、港口并扩大政治上的对外联系，中国还希望确立新

① George Seay, “America No Longer Needs the Middle East,” *The National Interest*, July 18, 2019.

的安全伙伴关系，特别是在非洲之角。[①] 美国大西洋理事会高级研究员阿里尔·科恩（Ariel Cohen）称，中国在中东地区已经在推动“石油—人民币”机制等，在中东对外贸易总额中，45%是与亚洲的贸易，14%是与美国，7%是与欧洲；未来20年，“中东的安全及其能源供给将由美国、中国和俄罗斯之间的军事和经济力量平衡所决定”，“美国在中东地区尚没有输给中国，但是美国和欧洲的商业界以及战略规划者需要加倍努力以保持竞争力”。迪拜国际金融中心前首席经济学家纳赛尔·赛迪（Nasser Saidi）认为，从基础设施项目到旅游业再到制造业，中东地区未来拥有高达3.5万亿美元的投资机会等待亚洲的投资者。由于对能源领域的大量投资，中国已经超越阿联酋成为中东地区的主要投资者。[②]

在美国专家看来，在“一带一路”等的推动下，不仅中国与中东地区国家的经贸和投资关系会得以增强，其在该地区战略格局中的重要性也将提升，需要从更宽广的视角认识中国在中东地区的存在。美国战略与国际问题研究中心高级副总裁、中东项目主任乔恩·奥尔特曼（Jon Alterman）认为，中国的中东战略是与个别国家而不是与整个中东地区建立关系，并希望通过保持双边关系的独特性来维护自己的地区利益。中国模式已对美国产生挑战。中国在中东地区有多个主要的伙伴，沙特阿拉伯排在首位，随后是阿联酋、埃及、以色列和伊朗。中国的中东战略更像是一个投资组合，目前集中在经济联系上，承诺在不发生社会动荡的情况下实现大规模经济发展。相较之下，美国看似在每个中东国家都有全面的计划，承诺对当地社会进行更彻底的改革，但实际倾注的资源却很少。中国值得效仿的是其专注与认真，中国在中东各国有严格的目

---

① Jamie Dettmer, “China’s Growing Interest in Middle East Sets Off US Alarm Bells,” VOA, April 23, 2019, https://www.voanews.com/east-asia-pacific/chinas-growing-interest-middle-east-sets-us-alarm-bells.

② Ariel Cohen, “Will China Replace the US as the Middle East Hegemony,” *Forbes*, February 14, 2019, https://www.forbes.com/sites/arielcohen/2019/02/14/will-china-replace-the-u-s-as-the-middle-east-hegemon/#2b71661e25cd.

标和实现目标的计划；反观美国，却似乎更重视已经做了什么而非应该去做什么。美国应该重新考虑其在中东地区的优先事项、目标和政策工具。①

中国和美国围绕伊朗问题的博弈成为美方人士关注的焦点。得克萨斯大学奥斯汀分校克莱蒙茨国家安全中心主任乔治·西伊认为，自 1979 年以来，美国在中东地区的核心战略利益主要有两点：一是能源；二是遏制伊朗/支持以色列。② 美国大西洋理事会中东安全项目副主任欧文·丹尼尔（Owen Daniels）称，在中东政策领域，美国和中国最突出的利益冲突在于伊朗，特朗普政府力图遏制伊朗扩展其地区影响力，但中国对伊朗的支持会破坏美国的这一政策目标。随着美国对伊朗重启和深化制裁，由于“长臂管辖”等因素，美国与中国之间的冲突可能会升级。欧文·丹尼尔还认为，“一带一路”有助于中国、伊朗、俄罗斯加强协作。中俄在叙利亚问题上进行深入协调，中国投资建设伊朗的能源基础设施，会促进伊朗能源向亚洲国家的输出，而不是令欧洲受益，如此，俄罗斯就可以“维持对欧洲的束缚”。③

在新美国安全中心高级研究员罗伯特·卡普兰（Robert Kaplan）看来，美国在中东的对手不是伊朗而是中国，美国和伊朗对峙的背后存在着不应忽视的中国因素。卡普兰称：“在巴基斯坦西南端靠近伊朗边境的地方，中国在瓜达尔打造的世界一流水平的集装箱港口已经竣工。北京希望这个港口能够最终将公路、铁路及管道联通起来，一路通至中国西部。从瓜达尔港，中国人可以对霍尔木兹海峡的航运情况进行监控。”他认为中国不仅寻求在瓜达尔港建立军事基地，还希望进一步对阿曼湾加

---

① Jon B. Alterman, “China's Middle East Model,” Center for Strategic and International Studies, May 23, 2019, https://www.csis.org/analysis/chinas-middle-east-model.

② George Seay, “America No Longer Needs the Middle East,” *The National Interest*, July 18, 2019.

③ Owen Daniels, “How China Is Trying to Dominate the Middle East,” *The National Interest*, August 28, 2018.

大控制。“随着页岩气革命的到来，美国对进口石油的需求越来越小，阿曼湾已经不仅仅是一个运输石油的航道了，而是中国的‘一带一路’倡议中将中东、印度次大陆以及东亚连接在一起的枢纽”。卡普兰指出，“伊朗是21世纪地缘政治的中心。它主导着中亚贸易路线，位于印度洋油气网络的枢纽，还拥有从伊拉克一直延伸至巴基斯坦超过1500英里的海岸线。伊朗是中国计划里的关键环节，正如中国的计划是决定欧亚大陆命运的关键一环一样”。卡普兰不赞成美国对伊朗动武，认为此举将把伊朗彻底推向中国怀抱。[①]

值得注意的是，在一些西方分析人士眼中，“一带一路”对于中国和中东国家的关系来说会具有双刃剑效应，中国在沙特、伊朗等不同中东玩家之间施展平衡术面临巨大挑战。比如，长期关注中东问题的美国记者詹姆斯·道塞（James Dorsey）认为，中国可能会因为推动“一带一路”而陷入中东地区的大旋涡之中。“沙特已经在考虑利用俾路支斯坦作为搅乱伊朗的跳板。通过鼓动伊朗国内的族群纷争，沙特不可避免地将中国卷入沙特与伊朗的对抗”，“中国在中东地区的众多地雷之间前行时，它可能会发现自己将陷入与美国和沙特的争端”。[②] 欧文·丹尼尔认为，中国虽然已经超过美国成为沙特的第一大贸易伙伴，双方经济关系日益密切，但由于中国和伊朗也保持着较好关系，因此沙特在安全领域就不会与中国走得过近。随着特朗普政府向沙特提出支持后者发展核能力，中东国家尤其是美国的阿拉伯盟友们在安全问题上对美国的依赖还会进一步加深。[③]

也有一些美国学者指出，美国和中国可以在中东地区形成伙伴关系。

---

① Robert D. Kaplan, “This Isn’t About Iran. It’s About China.” *The New York Times*, June 27, 2019.

② James Dorsey, “China’s Step into the Maelstrom of the Middle East,” *The East Asia Forum*, February 17, 2018, https://www.eastasiaforum.org/2018/02/17/chinas-step-into-the-maelstrom-of-the-middle-east.

③ Owen Daniels, “How China Is Trying to Dominate the Middle East,” *The National Interest*, August 28, 2018.

比如，《外交学者》杂志执行主编扎卡里·凯克（Zachary Keck）认为，在中东地区，美国相对于中国来说拥有突出的政治和军事优势，而中国则拥有经济优势，两者可以形成互补。中国企业比美国企业更有意愿在动荡环境中开展经营，对投资风险的忍耐力也更强。此外，“由于其自身的经历，中国能够更好地帮助中东国家政府找到可持续的经济模式”。[①]美国智库中东研究所中东—亚洲项目主任约翰·卡拉布利斯（John Calabrese）认为，“在中东地区，美国和中国的利益之间并不存在直接的冲突。相反，在保障中东地区石油的流动、打击暴力极端主义方面，美国和中国有共同利益”。中国也没有显示出挑战美国在中东地区军事主导权的迹象。“一定程度上，在海湾及其周边地区维持大规模的军事存在可以分散美国对东亚地区的关注和资源投入，而东亚是地缘战略上对中国具有最高优先性的地区。”从维护地区稳定看，中国和美国可以形成一定的互补关系。由于美国在能源上减少对中东的依赖，美国可以与中国分担在该地区维稳的资金和军事负担。美中在这方面加大政策协调，可以为印度、日本、韩国等其他国家加大在中东地区的投资扫清障碍，使它们也能发挥建设性作用。[②]

## 第三节　中国和以色列合作中的美国因素

以色列是中国在中东地区的重要伙伴。早在 1950 年，以色列便宣布承认中华人民共和国。自 1992 年建交以来，中以关系发展顺利。两国经

① Zachary Keck, “Time for a US-China Partnership in the Middle East?” *The National Interest*, September 21, 2014.

② John Calabrese, “China's Role in Post-Hegemonic Middle East,” *Real Clear World*, May 1, 2017, https: //www. realclearworld. com/articles/2017/05/01/how_china_and_america_can_share_the_mideast_burden. html.

济高度互补，特别是在高技术领域有很大合作空间。中国已成为以色列在亚洲的第一大贸易伙伴、全球第三大贸易伙伴，2020年双边贸易额超过175亿美元。[①] 以色列是科技立国、科技兴国、科技强国的典范，其研发投入占GDP的比例长期保持在4%以上。以色列在人工智能、自动驾驶等领域拥有全球领先的技术，该国农业现代化水平较高，灌溉、温室大棚等现代农业技术在全球首屈一指。从地缘角度看，以色列北靠黎巴嫩、东接叙利亚和约旦、西南则与埃及西奈半岛相连，并且隔地中海与土耳其相望，“以色列在东地中海的位置使之成为‘一带一路’之下连接欧洲和亚洲的理想的枢纽”。[②] 以色列具有较强的国家安全能力。虽然该国长期处于“准战争”状态且自然资源匮乏，但以色列在建国60多年后，却一跃成为人均GDP超过44 000美元的高收入国家，人口从当年的80万增至921.7万（2020年世界银行数据）。以色列在中东拥有较强的军事优势，特别是空军和信息化部队具有世界一流水准，而摩萨德等情报部门的实力居于世界前列，在反恐等方面以色列具有突出能力。上述因素使得以色列成为“一带一路”在中东地区的重要合作伙伴。

以色列方面对“一带一路”的态度非常积极。以色列总理内塔尼亚胡表示，中以合作是“天作之合”，以方愿意积极在“一带一路”框架下推进基础设施等方面的合作，愿意看到中国在中东地区事务中发挥更大作用。他说，“中国的‘一带一路’倡议无论哪里需要以色列，以色列都将全力投入”。[③] 除了通过“一带一路”巩固双边关系，以色列也试图通过“一带一路”进一步拓展其外交影响力。正如以色列交通部长伊斯

---

① 《中国—以色列经贸合作简况（2020年）》，商务部网站，2021年11月26日，http://www.mofcom.gov.cn/article/tongjiziliao/sjtj/xyfztjsj/202111/20211103221356.shtml。

② Mario Mancuso, “Israel Has Reached ‘Peak China’ - US Pressure and Domestic Concerns,” *South China Morning Post*, April 17, 2019.

③ 《内塔尼亚胡：“一带一路”倡议哪里需要以色列　以色列都将全力投入》，新华网，2017年3月23日，http://www.xinhuanet.com/world/2017-03/23/c_129516429.htm。

雷尔·卡茨（Yisrael Katz）所言，以方希望借助“一带一路”推动其与阿拉伯国家关系的发展。①

中以双方在基础设施、创新合作、现代农业等领域不断扩展合作。中国企业承建了特拉维夫轻轨项目、位于海法的卡麦尔公路隧道项目等工程。2014年6月，中国港湾中标以色列阿什杜德新港项目，合同额约9.5亿美元。该项目是中以基建领域合作的标志性项目和“21世纪海上丝绸之路”上的重要项目，伊斯雷尔·卡茨将其称为以色列“七大奇迹”之一。② 以色列方面还希望推动中方参与连接地中海和红海的阿什杜德—埃拉特铁路线等项目建设。在基础设施运营方面，2015年3月，上海国际港务集团对外宣布称，该公司成功中标以色列海法新港自2021年起25年的码头经营权，承诺投资20亿美元改造这个港口。在创新合作方面，2017年3月中以宣布建立“创新全面伙伴关系”，两国政府成立创新合作联合委员会，制定《中以创新合作行动计划（2018—2021）》等文件。2016年，华为公司以4200万美元收购以色列云数据库安全公司HexaTier。中国对以色列技术领域的投资持续攀升，以色列初创企业获得了来自中国的大量投资。2018年头三个季度，以色列新兴技术公司从中国投资者融资了3.2亿美元，比2017年增长了37%。③ 此外，以色列的先进农业技术被中方大量引进和运用，双方在农业产业规划布局、高效节水灌溉、水肥一体化、农业自动化、土壤改良等方面开展深入合作。④

然而，美国因素对中以两国“一带一路”合作的影响不容忽视。正如以中关系问题专家若伊·芬德（Roi Feder）所言，“以色列必须认识到

---

① 《以色列交通部长：以色列愿做“一带一路”上的一个枢纽》，环球网，2017年5月4日，http://world.huanqiu.com/hot/2017-05/10594112_2.html?agt=15438。

② 周瑾：《在“一带一路”上与以色列相遇》，《丝路瞭望》2019年4月4日，http://www.rmhb.com.cn/zt/ydyl/201904/t20190404_800164206.html?from=singlemessage&isappinstalled=0。

③ 《蓬佩奥访以色列　议题包括如何应对中国安全威胁》，美国之音，2019年3月21日，https://www.voachinese.com/a/pompeo-israel-china-20190321/4840762.html。

④ 王炯：《农业科技结出中以“一带一路”合作新硕果》，《光明日报》2018年6月18日。

'一带一路'的重要性及其带来的大量的经济和外交机遇。如果能够谨慎操作并全面考虑美国在本地区的利益，与吉布提一样，以色列可以成为中国新丝绸之路上一个小但在战略上至关重要的前哨（outpost）"。[①]"一带一路"框架下中以合作的进展也引起美国方面的高度关注。[②] 美国和以色列之间的关系极为特殊，以色列是美国中东战略的桥头堡，对以色列的支持体现了美国的价值观和民主制度，并且有助于美国在地缘上对伊朗和阿拉伯世界形成有力制衡。犹太人群体在美国影响力极大。据统计，在美国，犹太成年人有580多万，有犹太背景的成年人为280万。[③] 犹太人群体在美国具有极强的经济、政治影响，在美国行政部门、国会和司法系统中占据要职。美国前国务卿基辛格、美联储前主席伯南克等都是犹太人。

在奥巴马时期，美以关系出现裂痕，以方认为美国对伊朗态度软弱，而且担心美国从中东地区撤减军力。特朗普政府上台后，美以关系迅速回温。2017年12月，特朗普政府承认耶路撒冷为以色列首都，并决定将大使馆从特拉维夫迁至耶路撒冷。2019年4月，特朗普政府正式承认以色列对戈兰高地的主权。美国退出伊朗核协议等举措受到以方欢迎。尤其是特朗普政府显著加大了对以色列的军事援助力度，决定为以色列增加380多亿美元的资金支持。[④] 随着近年来以色列国内中右翼政治势力的实力进一步上升，特朗普政府和以色列之间的关系也变得越发紧密。在特朗普政府大幅调整对华政策的背景下，以色列也在重新评估其对华政策。正如以色列资深媒体人士尤西·梅尔曼（Yossi Melman）所言，以色

---

① Roi Feder, "What China's New Silk Road Means for Israel," *Diplomatic Courier*, September 1, 2016.

② Shira Efron, Howard Shatz, Arthur Chan, Emily Haskel, Lyle Morris, Andrew Scobell, "The Evolving Israel-China Relationship," RAND Corporation, 2019, pp. 142-144.

③ "Jewish Americans in 2020," Pew Research Center, May 11, 2021, https://www.pewforum.org/2021/05/11/the-size-of-the-u-s-jewish-population/.

④ Robert D. Blackwill, "Trump's Foreign Policies Are Better Than They Seem," Council Special Report No. 84, April 2019, Council on Foreign Relations, pp. 47-48.

列已经结束“战略假期”，“少数但越来越多的有影响力的以色列人士已经开始公开质疑以中关系的经济、政治和战略逻辑，这种情况在过去十年间首次出现”。[①] 其中包括摩萨德前负责人埃夫拉伊姆·哈勒维（Efraim Halevy）以及很多拥有军事情报背景的前官员。[②] 2019 年 1 月，辛贝特（以色列国内安全局）负责人纳达夫·阿戈曼（Nadav Argaman）在参加一场闭门活动时表示，中国在以色列的大量投资会给国家安全带来风险，“在战略性基础设施以及对大公司的投资方面，中国在以色列所拥有的影响力尤为危险”。[③]

以色列方面的关切集中在以下三个方面。第一，部分以方人士认为中国在知识产权等问题上表现不佳，他们担心与中国的经济关系会损害以色列的“知识资本和创新能力”（intellectual capital and innovative capacity）。第二，中国在以色列基础设施领域的大量投资和商业介入，可能会使中国拥有影响以色列政治的杠杆，使以色列对中国形成一种“不良的依赖”，以色列安全战略专家还担心该国关键基础设施被中国方面加以利用。第三，中国与中东地区以“稳定”为导向的接触模式，尤其是中国与以色列“死敌”伊朗的关系，引起以色列右翼政治势力“在意识形态层面的警觉”。尤其是很多在以色列从事业务的中国企业也在承建伊朗的相关项目，这让以方感到不满。[④]

以色列的上述担忧与美国方面的关切有很多重合之处。随着中以“一带一路”合作的推进，美国不断加大对以色列的施压，力图阻挠中以合作。美国方面的关切主要在于以下三个方面。一是担心中国通过与以

---

① Yossi Melman, “China Is Spying on Israel to Steal US Secrets,” *Foreign Policy*, March 24, 2019.

② Terrance J. Mintner, “Is China Intruding in Israel’s Defense Industry?” *The Jerusalem Post*, September 20, 2018.

③ Herb Keinon, “Israeli Government at Odds over Inspecting Chinese Ventures,” *The Jerusalem Post*, July 14, 2019.

④ Roie Yellinek, “The Israel-China-US Triangle and the Haifa Port Project,” Middle East Institute, November 27, 2018.

色列企业的合作窃取美国的技术，尤其是能够应用到军事领域的技术。以色列航空工业公司、以色列拉斐尔先进防御系统公司（Rafael）以及非国有的埃尔比特系统（Elbit Systems）公司等以色列军工企业在美国设有分支机构，主要与美方合作设计生产尖端武器。以色列情报机构的调查显示，中国对那些与美国国防承包商有联系的以色列企业进行黑客攻击，这些企业与波音、洛克希德等美国公司在 F-35 战机等项目上进行合作，而且这些企业很多是缺少自我防护能力的私营企业。“显然，中国将以色列视为接触和渗透美国秘密项目的后门。”除了有关尖端武器的机密，美国还担心中国从以色列获取先进的网络战等技术。① 美国负责中东事务的助理防长迈克尔·姆罗伊（Michael Mulroy）称，“美国和以色列经济的开放性是我们两国的力量所在，但恶意行为体可以对此加以利用，如果我们不够谨慎的话”。②

二是美方认为中国与以色列的合作会影响美以之间的情报共享。特朗普政府对以色列方面明确表示，应将华为等中国企业排除在以色列 5G 市场之外。2019 年 1 月，美国能源部副部长丹·布鲁耶特（Dan Brouillette）访问以色列，他与以色列能源部长尤瓦·施泰尼茨（Yuval Steinitz）和该国网络安全事务负责人举行会晤。施泰尼茨在会后发表声明称，美国官员“对在以色列的外国投资问题提出了关切”。布鲁耶特提出，以色列应该积极审查外国投资，以保护与美国的情报共享。他说，“我们知道威胁每天都在增加”，“我们将与以色列分享我们的经验，让人们知道我们对某些来自中国的活动感到担忧，特别是某些公司”。③ 2019 年 3 月，美国

① Yossi Melman, “China Is Spying on Israel to Steal US Secrets,” *Foreign Policy*, March 24, 2019.

② Kathy Gilsinan, “The US Is Worried about China’s Investments—This Time in Israel,” *The Atlantic*, July 11, 2019, https://www.theatlantic.com/politics/archive/2019/07/us-concerned-about-chinese-investments-israel/593794/.

③ “US Officials Cautions Israel over Chinese Investments,” Reuters, January 16, 2019, https://www.reuters.com/article/us-israel-china-usa-idUSKCN1PA1UW.

国务卿蓬佩奥在访问以色列时，针对涉及中国企业的合作问题对以色列官员表示，“有可能被迫减少（美以）情报共享”。

三是中国企业在以色列负责相关基础设施的承建或营运业务，令美方倍感忧心。中国企业参建的海法港位于以色列西部海法湾，是该国最大港口。它不仅是以色列对外贸易的重要港口，也是以色列海军基地的所在地，以色列潜艇编队驻扎在此，而这些潜艇据称还携带核导弹。美国第六舰队（总部位于意大利那不勒斯）的舰船包括航空母舰经常停靠海法港，美以双方也会在此地进行联合演习。中国企业经营海法港带来的安全风险，引起以色列原子能委员会前主任、潜艇编队前指挥官、海法大学海洋政策与战略研究中心负责人肖尔·乔拉夫（Shaul Chorev）等人的高度关注。[①] 2018 年 11 月，美国海军前高官加里·拉夫黑德在海法大学举行的一次会议上表示，中国企业经营港口可能会迫使美国海军在其他地点停靠军舰，“与港口相连的信息系统和新的基础设施，以及可能存在的信息和电子侦察系统，会破坏美国的信息和网络安全”。[②] 美国智库哈德逊研究所高级研究员亚瑟·赫尔曼（Arthur Herman）称，中国政府“渴望通过海法港在东地中海建立战略立足点”，“随着美国第六舰队在东地中海地区的式微，美国的战略利益越来越多地依赖与以色列海军的合作……如果中国（在以色列）的海上存在进一步增长，就会危及这种合作”。[③]

在此背景下，特朗普政府通过多条渠道对以色列进行施压，力图压制以中合作势头。2019 年 1 月，总统国家安全事务助理约翰·博尔顿向

---

① David Brennan, “Chinese Deal to Take over Key Israeli Port May Threaten US Naval Operations, Critics Say,” *Newsweek*, September 14, 2018.

② Michael Wilner, “US Navy May Stop Docking in Haifa After Chinese Take over Port,” *The Jerusalem Post*, December 15, 2018.

③ Guy Taylor, “Israel-China Port Deal Triggers US Navy Pushback,” *The Washington Times*, December 16, 2018.

内塔尼亚胡直接提出，要求以方重新审议中国企业对海法港的经营权等项目，并减少与中国的联系。同月，美国能源部副部长丹·布鲁耶特访问以色列，向以方提出了进一步的要求。3月，内塔尼亚胡访问白宫时，特朗普也与其谈及这些话题。同月，国务卿蓬佩奥访问以色列，在接受以媒体“13电视频道”采访时被问及美国是否寻求以色列改变对华政策，他称，“我想要确保每个国家都睁大眼睛，对中国带来的威胁保持清醒，同时确保它们认识到美国也将会做出一些决策。如果相关系统被植入某些地方，美国与你们合作的努力就会变得更加困难，在一些情况下，我们将不再能够与你们合作”。蓬佩奥还诬称，“当中国利用债务设置陷阱，当中国行贿，当中国通过国有企业进行间谍活动，当中国通过技术系统带来风险，就像华为这类公司给以色列人带来真正的风险，当这些事情发生时，我们希望确保各国对此有所了解，能够认识到风险，然后这些国家可以做出自主的决策”。[①]

美国国防部和军方领导人也在施压以色列方面走上前台。美国第六舰队计划在2021年中国企业营运海法港之后调整其在该港的行动。有美国官员对以方表示，“美国不会和那些让中国为其建设港口的国家做朋友”。[②] 2019年7月，负责中东事务的助理国防部长迈克尔·姆罗伊在给《大西洋月刊》的书面回应中表示，“我们并没有让以色列完全避免与中国进行交易，在中国投资的国家安全影响方面，我们与所有最亲近的盟友和伙伴进行开放的讨论”。他还谈及中国企业将接手运营海法港的事项，称“中国想要损害美国的军事优势，中国寻求（设施）使用权和驻军，中国还试图通过‘一带一路’倡议用经济手段进行胁迫，国防部对此表示关切”。同月，美国负责政策事务的副防长约翰·罗德（John

① Herb Keinon, “Israeli Government at Odds over Inspecting Chinese Ventures,” *The Jerusalem Post*, July 14, 2019.

② “US Warns Israel agaist Chinese Investment, Pushes ‘Can't Be Friends’ with China Line,” RT. com, June 14, 2019, https://www. rt. com/news/461889-china-israel-investment-warning/.

Rood）在访问以色列时表示，“中国想要拥有‘路’，想要控制‘带’”。美国国会议员也参与了对以色列的施压。2019 年 6 月，在参议员吉姆·尹霍弗（Jim Inhofe）等人推动下，美国参议院军事委员会在《2020 年度国防授权法》草案中加入相关表述，就以色列方面准许中国企业经营海法港表达“严重的安全关切”，称“美国海军舰船在海法港的前沿存在事关美国利益”，并提出美国政府应“敦促以色列政府考虑在以外国投资的安全影响”。①

美国智库专家就如何加大美以在对华政策上的协调提出建言。比如，兰德公司学者强调可以从两方面着力。一是加强美国和以色列有关中国问题的对话，美以已经在这方面建立了协调机制，但主要是针对军民两用技术出口问题。新的美以中国政策对话机制需要扩展所覆盖的领域，并增加对话的频度。“以色列和美国应确保，就中国在以色列和中东地区（包括在红海和东地中海）的投资和经济活动的性质与程度，进行经常性的信息共享和联合监控”。二是“分享知识并帮助以色列制定其中国政策”，美国可以与以色列就如何增强有关中国问题的专业知识进行交流，并为以色列制定全面的对华政策提供启示。尤其是美国可为以色列设立投资审查机制提供咨询，在两用物项出口管制等具体领域，可由美国商务部等相关美国机构进行指导。②

面对来自美国的压力，以色列方面并不愿完全屈从，试图寻求“中间道路”，既能缓和特朗普政府的关切，也能够维系与中国的经贸投资关系。2019 年 3 月，以色列国家安全委员会就在以外国投资的安全影响问题进行专门审议，其焦点是中国在以投资和相关经济活动。据以色列媒体 2019 年 5 月报道，由以色列国家经济委员会主席阿维·西姆洪（Avi

① Amir Tibon and Amos Harel, “US Senate Warns Israel over Deepening Ties with China, Citing ‘Serious Security Concerns’,” *Haaretz*, June 14, 2019.

② Shira Efron, Howard Shatz, Arthur Chan, Emily Haskel, Lyle Morris, Andrew Scobell, “The Evolving Israel-China Relationship,” RAND Corporation, 2019, pp. 142–144.

Simhon）和国家安全委员会负责人密尔·本-沙巴特（Meir Ben-Shabbat）领衔的审议小组，建议以色列政府暂时不要设立负责审查外国投资的政府机构。[①] 但是，未来仍有可能设立这一机制。内塔尼亚胡政府内部有不同两派观点，一方认为投资审查机制应当“严格”，这会对美国方面起到抚慰的作用；另一方则认为投资审查机制要“宽松”，以免损害包括中国投资者在内的外国投资者的意愿。[②]

无疑，美国方面夸大了中国企业在以色列活动的影响。实际上，据以色列港口发展和资产有限公司主席拉姆·贝尔尼科夫（Ram Belnikov）透露，以方与上海国际港务集团签署的经营特许权协议包括一个有关安全问题的保密附约，中方承诺将尊重以色列的安全关切。以色列国家安全研究所以中关系项目研究员加利亚·拉维（Galia Lavi）在实地考察海法港后称，中国公司仅是负责经营海法港的部分码头，而非第六舰队或其他军舰停靠的地方，从码头也看不到海军基地，“即便你用双筒望远镜，即便你站在大楼的楼顶”。[③] 以色列方面不希望将经济合作与国家安全问题混为一谈，不希望完全失去中国这个重要伙伴。2018 年 12 月，在以色列举办的“全球商业论坛”上，以色列交通部长伊斯雷尔·卡茨表示，“我认为我们需要建立监管机制，但是我们也需要在安全问题和民事问题之间做出区分”。[④] 耶路撒冷战略研究所副所长依兰·勒曼（Eran Lerman）认为，以色列与中国加强关系的战略并不必然与美国利益相冲突，可以通过某些方式减缓美方的担忧，他建议称，“值得考虑的是，

---

① Sami Peretz, “Israel Won’t Vet Chinese Investment, Risking US Ire,” *Haaretz*, May 20, 2019.

② Herb Keinon, “Israeli Government at Odds Over Inspecting Chinese Ventures,” *The Jerusalem Post*, July 14, 2019.

③ Kathy Gilsinan, “The US Is Worried about China’s Investments—This Time in Israel,” *The Atlantic*, July 11, 2019, https://www.theatlantic.com/politics/archive/2019/07/us-concerned-about-chinese-investments-israel/593794/.

④ Amiram Barkat, “US Presses Israel on China’s Haifa Port Investment,” *Globes*, January 6, 2019, https://en.globes.co.il/en/article-us-presses-israel-on-chinas-haifa-port-investment-1001267903.

可以不要在耶路撒冷和北京之间，而是更多在以色列和中国的一些省份以及那些聚焦于合理的民事需求的中国实体之间发展更多联系”。[①]

总之，从以色列这一案例可以看出，美国不断升级针对中国的战略竞争，已经开始对“一带一路”合作带来影响，尤其是美方对中国加强与其盟友的合作关系高度关注，并通过“经济问题安全化”这一核心策略进行施压。美国针对以色列对“一带一路”合作方面的施压，可能会在更大范围内产生负面影响。以色列学者罗伊·叶林尼克（Roie Yellinek）不无忧心地指出，“港口的管理对于中国和美国的利益来说都有直接影响，它们的担心更加关乎一种冷战式的争斗”，“如果上海国际港务集团和以色列的协议因为安全或战略考量而被取消，其他国家可能会开始重审它们与中国的关系。这会对所有合同引发更为严密的核查，包括那些已经签署的合同”。[②]

① Eran Lerman, “Israel's Strategy Toward China Doesn't Conflict with American Interests—It Serves and Reinforces Them,” *Mosaic*, November 19, 2018.

② Roie Yellinek, “US-Chinese Competition over the Haifa Port,” BESA Center Perspectives Paper No. 1071, January 23, 2019, pp. 1-2.

# 第九章
# “一带一路”框架下的中美合作

虽然特朗普政府不断加大对“一带一路”的制衡，但美国国内仍不乏呼吁理性看待“一带一路”的声音。2019 年 6 月，美国智库亚洲协会政策研究院发布题为《为“一带一路”倡议导航》（*Navigating the Belt and Road Initiative*）的报告，主笔者为奥巴马时期负责东亚和太平洋事务的助理国务卿、亚洲协会政策研究院副院长丹尼尔·拉塞尔（Daniel Russel）等人，该报告对“一带一路”持较为客观的态度，认为“一带一路”有助于满足发展中国家的基础设施需求，并为下一阶段“一带一路”的完善提出一系列具体建议。[①] 特朗普政府仅是从大国竞争视角看待“一带一路”，但不少美国战略界人士认为不应忽视“一带一路”所具有的经济属性，美国对“一带一路”的一味打压并不明智。无疑，“一带一路”绝非大国零和博弈的游戏，它可以为中美两国在商业、安全、国际发展机制等领域的协调合作带来一定机遇。

---

① Daniel R. Russel and Blake Berger, *Navigating the Belt and Road Initiative*, Asia Society Policy Institute, June 2019.

## 第一节 促进美国企业参与“一带一路”合作

2017年以来，美国国会参众两院多次举办涉及“一带一路”问题的听证会，组织者主要是安全、军事、情报等领域的国会委员会和小组委员会。2019年6月12日，美国参议院金融委员会下设的“国际贸易、关税和全球竞争力”小组委员会也专门就“中国的‘一带一路’倡议”举行听证会。此举表明，美国方面日益深入地研判“一带一路”的全方位影响，尤其是对美国商业和金融利益的实质性影响。在特朗普政府不断强化对华战略竞争的背景下，中国仍需要设法用好“利益杠杆”来应对美方压力，增进与美国商业界的沟通协调，促动中美经贸关系超越双边藩篱、在更大格局中实现“再平衡”。在这方面，推动美国企业参与“一带一路”并使其成为真正的利益攸关者，做大由中美企业而非政府主导的“第三方合作”，不失为一种选择。

毋庸置疑，特朗普政府对“一带一路”持明显的负面态度，不仅在国际社会炒作“债务陷阱”等论调以强化对华压力，还通过设立“美国国际发展金融公司”等举措试图为相关国家提供中国方案之外的替代性选择，用零和博弈的思路对待“一带一路”。但是，特朗普政府并不能代表整个美国，一些有识之士建议理性看待“一带一路”。2018年10月，兰德公司高级研究员詹姆斯·多宾斯（James Dobbins）等人撰写的报告提出，对全球经济以及亚洲、非洲和欧洲的民众而言，“一带一路”总体上是积极的；管理妥当的基础设施投资、降低众多国家的贸易壁垒可以发挥提高生产率、减贫和促进经济增长的效应；对于美国来说，采取阻碍“一带一路”的举措恰恰会被认为是在扼杀中国合理的经济崛起，以及与中国相关的世界大部分地区合理的经济崛起。[①] 此外，美国威廉与玛丽学院“援助数据”（AidData）研究项目在分析“一带一路”框架下基础设施项目的影响后提出，中国的投资有助于促进相关国家经济活动的更均衡分布。[②]

2019年4月，美国前贸易谈判代表查琳·巴尔舍夫斯基（Charlene Barshefsky）和前总统国家安全事务助理史蒂芬·哈德利（Stephen Hadley）联合撰文称，美国应当加大对全球基础设施建设的投入，但“在那些不太重要的地区，中国的项目应该得到欢迎，如果这些项目能够符合透明度、可持续、韧性、财政责任和社会责任方面的高标准”。他们两人是美国智库战略与国际问题研究中心发布的题为《更高质量的路——构建应对全球基建挑战的美国战略》（*The Higher Road*：*Forging a US Strategy for the Global Infrastructure Challenge*）的报告的共同主笔者。这份报告呼吁美国通过建立高质量的基建，成为全球基建的领导者。报告提出，全球性基建热方兴未艾，未来15年，全球将进入基建兴盛期，美国应采取一系列大胆措施，提升其在全球基建领域的竞争力和领导力。报告称，未来的全球基建对美国的经济和战略利益具有重要影响，从商业角度而言，到2040年，全球需要为基建项目投入94万亿美元，这将为美国承包商、能源供应商、技术发展商、服务和创新者提供机遇，并促进美国的经济和就业增长以及投资回报。基建是推动国际发展的重要工具，也有助于减少安全威胁。报告认为，中国“一带一路”在初期所取得的政治上的成功对美国是有启发性的，很多的案例表明，虽然中国提

① James Dobbins, Howard J. Shatz, Ali Wyne, “Russia Is a Rogue, Not a Peer; China Is a Peer, Not a Rogue,” *Perspective*, RAND Corporation, October 2018, pp. 15-16, https://www.rand.org/pubs/perspectives/PE310.html.

② Richard Bluhm, Axel Dreher, Andreas Fuchs, Bradley parks, Austin Strange, and Michael Tierney, “Connective Financing: Chinese Infrastructure Projects and the Diffusion of Economic Activity in Developing Countries,” AidData, September 11, 2018, http://docs.aiddata.org/ad4/pdfs/WPS64_Connective_Financing_Chinese_Infrastructure_Projects_and_the_Diffusion_of_Economic_Activity_in_Developing_Countries.pdf.

供的不是最好的选择，却是发展中国家可以拥有的唯一选择。从亚洲基础设施投资银行的实践看，中国已经展现出遵守全球标准的兴趣。①

实际上，从“一带一路”倡议提出伊始，美国商业界尤其是涉及基础设施建设业务的美国企业就对此表现出很大兴趣，试图从“一带一路”中寻找新的赢利空间。过去几年，通用电气公司、卡特彼勒公司等美国企业对“一带一路”尤为关注，并已经从“一带一路”合作中获利。作为中国设计采购施工总承包（EPC）企业的长期合作伙伴，通用电气公司与在巴基斯坦、沙特等国承建电站项目的多家中国企业签署合作协议，提供重型燃气轮机、蒸汽轮机、风机、电厂控制和油气管线设备以及其他基础设施技术和解决方案。此外，中国公司还采购通用电气公司制造的大量设备，用于在孟加拉国、肯尼亚和老挝等国的项目之中。据英国《经济学人》杂志报道，2016 年，通用电气公司从“一带一路”相关项目中获得的营收达到 23 亿美元，而在 2014 年，这类合作的营收只有 4 亿美元。②

2017 年 11 月，通用电气公司的“能源金融服务部门”还与中国政府设立的丝路基金签订合作协议，发起成立“能源基础设施投资平台”。双方将在“一带一路”相关国家展开联合融资项目，涉及电网、可再生能源、油气开发等多个业务领域。③ 这家企业与中国公司在非洲地区的合作也是可圈可点的。通用电气公司非洲区首席执行官杰伊·厄兰德（Jay Ireland）透露称，该公司已经设立 10 亿美元的基础设施基金，用于为非洲国家提供资金支持。中国企业在非洲地区承建的电站等项目数量众多，2016 年，中国设计采购施工总承包企业从通用电气公司采购的设备中有

---

① *The Higher Road: Forging a US Strategy for the Global Infrastructure Challenge*, Center for Strategic and International Studies, April 2019, pp. 1-5, 25-26.

② “Western Firms are Coining It along China's One Belt, One Road,” *The Economist*, August 3, 2017.

③ Keith Bradsher, “US Firms Want in on China's Global ‘One Belt, One Road’ Spending,” *The New York Times*, May 14, 2017; Cai Xiao, “GE Reaps Belt and Road Dividend,” *China Daily*, October 25, 2016.

三分之一用于在非洲国家的相关项目。除了提供设备和技术，美国企业也希望通过分享商业经验为“一带一路”合作提供助力。正如通用电气公司全球高级副总裁、中国总裁兼首席执行官段小缨所言，该公司在全球180多个国家和地区开展业务，对“一带一路”共建国家的差异以及各国政治、经济、运营等问题有着深入的了解和丰富的经验。无疑，这将是通用电气公司参与“一带一路”国际合作的重要资产。[①]

美国卡特彼勒公司是目前世界最大的工程机械和矿山设备制造商，也是“一带一路”合作的积极参与者。它成立于1925年，总部位于美国伊利诺伊州。2016年11月，卡特彼勒公司发布《“一带一路”：共赢的愿景和承诺》白皮书，提出该公司与中国企业开展合作的主要领域，包括“促进创新及产业转型”“协作开发基础设施”“分享全球经验及风险管理工具”等五大方面。[②] 2017年9月，卡特彼勒公司首席执行官安博骏（Jim Umpleby）称，该公司已经在20多个“一带一路”沿线国家与中国的国有企业展开合作，涉及公路、港口、矿业和油田等项目。例如，中国交通建设集团有限公司在白俄罗斯承建M5博布鲁伊斯克—日洛宾（Bobruisk-Zhrobin）公路升级改造项目，卡特彼勒公司为该项目提供机械装备以及相关的技术培训和维护等服务，该项目已于2016年7月完工。2017年11月，卡特彼勒公司还与中国国家能源投资集团有限公司签署为期五年的战略合作框架协议，为后者提供采矿设备出售和租赁服务以及相关技术支持。此外，卡特彼勒公司还为在“一带一路”沿线国家开展业务的一些中国企业提供了项目融资。

在美国企业参与“一带一路”方面，美国福陆（Fluor）公司和博莱克·威奇（Black & Veatch）公司也是值得提及的案例。福陆公司始创于

---

① 徐惠喜：《GE全球高级副总裁段小缨：“一带一路”倡议内涵丰富　中外企业联手拓展市场》，《经济日报》2019年5月7日。

② 《共赢的愿景和承诺——卡特彼勒发布“一带一路”白皮书》，卡特彼勒公司网站，2016年11月29日，https://www.caterpillar.com/zh/news/corporate-press-releases/h/belt-road.html。

1912年，是主要从事咨询、工程、建筑等服务的世界知名企业。福陆公司在全球6大洲25个国家拥有50 000多名雇员。它与中国企业在中东地区合作开发电站项目，在印度尼西亚等国和中国企业也有相关合作。博莱克·威奇公司创立于1915年，主要从事能源、水工程、信息产业、管理咨询、政府和环境项目领域的基础设施建设。2017年10月，博莱克·威奇公司与中国天辰工程有限公司签署谅解备忘录，针对在亚洲国家建设天然气、化学和肥料基础设施项目进行合作，涉及的国家包括印度尼西亚、泰国、越南、新加坡、缅甸、孟加拉国、巴基斯坦、哈萨克斯坦和塔吉克斯坦。①

值得注意的是，美国企业与中国企业之间的合作很多具有较高的技术含量，这有助于促进“一带一路”的创新、绿色发展。比如，从1935年就开始在中国开展业务的霍尼韦尔（Honeywell）公司，目前在中国雇佣员工11 000名，其中20%为研发人员，实施“东方服务于东方”（East for East）的发展战略，致力于建立一流的本地研发能力。2017年5月，霍尼韦尔公司与惠生工程（中国）有限公司（国内能源化工工程领域规模最大的民营企业之一）签署合作协议，共同为“一带一路”沿线国家的客户提供甲醇制烯烃（methanol-to-olefin）工艺技术等方面的服务，帮助那些天然气资源丰富的国家以更低的成本生产乙烯和丙烯，为全球油气行业带去更清洁、更高效、更优质的解决方案。

世界500强企业、美国艾康（AECOM）公司成立于1980年，总部位于加州洛杉矶，是国际顶级的建设设计咨询企业。2017年5月，艾康公司与3D打印建筑企业盈创建筑科技（上海）有限公司签署战略合作备忘录，双方合作推动3D打印技术应用于建筑设计和建造，主要是针对“一

① Hearing on China's Belt and Road Initiative before the Subcommittee on International Trade, Customs, and Global Competitiveness of the Committee on Finance, June 12, 2019, pp. 34–36, https://www.finance.senate.gov/imo/media/doc/43886.pdf.

带一路”沿线国家尤其是中东国家的相关项目。“美国艾康和盈创已经看到了联手为中东地区的客户提供服务的潜在机会，并期望将3D打印建筑技术拓展至更广泛的地域，帮助客户克服当地的各种挑战。在未来几十年中，亚洲及非洲等发展中地区将是全球新一轮城市化的主要阵地，中国提出的‘一带一路’倡议也将引发新的基础设施建设浪潮。在此之中，3D打印建筑技术将大有可为”。[①] 此外，2018年1月，艾康公司还与中国交通建设集团有限公司签署合作协议，为后者在马来西亚东海岸铁路项目中承建的高架桥、隧道等工程提供现场监理服务，东海岸铁路项目是中国和马来西亚“一带一路”合作的重要工程。

考虑到相关企业在“一带一路”沿线开展经营投资时所需要的融资、结算和资金管理等服务需求将不断增加，一些美国金融类企业也加大了对“一带一路”的参与。比如，2015年5月，中国银行首次发行公共债券，为“一带一路”项目提供40亿美元的资金支持。美国花旗集团和另外三家全球性金融机构与中国银行合作推动该债券的发行。2018年4月，花旗集团还与中国银行、招商银行签署了业务合作备忘录，通过更紧密的合作来支持两家中资银行围绕“一带一路”所进行的海外投资和项目拓展。花旗银行副董事长、花旗集团首席客户官艾伦·麦克唐纳（Alan MacDonald）表示，“花旗银行是和‘一带一路’倡议契合度最高的国际银行之一”，在花旗所服务的跨国企业客户中，有超过3500家公司活跃在“一带一路”沿线国家和地区，几乎囊括了中国所有大型国际企业。[②] 此外，2018年3月，总部设在亚特兰大的美国景顺资产管理公司（Invesco Ltd.）获得发行“一带一路”债券基金的许可，将投资与“一带一路”相关的国债和公司债。美国高盛集团和中国国际金融有限公司

① 《AECOM与盈创签署合作备忘　致力推进3D打印建设设计与施工的应用》，美通社，2017年5月18日，https://www.prnasia.com/story/177954-1.shtml。

② 孙榕：《艾伦·麦克唐纳：结缘“一带一路”更好服务国际客户》，中国金融新闻网，2019年6月12日，https://www.financialnews.com.cn/zgjrj/201906/t20190612_161671.html。

也联合设立了投资基金。

随着2019年4月第二届“一带一路”国际合作高峰论坛的召开，“一带一路”建设从“大写意”进入“工笔画”的新阶段。从中国的角度看，提升美国企业对“一带一路”的参与，既有助于体现“一带一路”的开放性和包容性，也有助于分散“一带一路”建设的经济风险，增强“一带一路”对国际社会的吸引力。同时，还可借此探索中美在第三方增强经济合作的可能性，从而为缓解中美经贸摩擦提供助力。对于进一步促进“一带一路”框架下的中美企业合作，可以考虑从以下几个方面着力。

第一，向美国商业界提供有关“一带一路”以及如何参与“一带一路”的高质量信息，加大和优化对美国商业界、金融界人士的政策宣介。战略与国际问题研究中心高级研究员马修·古德曼（Matthew Goodman）等人认为，“一带一路”建设面临的主要问题不是缺乏资金，而是缺少“有回报的好项目”，以及如何在相关国家改善投资和经商条件。美国柏克德（Bechtel）工程公司、哈里伯顿（Halliburton）公司等工程类、能源类企业对“一带一路”虽有兴趣，但并不清楚如何参与其中。[①] 中方可与美国商会、彼得森国际经济研究所等机构加强合作，不定期地召开研讨会、政策吹风会等，及时收集美国商业界的关切，同时与美方共同探讨解决之道。此外，在“一带一路”建设方面中国政府给予本国企业的一些优惠政策，可以考虑适当延伸至美国企业。

第二，不断优化中美企业在基建等领域的既有合作，用更多的合作成果吸引美国商业界的参与。战略与国际问题研究中心重新连接亚洲项目主任乔纳森·希尔曼认为，中国推动的基建类项目能够实现快速启动，但容易掩盖长期性风险。中国应鼓励中美企业合作模式，更加注重“一

① Hiroyuki Kotake, “Mattew Goodman: US, Japan Can Aid Asia’s Infrastructure Boom,” *Nikkei Asian Review*, November 18, 2016.

带一路”沿线基建生态圈的营造，谋求多方共赢方案，为东道国和当地社区创造可持续的价值。比如，通用电气公司提出要突破以往的中美企业合作模式，探索和推动“联合市场开发、联合融资、联合运营”的新策略，以确保“一带一路”项目与实际市场需求相匹配，对“中国+全球”的金融资源进行整合，提升企业在项目运营环节的能力和效率，加大项目全生命周期的风险管控，增加项目整体效益。

第三，更好地发掘和利用美国企业在“软性基础设施”方面的优势，推动中美两国企业深化合作。正如美国能源安全理事会高级顾问加尔·鲁夫特（Gal Luft）所言，美国在“软性基础设施”方面（如咨询、法律服务、市场研究、融资）拥有相对优势，而“软性基础设施”往往是项目成败的关键所在。此外，美国公司还可以在提高能源利用效率、垃圾和废弃物处理等方面提供技术和管理经验。① 这对于建设“绿色丝绸之路”至关重要。由此，可以考虑为相关美国企业提供一些“专属项目”和“储备项目”，鼓励有实力和条件的中国环保类企业与其开展合资联营。此外，还可推动美国政府通过美国出口—进口银行、海外私人投资公司等机构，为参与“一带一路”低敏感领域合作的美国企业提供出口支持和投资保障。②

第四，通过日本、德国等美国盟国的企业，调动美国企业参与“一带一路”的积极性，以多边方式减少美国企业的顾虑。根据美国智库战略与国际问题研究中心重新连接亚洲项目的统计，中国主导融资的“一带一路”项目的89%由中国企业承建，仅有7.6%是由当地企业承包，其余3.4%是第三国企业。日本丸红株式会社、德国西门子公司等西方国家

---

① Gal Luft, *Silk Road 2.0: US Strategy toward China's Belt and Road Initiative*, p. 45.

② Elizabeth Economy, "Objectives and Future Direction for Rebalance Economic Policies," Testimony before US-China Economic and Security Review Commission, March 31, 2016, pp. 6-7, https://www.cfr.org/sites/default/files/pdf/2016/03/Elizabeth%20Economy%20March%2031%202016%20Congressional%20Testimony.pdf.

企业对于参与“一带一路”合作的兴趣较大。2018 年，德国工商大会负责外贸的副总裁弗尔克尔·科赖尔表示，德国经济界尽早介入“一带一路”是好事情，10 年后世界经济增长的 90%都是在欧洲之外实现的。德国联邦贸易和投资署（GTAI）负责人于尔根·弗里德里希称，“一带一路”项目不仅对西门子等跨国公司有吸引力，一些专业程度高的中小型企业同样可以从中受益，包括参加招投标透明度较高的亚投行项目。中国德国商会对 2500 家在华德资企业进行的问卷调查显示，约 35%的受访企业相信会从“一带一路”项目中受益。① 可以通过“国际商业共同体”的方式，推动美国企业与日本、德国、法国、英国等国企业共同参与“一带一路”合作，力求做大蛋糕、实现多赢。

总之，“一带一路”建设已经得到国际社会的普遍肯定，而美国也希望能够更多参与全球基础设施建设。根据战略与国际问题研究中心 2018 年 10 月的研究，世界各国对于基础设施的需求十分巨大，从全球范围看，有 11 亿人不能用上电，10 亿人无法获得安全饮用水，23 亿人的生活达不到基本卫生条件。② 毫无疑问，在促进基础设施建设方面，中美双方不应也不必陷入“零和博弈”，两国企业的合作存在巨大潜力。

## 第二节 “一带一路”的安全保障与中美协调

“一带一路”建设虽然是以发展为基本导向的国际合作倡议，但却被很多美国战略界人士认为是中国实现地缘战略目标的工具，面临“被安全化”的难题。与此同时，“一带一路”建设客观上也存在诸多安全风险

① 《德国经济界欲从中国“新丝绸之路”中获利：早点参与会更好》，《参考消息》2018 年 2 月 28 日。

② Daniel F. Runde and Romina Bandura, “The BUILD Act Has Passed: What’s Next?” Critical Question, October 12, 2018, CSIS, https://www.csis.org/analysis/build-act-has-passed-whats-next.

挑战，其核心是“发展—安全相互联结”（development-security nexus）问题。正如兰德公司研究员莫利·萨尔茨格（Mollie Saltskog）与科林·P.克拉克（Colin P. Clarke）等人所言，“一带一路”建设中的经济因素、能源因素和国际安全因素等是相互强化的，而在这之中，安全问题是中国面临的最大挑战，“海外利益越多，就越是需要去保护它们”。[①] 为推动“一带一路”顺利落地，不仅需要探索深化对外经济合作的创新性思路和做法，也需要努力提升安全保障能力建设。中美可在“一带一路”框架下推动安全领域的协调与合作。

应当看到，与经济合作方面的前期准备、机制构建和资源投入相比，“一带一路”建设存在较为显著的“安全赤字”，并体现为以下三大矛盾。一是推进“一带一路”建设与维护中国国家安全之间的矛盾。比如，考虑到阿富汗等中亚、南亚国家安全局势堪忧，不排除宗教极端势力、民族分裂势力和国际恐怖势力“三股势力”以及跨国犯罪集团对中国维护国家安全、民族团结和社会稳定带来“输入性风险”。二是“一带一路”作为整体性规划与分散性、多样性、碎片化的安全风险之间的矛盾。“一带一路”有望成为实现合作发展、互利共赢的“大体系”，但各类安全风险也可能借此相互转化、交叠强化、外溢泛化。三是“一带一路”建设安全保障需求的增大与中国相关资源不足的矛盾。除参与联合国维和行动、亚丁湾地区护航行动以外，目前中国以军事力量、准军事力量介入地区和国际安全事务的经验较为有限。美国学者认为，“一带一路”存在不少“安全缺口”，“大部分基础设施由中国私营安保公司负责保护，很多这类公司对于应对冲突和战斗状态缺乏经验和训练。因此，中国越发深化对外军事交往以确保其海外利益，而这又会对东道国或邻国的主

① Mollie Saltskog and Colin P. Clarke, “The Little-Known Security Gaps in China’s Belt and Road Initiative,” *The National Interest*, February 17, 2019.

权构成威胁”。[①]

为应对上述“安全赤字”，首要任务是对“一带一路”建设面临的主要安全风险进行分类梳理，尤其是针对重点国家、重点方向和重点项目涉及的安全风险进行科学、细致、深入的评估。所谓安全风险，就是指对个人、项目、资产等安全相关的风险因素的集合。与一般性的投资风险或经贸合作风险分析不同，“一带一路”建设的安全风险具有涉及面广、动态性强、交织联动的特征。综合来看，“一带一路”重大项目存在的若干共性安全风险包括以下三个方面。

第一，地缘政治安全风险。大国之间的复杂关系以及战乱、武装冲突等因素将对“一带一路”建设的项目构成威胁。沿线中小国家很多都面临来自俄罗斯、印度、美国等大国的压力，“多面下注”情况比较普遍，这会对“一带一路”重要项目的合作和对接产生负面影响。比如，印度担心其在南亚和印度洋地区的传统优势地位受到挑战，也不愿其所推动的“中亚—南亚走廊”等倡议受到“一带一路”的冲击。斯里兰卡科伦坡港口城项目风波即与来自印度方面的阻力有关。[②] 欧盟则担心“一带一路”对其“东部伙伴关系计划”“地中海伙伴关系计划”“欧盟—中亚伙伴关系战略”带来不利影响。此外，有些地缘处境复杂的中小国家也会给“一带一路”项目带来安全风险。俄美欧三方力量的博弈致使乌克兰危机不断深化，形成欧亚核心区的典型地缘政治风险。阿富汗以及阿富汗—巴基斯坦边境地区的安全形势可能进一步恶化，进而危及“丝绸之路经济带”的南翼和“21 世纪海上丝绸之路”的北线。中亚国家之

---

① Mollie Saltskog and Colin P. Clarke, “The Little-Known Security Gaps in China’s Belt and Road Initiative,” *The National Interest*, February 17, 2019.

② 斯里兰卡前国防部长哥达巴雅·拉贾帕克萨（Gotabaya Rajapaksa）在 2015 年 7 月公开演讲中透露这一信息，“India asked Lanka to stop Colombo Port City Project, says Gotabaya,” Eye Sri Lanka, July 18, 2015, http://www.eyesrilanka.com/2015/07/18/india-asked-lanka-to-stop-colombo-port-city-project-says-gotabaya/。

间如塔吉克斯坦和乌兹别克斯坦的资源争夺，外高加索国家之间如阿塞拜疆和亚美尼亚的领土争端等，都是“一带一路”建设应高度重视的地缘政治安全风险。

第二，国家内部或跨国性的政治风险。在“一带一路”沿线国家中，不少都处于政治、经济和社会的敏感转型期，政治生态复杂，经济成熟度不高，国内各种政治势力容易受到外部力量的影响。政治风险对“一带一路”建设的不利影响主要体现在以下四个方面。一是国内政治反对派借中国问题攻击现政权，强化本国社会民意针对中国“经济民族主义”等的情绪。二是国内权力交接导致政局波动。中亚国家的“老人政治”问题较突出，南亚部分国家军人干政现象也多有发生。政局变化不一定完全不利于中国与相关国家的关系，但难免会对“一带一路”建设带来干扰。三是国内不同族群和教派之间的冲突导致“一带一路”项目推进不力，有些冲突还具有跨国性影响。四是个别国家政府难以为“一带一路”项目提供必要的安全保障。在一些沿线国家，中央政府对地方缺乏有效管控，有些腐败的政府官员甚至与不法分子合谋利用安全问题牟利。[①] 值得高度关注的是，在“一带一路”沿线部分国家，经济发展形势的恶性变化也会诱发和加剧相应的政治风险。近年来西亚北非地区的政局动荡，其直接因素就是经济发展长期停滞。不少“一带一路”沿线国家在经济上的外部脆弱性比较明显，长期处于经常项目收支逆差，出口结构单一，外汇储备薄弱，负债率较高。在能源资源出口下降、粮食价格上涨、国内资本加快外流等因素的影响下，这些国家或将出现货币大幅贬值、急剧的通货膨胀以及持续的经济低迷，进而造成社会动荡，深化政治风险，给“一带一路”的相关合作带来重大安全压力。

第三，非传统安全问题带来的风险。非传统安全是指除军事、政治

---

① Stephen Biddle, “Afghanistan’s Legacy: Emerging Lessons of an Ongoing War,” *The Washington Quarterly* 37, no. 2 (Summer 2014).

和外交冲突以外的其他因素对经济和社会发展构成威胁的安全问题，主要涉及非国家行为体，具有跨国性、易突发、外溢性强等特点，防范和治理难度较大。“一带一路”建设面临的非传统安全风险主要体现在以下三个方面。一是来自恐怖主义和极端主义势力，且暴力恐怖活动近年来呈现出分散化、本土化、独狼化、网络化特征。近年来，中东地区恐怖主义分子向东南亚、南亚国家“回流”的态势也十分明显。中国驻吉尔吉斯斯坦大使馆遭受袭击等事件，就与恐怖主义势力有关。还有一些中国公民在泰国、巴基斯坦、马里等地发生的恐怖袭击中丧生。此外，“海上恐怖主义”活动日趋增多，它们通常以船舶、钻井平台、港口城市、旅游景点等作为袭击目标，造成海洋运输路线中断、海洋污染等严重后果。[①]“一带一路”的很多项目尤其是基础设施项目可能会成为恐怖主义势力袭击的目标，特别是能源管道、交通设施等一旦遭受攻击将会导致严重后果。二是海盗、贩毒等跨国有组织犯罪活动日趋猖獗，它们往往与恐怖主义和极端主义势力形成复杂的“共生体系”，甚至和政府官员、军队相互勾结。马六甲海峡、孟加拉湾、阿拉伯海、亚丁湾等都是海盗频发地区。“金三角”（泰国、缅甸和老挝三国交界地带）和“金新月”（阿富汗、巴基斯坦和伊朗三国交界地带）地区的毒品、武器走私等跨国犯罪活动也长期难解。此外，在高加索和巴尔干等地区，跨国犯罪组织也比较猖獗。这些跨国犯罪组织有可能与恐怖主义组织相互勾连，对参与“一带一路”建设的相关人员实施绑架勒索等。因此，保障“一带一路”的安全，需要加大合作打击跨国犯罪组织的力度，包括增进司法合作、提升相关国家维护边境安全的能力等。三是海啸、地震和风灾等自然灾害频发，环境、生态安全问题较为突出。“一带一路”沿线国家尤其是中亚、南亚和东南亚国家因经济实力有限，在自然灾害预测与管理、

① Carolin Liss, “New Actors and the State: Addressing Maritime Security Threats in Southeast Asia,” *Contemporary Southeast Asia* 35, no. 2 (August 2013).

备灾机制、救援和灾后重建方面的资源投入显著不足，同时也缺乏灾害应对的区域性机制和安排。“一带一路”建设不仅应重视经济发展的“增量”投入，还应关注“损失”控制，尤其是自然灾害对涉及中国的经济合作项目和人员的安全威胁。

围绕“一带一路”安全保障需求，中美可以加强沟通、协调与合作，其基础在于：“一带一路”首要针对的是那些长期处于全球经济体系边缘地带的国家，它们位于中亚、南亚、中东等地区，不仅经济欠发达，在政治和安全上也处于动荡之中，西方学者通常将这些国家称为“失败国家”或“失败中的国家”，并担心动荡向欧洲和美国等“外溢”。[①] 近年来，“阿拉伯之春”、利比亚政权更迭和叙利亚危机等，正在共同破坏中东地区的稳定，美国政府也将打击伊斯兰极端组织作为外交政策的优先事项，中美可就此展开更深入的对话。[②] 正如法国学者高大伟（David Gosset）所言，“欧亚大陆处于直接的本地化的恐怖主义威胁之下，这种恐怖主义用无人机是无法打败的……（中国提出的）新丝绸之路倡议将着力解决经济和社会进步的长期性需求，为铲除极端主义的根源创造条件”。[③] 2018年2月6日，特朗普政府助理国防部长薛瑞福在美国参议院外交委员会接受议员问询时表示，中国可以在反恐方面成为美国的合作伙伴。

实际上，美国战略界人士已经意识到，中国扩展其国际安全影响力对美国既是一种挑战，也会带来双方在安全领域开展更多合作的机遇。2016年12月，兰德公司发布报告称，随着“一带一路”建设的推进，中国越来越需要为其在世界各地的投资和企业提供安全保障，保护居住在

---

① Nadege Rolland, *China's Eurasian Century? Political and Strategic Implications of the Belt and Road Initiative*, National Bureau of Asian Research, May 2017, Chapter 5.

② Peter Feaver and Hal Brands, "Trump and Terrorism: US Strategy after ISIS," *Foreign Affairs*, March/April 2017.

③ David Gosset, "China's Grand Strategy: The New Silk Road," *The World Post*, January 8, 2015.

国外的中国公民，安全而可靠地获得能源和其他自然资源，以及自由地利用关键的海运航线，这将促使中国采取更多的旨在营造国际安全环境的行动。[①] 2018 年 3 月，美军非洲司令部司令托马斯·瓦尔德豪泽（Thomas D. Waldhauser）在参加美国参议院军事委员会听证会时表示，中国军队在非洲参与了维和行动和反海盗行动，“我们必须找到与他们合作的方式”。[②] 美国国防部 2019 年初发布的《中国全球扩张对美国防务影响评估》（*Assessment of US Defense Implications of China's Expanding Global Access*）提出，中国的“一带一路”项目已经扩展到全球各地，甚至包括拉丁美洲和北冰洋，其中一些项目能让中国海军在印度洋、地中海和大西洋一些港口部署后勤设施和资源，保护其不断扩张的海外战略利益，这一发展对美军的海外部署、训练和后勤支持产生影响。同时，该报告也提出，美国国防部不认为中国每一个海外项目都是威胁，因为美国支持各国有权决定自己的经济利益，而且竞争并不意味着冲突不可避免，也不排除美国与中国在具有共同利益的领域合作。[③]

中美可就“一带一路”的安全保障问题，从以下三个方面展开一定的政策协调与合作。

第一，中美两国可考虑围绕“国际安全”主题进行定期政策对话，安排外交、军事、国际发展等部门的高级官员参加，对话可重点围绕东南亚、南亚、非洲等区域的安全挑战和应对展开。中美可相互通报在某

---

① Timothy R Heath, Kristen Gunness, Cortez A. Cooper, “The PLA and China's Rejuvenation,” Report by RAND Corporation, December 2016, Summary xiii, http://www.rand.org/content/dam/rand/pubs/research_reports/RR1400/RR1402/RAND_RR1402.pdf.

② Hearing on United States Central Command and United States Africa Command in review of the Defense Authorization Request for Fiscal Year 2019 and the Future Years Defense Program, U.S. Senate Committee on Armed Services, March 13, 2018, https://www.armed-services.senate.gov/hearings/18-03-13-united-states-central-command-and-united-states-africa-command.

③ US Department of Defense, *Assessment of US Defense Implications of China's Expanding Global Access*, December 2018, https://media.defense.gov/2019/Jan/14/2002079292/-1/-1/1/EXPANDING-GLOBAL-ACCESS-REPORT-FINAL.PDF.

些地区和国家的重大安全行动，避免两国对彼此的战略误判。比如，在吉布提等国，加强中美军事人员的相互交流。中国驻外使领馆可在符合工作规定的情况下，与美国相关使领馆进行安全信息和风险评估方面的机制性交流。还可联合他国外交人员、企业共同组织“危机推演”，提前就危急时刻如何使用当地有限的安全资源进行预先协调，从而降低撤离、救援时可能产生的冲突，使安全保障更具协同性和效率。[①] 此外，中美两国智库可就“国际安全”问题展开共同研究和评估，为两国政府提供智力支持。

第二，将非传统安全作为重要合作领域，推动中美在打击跨国有组织犯罪、救灾减灾、人道主义救援等方面展开共同行动和联合演训，做好海陆联合救援等新型合作模式的预研。[②] 中美还可通过共同支持相关国家和地区性组织提升功能性议题（如水资源、能源安全）的治理水准，降低和防范相应的安全风险。比如，中美双方可联合相关国际组织在某个地区推动区域灾害风险管理的一体化，帮助“一带一路”沿线国家开展洪水、海啸、地震、核危机等风险的监测分析，更好地协调各方的风险响应政策和行动。

第三，针对在“一带一路”沿线开展经营活动或投资合作的两国企业，中美可围绕安全保障问题加强对企业的培训，提升企业的海外安全意识和能力。在海外经营安全方面，不少中国企业存在四无现象，即“无风险意识、无安保高管、无安保资金、无安保方案”。中国企业需尽快补足跨国经营中的安全保障“短板”，积极借鉴美国等西方国家跨国公司的经验，设立负责安全保障的主管职位，充实企业内部相关机制和资源投入，建立跨国安保、风险管理方面的“标准操作规程”。在“一带一路”建设中，应鼓励中国企业与美国等西方国家企业开展联合投资项目，

① 杜懋之、赵晨：《海外公民保护与欧中安全合作》，《国际政治研究》2013 年第 2 期。

② Timothy Heather, “China’s Pursuit of Overseas Security,” RAND, pp. 34-37.

从而促使各方共担安全风险。

## 第三节　推动完善国际发展多边机制

作为世界上最大的发展中国家，中国取得了令世界瞩目的发展成就，也更加深切地认识到，“唯有发展，才能消除冲突的根源。唯有发展，才能保障人民的基本权利。唯有发展，才能满足人民对美好生活的热切向往”。[①] “一带一路”建设是促进各方发展的重要平台，中国在国际发展事业中的投入和影响力不断增大。然而，美国方面却把国际发展视为大国竞争的领域。从全球在基础设施、公共卫生等领域的巨大需求看，中美完全可以在国际发展领域展开更多的协调与合作，共同推动完善国际发展多边机制。

### 一、国际发展与中美关系

近年来，中国在国际发展领域的投入和影响力逐步增大。《新时代的中国国际发展合作》白皮书披露，2013—2018 年，中国对外援助金额为 2702 亿元人民币，包括无偿援助、无息贷款和优惠贷款。2013—2018 年，中国共向亚洲、非洲、拉丁美洲和加勒比、大洋洲和欧洲等地区 122 个国家及 20 个国际和区域性多边组织提供援助。其中，亚洲地区 30 国，非洲地区 53 国，大洋洲地区 9 国，拉丁美洲和加勒比地区 22 国，欧洲地区 8 国。2013—2018 年，中国共建设成套项目 423 个，集中于基础设施、农业等领域；中国共在 95 个国家和地区完成技术合作项目 414 个，主要

① 习近平：《谋共同永续发展　做合作共赢伙伴——在联合国发展峰会上的讲话》，《人民日报》2015 年 9 月 27 日，第 2 版。

涉及工业生产和管理、农业种植养殖、文化教育、体育训练、医疗卫生、清洁能源开发、规划咨询等领域。① 2018 年 4 月，中国成立国家国际发展合作署，这是中国全面深入参与国际发展事业的重要标志。

共建“一带一路”是中国开展国际发展合作的重要平台。2018 年 5 月，美国威廉与玛丽学院“援助数据”研究项目发布的报告认为，由于高达 1260 亿美元的“一带一路”基础设施计划以及中国主导的亚洲基础设施投资银行，中国在该项目的“全球影响力和对外援助”调查中的排名上升 8 位，从 2014 年的第 29 位升至第 21 位，超过日本（第 25 位）和印度（第 24 位）。“一带一路”建设的推进使中国为国际发展事业提供更多的公共产品，国际社会对此普遍给予积极评价。“一带一路”得到联合国等众多国际组织的赞赏和支持。2016 年 3 月，联合国安理会第 S/2274 决议首次纳入“一带一路”倡议内容；2016 年 4 月，中国外交部与联合国亚洲及太平洋经济社会委员会签署“一带一路”建设合作意向文件；2016 年 12 月，第七十一届联合国大会协商一致通过关于阿富汗问题的第 A/71/9号决议，决议明确欢迎“一带一路”倡议，呼吁国际社会为开展“一带一路”建设提供安全保障环境。②

此外，截至 2021 年，中国已同 40 多个重要国际组织签署共建“一带一路”合作协议。作为推动国际发展事业的重要机构，联合国开发计划署（UNDP）在 2016 年 9 月与中国政府签订关于共同推进“一带一路”建设的谅解备忘录。开发计划署是联合国的下属机构，也是联合国在国家层面的运营机构，在众多国家与合作伙伴共同促进可持续发展、消除贫困、提高女性地位、提升国家治理水平。其目标是推动经济发展方式调整，实现更具包容性、可持续性及弹性的增长，实现人类全面发展和

① 中华人民共和国国务院新闻办公室：《新时代的中国国际发展合作》，2021 年 1 月，http://www.scio.gov.cn/zfbps/32832/Document/1696685/1696685.htm。

② 刘结一：《“一带一路”唱响联合国舞台》，《人民日报》2016 年 12 月 8 日。

共同繁荣。双方建立战略合作伙伴关系，目的是在“一带一路”和南南合作框架下，利用开发计划署拥有的资源、网络和实践经验等优势，推动“一带一路”沿线国家的可持续发展。具体而言，双方可展开很多实质性的合作。比如，在中国驻外使领馆和代表团以及联合国开发计划署国别和地区办公室的基础上，建立“一带一路”合作网络，加强沟通与信息分享。此外，还可以联合举办高级别政策论坛，邀请相关利益攸关方和实践者共同参与。联合国开发计划署还将协助中方开展研究和分析，支持“一带一路”和南南合作议程达成有影响力的成果。在实施示范项目方面，开发计划署在项目鉴别、设计、实施和风险管控方面具有优势，可通过建立三方合作伙伴关系，共同推动有关项目，促进政府与私营部门之间更好地合作，以实现扶贫、包容性增长和绿色融资等目标。双方还将合作举办“一带一路”国家高级别政府官员培训课程，提高官员的领导力和协调力，加强相关国家政府的能力建设。①

中国将与国际组织、多边开发机构的合作视为“一带一路”建设的重要内容。2017 年 5 月，“一带一路”国际合作高峰论坛在北京举行。联合国、世界银行、国际货币基金组织、世界贸易组织、国际移民组织等 70 多个国际组织负责人和高级代表出席。习近平主席在开幕式发表的主旨演讲中表示，中国将设立“一带一路”国际合作高峰论坛后续联络机制，成立“一带一路”财经发展研究中心、“一带一路”建设促进中心，同多边开发银行共同设立多边开发融资合作中心，同国际货币基金组织合作建立能力建设中心。此外，中国将在未来 3 年间向参与“一带一路”建设的发展中国家和国际组织提供 600 亿元人民币援助。高峰论坛举办期间，中国政府与 20 多个国际组织签署合作文件。② 2019 年 4 月 27 日，

---

① Christina Pinna, “UNDP and China’s Belt and Road Initiative,” September 19, 2016, https://isid.unido.org/files/OBOR/Session-1-Pinna.pdf.

② 《习近平谈治国理政》（第二卷），外文出版社，2018，第 514—516 页。

第二届“一带一路”国际合作高峰论坛举办。习近平主席在开幕式发表的主旨演讲中提出，将深化农业、卫生、减灾、水资源等领域合作，同联合国在发展领域加强合作，努力缩小发展差距；推动各方各施所长、各尽所能，通过双边合作、三方合作、多边合作等各种形式，把大家的优势和潜能充分发挥出来，聚沙成塔、积水成渊。[①]

很多国际组织的领导人都表达出进一步参与“一带一路”合作的意愿。联合国2030年可持续发展议程是指导全球发展合作的纲领性文件，与共建“一带一路”高度契合。联合国秘书长古特雷斯表示，伙伴关系和政策合力是“一带一路”与2030年可持续发展议程的共同点，希望联合国相关机构能够深化与中国方面的合作对接。[②] 世界银行行长金墉（Jim Yong Kim）表示，世行与中国财政部签署相关文件，将在贸易便利化、风险管理等方面展开合作，世行牵头的全球基础设施建设互联互通联盟也将提供协助。2018年4月18日，在布鲁金斯学会与非政府国际组织“国际金融论坛”以及国际货币基金组织共同主办的研讨会上，国际货币基金组织亚太部主任李昌镛（Changyong Rhee）表示，亚洲地区需要很多基础设施建设，而“一带一路”倡议是该组织与中国进行合作的一个好机会，包括管控这个倡议所包含的一些风险。他说：“对于我们来说，基础设施投资不仅是硬件方面的投资。建设硬件基础设施是重要的，软件也非常重要，像债务管理以及中期公共融资管理工具。在这些领域，国际货币基金组织可以做出贡献，使中国的‘一带一路’倡议获得成功，对中国以及全世界带来好处。”[③] 国际货币基金组织与中方联合成立的能

① 《习近平谈治国理政》（第三卷），外文出版社，2020，第490—493页。

② “The Belt and Road Initiative: A New Means to Transformative Global Governance towards Sustainable Development,” United Nations Development Programme and China Center for International Economic Exchanges, pp. 55-59, https://www.undp.org/content/dam/china/docs/Publications/UNDP-CH-GGR%202017.pdf.

③ 莉雅：《“一带一路”沿线国家如何看待这个倡议?》，美国之音，2018年4月21日，https://www.voachinese.com/a/survey-says-economic-growth-belt-road-20180420/4358377.html。

力发展中心（China-IMF Capacity Development Center）已经于2018年4月正式启动。该中心针对包括中国在内的“一带一路”合作国家提供宏观经济金融方面的培训课程。

此外，国际劳工组织则与中国人力资源社会保障部围绕如何推动“一带一路”相关国家的体面劳动商签谅解备忘录，双方的合作重点包括青年就业、创业培训、劳动力市场建设、职业技能开发等。国际移民组织希望就“一带一路”倡议相关移民和边境管理、中国参与全球人道主义、中国公民从战乱国家撤离等问题，与中国加大沟通协调。截至2019年底，中国与联合国开发计划署、世界粮食计划署、世界卫生组织、联合国儿童基金会、联合国人口基金、联合国难民署、国际移民组织、国际红十字会等14个国际组织实施项目82个，涉及农业发展与粮食安全、减贫、妇幼健康、卫生响应、教育培训、灾后重建、移民和难民保护、促贸援助等领域。①

然而，国际组织对“一带一路”的支持以及中国在国际发展领域发挥更大作用，却让一些美国战略界人士感到不满，他们甚至认为中国“吃了美国的午餐”。2018年5月，战略与国际问题研究中心繁荣和发展项目主任丹尼尔·F. 伦德（Daniel F. Runde）在美国参议院外交委员会作证时表示，“中国正在填补因资金缺乏带来的真空……坦白说，中国正在全世界吞食我们的午餐，特别是在东南亚、非洲和拉美。在这些地方中国提供快速的融资支持和‘不问问题的’基础设施项目（‘no questions asked’ infrastructure projects）”。② 根据美国企业研究所的统计，从2014年1月到2018年6月，中国为“一带一路”项目大约投入了4000亿美

① 中华人民共和国国务院新闻办公室：《新时代的中国国际发展合作》，2021年1月，http://www.scio.gov.cn/zfbps/32832/Document/1696685/1696685.htm。

② Daniel F. Runde, Testimony before Senate Committee on Foreign Relations, “Modernizing Development Finance,” May 10, 2018, p. 2, https://www.foreign.senate.gov/imo/media/doc/051018_Runde_Testimony.pdf.

元，其中用于建设的资金约为2560亿美元，1480亿美元为投资。① 2019年6月，美国众议院常设情报特别委员会主席谢安达（Adam Schiff）称：“我真的认为中国是一个非常值得竞争的对手。我们需要重新考虑如何使用我们的资源。中国在发展援助和‘一带一路’建设上投入比美国更多的资金，这是没有道理的。中国在全球锁定矿产权的时候我们却在袖手旁观，这也是没有道理的。我认为我们必须扪心自问，我们是否还在打过去的那种战争？我们没有明智地将我们国家的资源进行投资，以阻遏中国在全球扩大其影响力，最有害的是出口专制理念和技术。”②

美方人士还诬称中国将国际组织作为实现外交政策目标的工具。2019年5月，新美国安全中心发布题为《中国的联合国：中国在国际组织中的修正主义》（*People's Republic of the United Nations*：*China's Emerging Revisionism in International Organizations*）的报告，妄称中国政府试图将其意识形态写入国际组织条款，并通过引导全球治理的方向来推进自己的外交战略。报告提出，中国通过推动“一带一路”、强调双边对话而不是多边解决机制等方法来巩固其在国际组织中的角色，扩展中国的国家利益。“这些行为表明，中国已经从传统的在国际组织采取防御姿态，也就是不与美国抗衡，转变到积极输出自己对人权和主权的定义，并将其扩大到其他不自由的国家”。③ 2019年3月，美国政府公然反对在联合国有关阿富汗事务的决议文本中提及“一带一路”。美国常驻联合国副代表乔纳森·科恩（Jonathan Cohen）诬称，中国的“一带一路”跟阿富汗没有

---

① Cecilia Joy-Perez and Derek Scissor, “Be Wary of Spending on the Belt and Road,” AEI, November 2018, http://www.aei.org/publication/be-wary-of-spending-on-the-belt-and-road/.

② “A Conversation with Chairman Adam Schiff,” Council on Foreign Relations, June 4, 2019, https://www.cfr.org/event/conversation-chairman-adam-schiff-0.

③ Kristine Lee and Alexander Sullivan, *People's Republic of the United Nations: China's Emerging Revisionism in International Organizations*, Center for a New American Security, May 2019, https://s3.us-east-1.amazonaws.com/files.cnas.org/documents/CNAS-Report-China-IO-final-web-b.pdf?mtime=20190513092354&focal=none.

什么太大关系，但其所带来的腐败、债务困境、环境破坏和缺乏透明度等问题却广为人知，特朗普政府反对在联合国决议中突出中国的“一带一路”倡议。①

面对中国带来的所谓挑战，美国试图在国际发展领域进一步集中资源，加强自身的影响力和竞争力。

首先，美国通过所谓多边援助审查，加大对现有国际发展机构的控制，确保美国向它们提供的资金支持能够符合美国的外交和国家安全利益。2017 年 12 月，共和党籍参议员罗伯特·科克（Robert Corker）和民主党籍参议员克里斯托弗·库恩斯（Christopher Coons）提出跨党派法案《2017 年多边援助审查法案》（S. 1928–*Multilateral Aid Review Act of 2017*）。该法案要求美国政府设立跨部门的专门机构（由国务卿担任主席），从“表现和有效性”以及“是否与美国外交政策利益一致”等方面评估美国对多边发展机构的资金支持，并向国会进行报告。② 美方强调，美国对国际发展体系的支持要以“人权和对民主制度的承诺”作为重要目标。

其次，美国专家还就美国改变对外援助方式提出建言。比如，战略与国际问题研究中心专家罗米娜·班杜拉（Romina Bandura）等人阐述了“需求驱动”式（demand-driven）的发展援助方案，建议为发展伙伴建立更有效框架。他们提出，许多发展中国家严重依赖外国援助或官方发展援助（ODA）提供的资金来解决人道主义灾难、传染病和基本社会服务等方面的挑战。但是，传统的外国援助或官方发展援助呈现“供给驱动”（supply-driven）的特点，主要是由捐助国按照自身利益确定援助资金的分配，未能适应发展中国家不断变化的形势，导致其缺乏灵活性和多样性。美国需要更加重视发展中国家自身的需求，支持发展中国家在国际

---

① “US at UN Takes Aim at China’s Belt and Road Initiative,” *Straits Times*, March 16, 2019, https://www.straitstimes.com/asia/east-asia/us-at-un-takes-aim-at-chinas-belt-and-road-initiative.

② 该法案的全文请见 https://www.congress.gov/bill/115th-congress/senate-bill/1928。

发展合作中有更多的“所有权”（ownership）。[①]

最后，美国通过建立新的发展融资机制，强化与中国等国在国际发展领域的竞争。2018 年 2 月，美国参议院和众议院分别提出有关法案，要求对美国的发展融资机制进行重大改革。《善用投资促进发展法案》体现了两党在这一问题上的强烈共识，该法案在参众两院顺利得到通过。2018 年 9 月，在众议院通过该法案之后，该院外交事务委员会主席爱德华·罗伊斯（Edward Royce）发表声明称：“中国和其他专制国家正在猎食发展中国家。它们推出的发展投资项目，比如北京的‘一带一路’倡议，使这些国家肩负无法还清的债务，这不符合美国的民主价值。”发起这项法案的众议院外交事务委员会亚太小组委员会主席泰德·约霍（Ted Yoho）明确表示，该法案旨在抗衡中国的“一带一路”倡议。[②] 2018 年 10 月 5 日，经特朗普总统签署，该法案成为法律。[③] 美国国务卿蓬佩奥称，“此法案为美国企业在海外展开竞争以及在国内创造就业提供了机遇，它是特朗普总统国家经济战略的关键组成部分。该法案将加强美国政府的发展融资能力，针对政府主导的投资提供更好的替代选择，并推进我们的外交政策目标”。[④] 海外私人投资公司前总裁罗伯特·穆斯巴赫尔（Robert Mosbacher）评论道：“在当今的全球市场，经济影响力是极为重要的软实力工具，美国必须加倍努力与中国展开竞争，并提供一套

---

① Romina Bandura and MacKenzie Hammond, “A Demand-Driven Approach to Development,” CSIS Primer, May 2019, https://csis-prod.s3.amazonaws.com/s3fs-public/publication/190515_BanduraHammond Runde_DemandDriven_WEB.pdf.

② Nyshka Chandran, “A Proposed US Initiative Aims to Be a ‘Clear Alternative’ to Chinese Investment in Asia,” CNBC, September 7, 2018, https://www.cnbc.com/2018/09/07/us-proposal-aims-to-be-alternative-to-china-investment-in-asia.html.

③ Daniel F. Runde and Romina Bandura, “The BUILD Act Has Passed: What’s Next?” Critical Question, October 12, 2018, CSIS, https://www.csis.org/analysis/build-act-has-passed-whats-next.

④ Michael R. Pompeo, “Landmark Development Finance Legislation Improves America’s Competitiveness Overseas,” Press Statement, October 3, 2018, https://www.state.gov/landmark-development-finance-legislation-improves-americas-competitiveness-overseas/.

更加令人信服的发展叙事。该法案将提供必要的工具来进行更为有效的竞争，并提供建立在企业资本主义（entrepreneurial capitalism）基础上的更吸引人的替代选择。”①

根据《善用投资促进发展法案》，美国将海外私人投资公司、美国国际开发署发展信贷管理局（Development Credit Authority）等机构重新整合扩展为“美国国际发展金融公司”，这一机构将能够在发展中国家以及中上收入水平国家开展股权投资、技术援助、以当地货币发放贷款等业务。美国国际发展金融公司所拥有的资金（600 亿美元）将是海外私人投资公司资金（290 亿美元）的两倍多，并且具有更大的风险承受能力。② 值得指出的是，为了落实“美国优先”路线，特朗普政府在上台初期本打算撤除海外私人投资公司等 62 个机构。但是，后来在认识到中国成为美国的全球主要挑战者之后，特朗普政府非但保留海外私人投资公司，还将其升级为美国国际发展金融公司。创建美国国际发展金融公司的跨部门讨论，也是由白宫国家安全委员会、白宫管理和预算办公室牵头的，这显示出这一举措所具有的战略性。③

此外，美国力图加强政府主导的“经济外交”，为那些在“一带一路”国家和中国企业展开竞争的美国企业提供更大力度的支持。2019 年 5 月 7 日，美国众议院一致通过了由众议院外交关系委员会共和党籍成员迈克尔·麦考尔（Michael McCaul）提出的《以外交支持美国企业法案》（*Championing American Business Through Diplomacy Act*）。众议院外交关系

① “Bipartisan BUILD Act Passes House,” July 17, 2018, https://adamsmith.house.gov/2018/7/bipartisan-build-act-passes-house-bipartisan-build-act-passes-house.

② Daniel Kliman, “To Compete with China, Get the New U.S. Development Finance Corporation Right,” Center for a New American Security, February 2019, https://www.cnas.org/publications/commentary/to-compete-with-china-getthe-new-u-s-development-finance-corporation-right#fn6.

③ “USAID Administrator Mark Green on the Creation of the US International Development Finance Corporation,” Statement, Office of Press Relations, USAID, October 3, 2018, https://www.usaid.gov/news-information/press-releases/oct-3-2018-administrator-green-statement-creation-usidfc.

委员会发布的声明称：“这项两党支持的立法将加强美国的经济外交，促进美国公司在新兴市场的市场准入，推动美国外交重新致力于其创始使命之一：支持美国企业。”声明还特别提出，“该法案将通过促进美国企业及其秉持的高质量标准和透明度，对抗具有掠夺性的中国商业竞争”。麦考尔本人的表态更加狂妄、露骨，“如果美国不加强在世界上的经济参与，这种真空将由其他人填补，对美国的国家安全具有潜在的破坏性影响”，“中国正积极填补这一空白。但是，它的方法不尊重工人的权利和环境，甚至不尊重其他国家的主权。中国的‘一带一路’倡议使发展中国家陷入中国的债务陷阱中。它们也许无法摆脱这种陷阱”。①

美国阻挠国际组织对中国以及“一带一路”的支持，可以从世界银行这一典型案例看出。截至2020年，世界银行有189个成员国，美国是其最大股东，并拥有16%的投票权，这也使得美国在自认为必要时可以行使否决权。而作为世界第二大经济体，中国在世界银行的投票权仅有4.45%。为了强化对全球范围内发展项目的投融资能力，世界银行本希望在2017年推进“增资”工作，但特朗普政府却加以阻挠。美国财政部负责国际事务的副部长戴维·马尔帕斯（David Malpass）称，世行需要重大改革，尤其是要减少甚至取消对中等收入国家的贷款。在美方看来，中国从世界银行获得大量贷款，这是不可接受的。马尔帕斯2017年在国会作证时明确提出，世界银行应减少对中国的贷款。他表示，世界银行将相当一大部分资源用于中国和巴西等相对繁荣的国家，这些贷款违反了世行向既贫穷又无法在国际市场上借款的国家放贷的使命。②

具有民主党背景的世界银行前行长罗伯特·佐利克（Robert Zoellick）

---

① “McCaul Bill to Champion American Business Interests Abroad Passes House,” May 7, 2019, https://gop-foreignaffairs.house.gov/blog/mccaul-bill-to-champion-american-business-interests-abroad-passes-house/.

② Keith Johnson, “Will David Malpass Run the World Bank or Ruin It?” *Foreign Policy*, February 5, 2019.

也提出，越来越多的美国国会议员质疑为何世界银行要给中国提供贷款，他认为中国在世行借贷“在政治上没有可持续性”。[①] 对于世界银行向中国借贷的意义，世界银行行长金墉曾表示，给予中国贷款有两方面的好处，一是可以提高世界银行对中国国内改革的影响力；二是世界银行在中国获得的经验有助于该行在其他发展中国家的工作，特别是在减贫等领域。[②] 美国智库全球发展中心的研究发现，世界银行给中国的贷款中大约有44%是和“全球公共产品”相关的，有助于推动中国在气候变化、控制污染等领域采取积极的政策举措，而这会给包括美国在内的其他国家带来益处。[③]

实际上，令特朗普政府感到不满的是，世界银行对中国提出的“一带一路”倡议采取了支持态度。金墉出席了2017年5月在北京召开的“一带一路”国际合作高峰论坛。此外，世界银行还与中国倡导建立的亚洲基础设施投资银行展开密切合作，为巴基斯坦等国的基础设施项目提供联合融资。全球发展中心高级研究员斯考特·莫里斯（Scott Morris）曾是奥巴马执政时期的美国财政部官员，负责世界银行相关事务。他认为，中国是世界银行最大的借贷国之一，同时又在“一带一路”计划中向发展中国家提供数以十亿计的贷款，这样的事实对世界银行来说是个

① 萧洵：《世行行长：中国与世行的关系在演变》，美国之音，2019年4月16日，https://www.voachinese.com/a/world-bank-and-china-see-potential-in-closer-cooperation-20190415/4876830.html。

② Shawn Donnan, “US Demands World Bank Overhaul of Lending to China,” *Financial Times*, October 13, 2017.

③ Scott Morris and Gailyn Portelance, *Examining World Bank Lending to China: Graduation or Modulation?* Center for Global Development, 2019.

棘手的政治问题，而且美国等捐助国也对此不悦。①

特朗普政府不断炒作与“一带一路”相关的借贷问题。2018 年 11 月，美国参议院对外关系委员会下属的多边国际发展、多边机构暨国际经济、能源和环境政策小组委员会就“多边经济机构和美国外交政策”举行听证会。美国财政部负责国际事务的副部长戴维·马尔帕斯在听证会上诬称，“（‘一带一路’）项目经常使相关国家负债累累，并且项目的质量较低。如果这些国家拖欠债务，中国对这些国家的影响力就会加大，并可能取得某些资产的所有权……在借贷方面，中国往往没有遵守反贪腐和出口信贷等领域的国际标准，也未能像‘巴黎俱乐部’其他成员国那样，为面临偿债困难的国家寻求协商和可持续的解决方案”。马尔帕斯表示，中国的借贷条款不但不向国际组织公开，有时甚至连借贷国政府内部的一些部门都无从得知，美国希望推动中国方面提升借贷的透明度，公布借贷条款的细节包括利率、到期日等。② 2018 年 12 月，马尔帕斯在美国众议院金融服务委员会作证时表示，中国对多边开发银行（MDBs）的投入令人担忧。美国将与盟友和其他国家一同保证多边开发银行不会成为中国地缘政治野心的筹码。③

显然，由于美国从大国竞争甚至是“零和游戏”的视角看待中国在

① Scott Morris, Testimony before the Subcommittee on Multilateral International Development, Multilateral Institutions, and International Economic, Energy, and Environmental Policy of Committee on Foreign Relations, Hearing on Multilateral Economic Institutions and US Foreign Policy, November 27, 2018, https://www.foreign.senate.gov/imo/media/doc/112718_Morris_Testimony.pdf；萧洵：《世行每年仍向中国放贷 20 亿美元》，美国之音，2019 年 1 月 12 日，https://www.voachinese.com/a/world-bank-loan-china-20190111/4739955.html。

② David Malpass, Prepared Testimony for Subcommittee on Multilateral International Development, Multilateral Institutions, and International Economic, Energy, and Environmental Policy, Senate Foreign Relations Committee, Hearing on “Multilateral Economic Institutions and U. S. Foreign Policy”, November 27, 2018.

③ David Malpass, Prepared Testimony for House Financial Services Subcommittee, Hearing on “Evaluating the Effectiveness of the International Financial Institutions”, December 12, 2018.

国际发展领域中的角色，在世界银行问题上特朗普政府“挑起了与中国的正面冲突”，更加注重应对中美在国际组织层面的博弈。[①] 美国参议院对外关系委员会成员、共和党籍参议员托德·扬声称，美国必须保持在世界银行等多边经济机构中的领导地位，否则中国将乘虚而入，扭曲这些机构的宗旨和价值。[②] 在此背景下，2018 年 4 月，特朗普政府最终同意支持世界银行增资 130 亿美元。《华尔街日报》刊文指出，美国希望利用世界银行来制衡中国日益增强的国际影响力。美国财政部长史蒂夫·姆努钦表示，世界银行增资后，该行可以把资源从“更有能力为本国发展项目提供资金支持”的国家转向一些更加贫穷的国家。[③] 2019 年 1 月，在中国问题上受到特朗普政府施压的金墉突然宣布辞去世界银行行长一职。[④] 2 月，特朗普政府提名马尔帕斯出任第 13 任世界银行行长，世界银行执行董事会在 4 月批准这一提名，马尔帕斯在 4 月 9 日正式就职，任期五年。马尔帕斯出任这一职位后，势必给世界银行与中国的合作带来一些负面影响。美国财长姆努钦毫不讳言，马尔帕斯领导下的世界银行将有助于抗衡中国在国际上延伸其影响力。[⑤] 马尔帕斯在就任行长后不久即表示，中国应该减少向世界银行的借款，并提高债务透明度，“中国的行动速度如此之快，以至于世界某些地区出现了过多的债务”。马尔帕斯还称，那些接受中国不透明贷款而陷入财政困境的国家可能会向世界银行

① Bethany Allen-Ebrahimian, “Trump Takes Aim at World Bank Over China Loans,” *Foreign Policy*, October 14, 2017.

② Transcript, Hearing on “Multilateral Economic Institutions and U. S. Foreign Policy,” Subcommittee on Multilateral International Development, Multilateral Institutions, and International Economic, Energy, and Environmental Policy, Senate Foreign Relations Committee, November 27, 2018.

③ Josh Zumbrun and Stephen Fidler, “White House Sets Aside Skepticism, Backs Funding Increase for World Bank,” *The Wall Street Journal*, April 21, 2018.

④ Takeshi Kawanami, “Isolated World Bank Chief Faced Heat on Cost Cuts and China,” *Nikkei Asia*, January 9, 2019.

⑤ 萧洵：《世行行长：中国与世行的关系在演变》，美国之音，2019 年 4 月 16 日，https://www.voachinese.com/a/world-bank-and-china-see-potential-in-closer-cooperation-20190415/4876830.html。

和国际货币基金组织求助。① 马尔帕斯缺席了 2019 年 4 月底在北京举办的第二届“一带一路”国际合作高峰论坛。

## 二、亚洲基础设施投资银行

“一带一路”合作的主要目标是通过“共商共建共享”，促进相关国家的基础设施建设。基础设施是指为社会生产和居民生活提供公共服务的物质工程设施，是用于保证国家或地区社会经济活动正常进行的公共服务系统，包括高速道路体系、供电网络、港口水利设施、信息通信工程等。从全球范围看，基础设施建设的资金投入不足是国际发展面临的突出挑战。世界银行、亚洲开发银行、非洲开发银行等机构做出的研究表明，发展中国家每年在基础设施方面面临数万亿美元的融资缺口，这成为影响全球经济和社会发展的重要因素。② 早在 2014 年，二十国集团布里斯班峰会就曾提出“全球基础设施倡议”，后来世界银行也设立了“全球基础设施论坛”“全球基础设施基金”等机制。

“一带一路”倡议的核心目标是实现基础设施、制度规章、人员交流三位一体的互联互通，实现政策沟通、设施联通、贸易畅通、资金融通、民心相通。只有基础设施建设搞上去了，才有可能真正实现一种全方位、立体化、网络状的大联通。2014 年 11 月，在北京亚太经合组织领导人非正式会议召开前，中国政府专门举行了“加强互联互通伙伴关系对话会”，邀请蒙古、缅甸、柬埔寨、巴基斯坦、孟加拉国等国领导人共商地

① Larry Elliott, “World Bank Boss Calls for More Transparent Lending to Poor Nations,” *The Guardian*, April 11, 2019.

② “Global Infrastructure Facility,” *Brief*, The World Bank, October 8, 2014, http://www.worldbank.org/en/topic/publicprivatepartnerships/brief/global-infrastructure-facility-backup; “Meeting Asia's Infrastructure Needs,” *Key Indicators for Asia and the Pacific*, Asian Development Bank, February 2017, https://www.adb.org/publications/asia-infrastructure-needs.

区基础设施建设大计。2016 年二十国集团财长和央行行长会议在成都举办。在中方倡导下，世界银行等 11 家全球主要多边性开发银行在此次会议上首次联合发表了《支持基础设施投资行动的联合愿景声明》。[①]

中国之所以如此重视基础设施的互联互通问题，主要是因为其充分认识到这是阻碍世界各国尤其是亚洲地区国家实现共同繁荣的最主要障碍之一。一方面，"一带一路"沿线国家中，大多数都处于较低的经济发展阶段，处于工业化、城镇化的初期，由于缺乏大规模投资、技术水平有限等因素，这些国家的基础设施条件普遍较为落后；另一方面，亚洲地区城市人口的快速增加、中产阶级消费群体的扩大又将给基础设施建设带来越来越大的需求。[②] 根据联合国有关机构的预测，到 2030 年，生活在城市地区的亚洲民众将新增 6.5 亿人。2017 年 2 月，亚洲开发银行发布的报告称，2030 年前亚洲每年需要在基础设施建设方面投入 1.7 万亿美元，用以确保经济增长、减少贫困以及应对气候变化等挑战，发电、交通运输、供水、电信和卫生设施是亟须加强建设的重点领域。[③]

在基础设施领域，需求和供给之间的巨大矛盾已成为拖累亚洲国家经济发展的重要因素，很多国家的政府都非常重视应对这一难题。以印度为例，它虽然是南亚地区经济发展水平最高的国家，但印度普通民众长期受到电力供应不足的折磨，一半国土没有公路，其铁路网也是非常落后。由于基础设施条件有限，"印度制造"也很难形成规模经济，印度的长期高速增长缺乏坚实的支撑力量。有研究指出，如果印度想要在 2025 年左右实现 GDP 达到 5 万亿美元的目标，就需要在基础设施领域投

① "G20 Leaders' Communique, Hangzhou Summit," *China Daily*, September 6, 2016, http://www.chinadaily.com.cn/business/2016hangzhoug20/2016-09/06/content_26716648.htm.

② "Investing in Infrastructure: The Trillion-dollar Gap," *The Economist*, March 22, 2014.

③ "Meeting Asia's Infrastructure Needs," *Key Indicators for Asia and the Pacific*, Asian Development Bank, February 2017, pp. xi-xix, https://www.adb.org/sites/default/files/publication/227496/special-report-infrastructure.pdf.

入 1.4 万亿美元。[①] 作为东南亚地区主导力量的印度尼西亚，同样也遇到基础设施建设严重落后的困扰。[②] 根据 2015 年世界银行发布的相关报告，印度尼西亚在全球投资便利度排名中仅列第 114 名，基础设施不完善极大地削弱了国家的整体竞争力。佐科政府上台后，非常重视这一问题，并制定了《2015—2019 年中期建设发展规划》，包括建设 2650 千米公路、1000 千米高速公路、3258 千米铁路、24 个大型港口、60 个轮渡码头、15 个现代化机场、14 个工业园区、49 个水库、33 个水电站，并为约 100 万公顷农田建立灌溉系统，所需资金约 4245 亿美元。[③] 越南、菲律宾等东南亚国家也迫切希望推进本国的基础设施建设。[④] 基础设施条件落后的问题，其实不仅影响到一个国家或地区的内部经济发展，也对它们参与国际经济合作带来显著阻碍。

在这一背景下，中国政府提出设立亚洲基础设施投资银行的倡议。亚投行是中国首次尝试在国际发展融资领域提供“公共产品”，体现了中国对全球治理和多边主义的支持。2014 年 10 月，首批 22 个意向创始成员国代表签署了《筹建亚洲基础设施投资银行备忘录》。2015 年 6 月，50 个意向创始成员国代表共同签署《亚洲基础设施投资银行协定》，另外 7 个国家随后在年底前先后签署。同年 12 月，《亚洲基础设施投资银行协定》达到法定生效条件，亚投行宣告成立。2016 年 1 月 16 日，该行正式开始运营。亚投行拥有 1000 亿美元的初始资本，来自欧洲、亚洲、非洲

---

① “India Needs USD 1.4 tn Infrastructure Spend in 2020-25 to Become a USD 5 tn Economy: Economy Survey,” *The Economic Times*, January 31, 2020.

② Nicholas Morris and Irene Tsjin, “How to Solve Indonesia’s Infrastructure Crisis,” *East Asia Forum*, June 10, 2015, http://www.eastasiaforum.org/2015/06/10/how-to-solve-indonesias-infrastructure-crisis/.

③ *Building Indonesia’s Future: Unblocking the Pipeline of Infrastructure Projects*, Report by PwC Indonesia, August 2015, pp. 2-5, https://www.pwc.com/id/en/capital-projects-infrastructure/Building%20Indonesia%27s%20future.pdf.

④ Enda Curran, “China, Japan Face Off in New Asian Infrastructure Race,” *Bloomberg News*, November 7, 2015.

等地区的57个国家成为创始成员国，其中包括英国、德国、法国等美国的盟友。考虑到亚洲和世界在基础设施融资方面的巨大需求，亚投行的成立具有重大意义，它并不是中国要在国际机制方面“另起炉灶”，而是对现有国际机制的有益补充。然而，美国却对亚投行表现出消极甚至是“对抗”态度。

奥巴马政府竭力阻止美国的亚洲和欧洲盟友对亚投行给予支持。但最终英国、德国、法国、韩国、澳大利亚等不顾美国阻力，选择成为亚投行的创始成员国。后来，美国另一重要盟友加拿大也加入了亚投行。奥巴马政府对亚投行的政策应对受到美国国内外的质疑和批评。正如彼得森国际经济研究所前所长C. 弗雷德·伯格斯腾（C. Fred Bergsten）所言，美国一直敦促中国在全球事务中发挥与其实力相符的领导作用，但当中国朝着这一方向努力时，比如建立亚投行，美国却试图加以阻挠，这显得短视而虚伪。[①] 曾供职于世界银行的英国《金融时报》首席评论员马丁·沃尔夫（Martin Wolf）则称，美国真正担心的是中国建立的机制会削弱美国对全球经济的影响力，英国决定加入亚投行堪称对美国的可贵的冲击。沃尔夫直言不讳地指出，中国在经济上的崛起是有益的，也是不可避免的，世界需要新的机制，不会仅仅因为美国不参与就停止前进。[②]

应该说，无论是从资金数量的角度，还是从工作优先领域的角度来看，亚投行都不会与亚洲开发银行和世界银行形成“对抗”关系。即便存在竞争，也应是一种良性竞争。作为既有的国际多边性发展银行，亚洲开发银行和世界银行加起来每年仅能为基础设施建设提供600亿美元左右的贷款，而且这两大机构更加重视的支持领域是“减贫”。亚投行的

---

① C. Fred Bergsten, “US Should Work with the Asian Infrastructure Investment Bank,” *Financial Times*, March 15, 2015.

② Martin Wolf, “A Rebuff of China’s AIIB is Folly,” *Financial Times*, March 24, 2015.

注册资本金为1000亿美元，其业务范围则侧重于基础设施建设。亚投行完全可以和世界银行、亚洲开发银行形成互补关系。需要指出的是，1966年建立的亚洲开发银行由日本和美国共同主导。[①] 中国虽然是亚洲大国，但它的出资额和表决权均不及日本和美国的一半。中国等国多次要求在亚洲开发银行中增加出资，并推动该行的改革，却遭到拒绝或迟滞。中国的确对自身话语权和决策权不足感到不满，但这并不意味着它希望利用亚投行与之“对抗”。一定程度上，在亚投行带来的竞争压力之下，2016年亚洲开发银行也在改革方面迈出重要一步，将贷款能力提高了50%。正如该行首席经济学家魏尚进所言，“亚洲对基础设施的需求非常庞大，所有跨国银行加在一起所能提供的资金也只占一小部分”，各类开发银行机构进行合作的空间是巨大的。[②]

中国政府对于亚投行的认知是清醒的，它并没有将其定位为仅仅服务于“一带一路”的工具，也没有寻求中国在该机构的绝对主导权，而是希望通过亚投行增强中国开展多边主义外交的能力。在中国领导人看来，多边主义与互联互通必然是一种相辅相成的关系。2016年1月，习近平主席在亚投行开业仪式的演讲中强调，亚投行应该奉行开放的区域主义，同现有多边开发银行相互补充，应该以其优势和特色给现有多边体系增添新活力，促进多边机构共同发展，努力成为一个互利共赢和专业高效的基础设施投融资平台，在提高地区基础设施融资水平、促进地区经济社会发展中发挥应有作用。[③]

作为新型多边开发机构，亚投行秉持“精简、廉洁、绿色”（lean,

---

① Daniel F. Runde and Shannon McKeown, *The Asian Development Bank: A Strategic Asset for the United States*, Center for Strategic and International Studies, December 2019.

② Enda Curran, “China, Japan Face Off in New Asian Infrastructure Race,” *Bloomberg News*, November 7, 2015.

③ 《习近平在亚洲基础设施投资银行开业仪式上的致辞》，新华网，2016年1月16日，http://news.xinhuanet.com/politics/2016-01/16/c_1117796389.htm。

clean，green）的发展理念，以使自身能够更有效率、对腐败零容忍并致力于促进可持续发展。首先，亚投行希望在其注册资本与世界银行同等规模时，雇员仅为后者的三分之一，这意味着该行的效能更好。其次，为了预防腐败，该行设立了专门的监察部门。最后，绿色基础设施、可再生能源、清洁交通以及减缓气候变化等方面的项目是亚投行的重点关注领域。2020 年 9 月亚投行发布的未来十年发展战略提出：到 2025 年，该行的气候融资占比将达 50%，到 2030 年，跨境互联互通将占 25%—30%，私营资本将占 50%。[①] 无疑，作为世界上实现经济快速发展的发展中国家，中国自身在基础设施建设和利用方面的经验对于亚投行来说也是至关重要的。中国可以更为深入地理解发展中国家的需求与困难，并寻找解决之道。正如亚投行首任行长、中国财政部前副部长金立群所言，所谓“国际最佳实践”并不等同于西方实践，要吸收发达国家也要吸收发展中国家的良好经验，亚投行要创办成一个新型的、具有 21 世纪治理水平的国际多边机构。[②]

过去几年来，亚投行的经营业绩可圈可点，全球主要评级机构均给予亚投行最高评级。2016 年至 2020 年，亚投行批准的投资额分别为 16. 9 亿美元、25 亿美元、33. 1 亿美元、45. 4 亿美元和 99. 8 亿美元，累计达到 220. 2 亿美元。2016 年批准项目 8 个、2017 年 15 个、2018 年 12 个、2019 年 28 个、2020 年 45 个。这体现了亚投行较高的工作效率。在亚投行批准的贷款中，前四大流向依次为南亚、东南亚、西亚、中亚。[③] 尤其是印度成为亚投行融资支持的主要受益者，2018 年 6 月印度总理莫迪在

---

① *Corporate Strategy Financing Infrastructure for Tomorrow*, Asian Infrastructure Investment Bank, September 2020, https://www.aiib.org/en/policies-strategies/strategies/.content/index/_download/AIIB-Corporate-Strategy.pdf.

② 《综述：“一带一路”打造利益共享平台》，新华网，2017 年 10 月 12 日，http://www.xinhuanet.com/world/2017-10/13/c_1121800362.htm。

③ 刘红霞、于佳欣、邹多为：《创设五年，亚投行的这份成绩单令人瞩目》，新华网，2021 年 1 月 15 日，http://www.xinhuanet.com/fortune/2021-01/15/c_1126988301.htm。

亚投行在孟买召开的年会上表示，“亚投行已经成为全球经济增长的引擎”。亚投行与亚洲开发银行、欧洲复兴开发银行等既有多边开发银行开展了良好合作。亚洲开发银行行长中尾武彦（Takehiko Nakao）表示，考虑到亚洲基础设施建设的融资需求巨大，不需要将亚投行视为竞争对手，双方可以进行合作。亚投行和亚洲开发银行 2019 年 3 月签署了有关联合融资的框架协议，它们在巴基斯坦、孟加拉国、格鲁吉亚、印度等国共同推动相关项目，资金规模超过 7 亿美元。① 欧洲复兴开发银行与亚投行在哈萨克斯坦、塔吉克斯坦等国也实施了多个联合融资项目，这家欧洲金融机构还与很多参与“一带一路”建设的中国企业和机构展开合作。② 欧洲复兴开发银行在中亚地区共有 700 多个投融资项目，合计金额达到 203 亿美元，是中亚地区最大的机构投资者，它希望扩大与亚投行在中亚地区的合作，包括可再生能源、排水管道建设、教育等领域。③ 人才交流也是这两个机构的合作领域之一，很多欧洲复兴开发银行的前任员工在亚投行工作。

亚投行的表现受到国际社会的高度肯定，包括美国政要和专家学者在内的西方国家人士也对亚投行给予广泛赞誉。2017 年 9 月，美国前国务卿基辛格在哥伦比亚大学举办的一场会议上表示，“我们很多人都敦促美国加入亚投行”，以加强中美双边关系。2019 年 4 月，美国前贸易谈判代表查琳·巴尔舍夫斯基和前总统国家安全事务助理史蒂芬·哈德利撰文称，“在创建亚洲基础设施投资银行的过程中，中国已经展现出履行全

---

① Karen Lema, “ADB to Outline Future in Asia Amid Growing Chinese Influence,” Reuters, May 2, 2018, https://www.reuters.com/article/us-adb-asia/adb-to-outline-future-in-asia-amid-growing-chinese-influence-idUSKBN1I313B.

② Anton Usov, “EBRD, AIIB, ICBC and GCF Provide US$ 95.3 Million for Wind Farm in Kazakhstan,” European Bank for Reconstruction and Development, October 26, 2020, https://www.ebrd.com/news/2020/ebrd-aiib-icbc-and-gcf-provide-us-953-million-for-wind-farm-in-kazakhstan.html.

③ Issaku Harada, “Europe’s Development Bank Digs in Deeper with AIIB,” *Nikkei Asia*, November 20, 2018.

球性标准的兴趣”。[①] 中方也希望能够围绕亚投行与美国方面加强合作。亚投行行长金立群多次表示，美国公司不会被排除在亚投行业务范围之外。曾在世界银行任职近30年的美国律师娜塔莉·利希滕斯坦（Natalie Lichtenstein）被聘请为亚投行的主要顾问。2016年4月，亚投行与美国主导的世界银行签署首份联合融资框架协议，以使两大机构共同资助开发地区基础设施等项目。

实际上，在推动完善国际发展多边机制方面，中美完全可以也应该加强合作。正如美国普林斯顿大学教授约翰·伊肯伯里所言，如果美国对亚投行问题应对得当，中国可以成为国际秩序“更为积极的现状维护者”。[②] 美国智库全球发展研究中心高级研究员南希·李（Nancy Lee）认为，美国和中国可以共同促进多边发展银行的改革，双方在以下五个方面存在共同利益：一是分担融资挑战带来的负担，在气候变化、健康和农业研究等领域提供全球公共产品；二是提升多边发展银行在动员私营部门投资方面的效能；三是增加对可持续基础设施（sustainable infrastructure）的投资；四是利用多边发展银行解决两国国内的经济不平等问题；五是帮助相关国家缓解全球化、技术因素等给长期增长和就业带来的压力。[③]

此外，中国还可以加强与欧洲方面的合作，共同维护国际发展领域中的多边主义。在特朗普政府推行“美国优先”的背景下，欧洲国家和

---

① Charlene Barshefsky and Stephen Hadley, “America Must Act Now to Fulfill Vision for Global Infrastructure,” *The Hill*, April 26, 2019.

② G. John Ikenberry and Darren J. Lim, “China's Emerging Institutional Statecraft: The Asia Infrastructure Investment Bank and the Prospects for Counter-hegemony,” Project on International Order and Strategy, The Brookings Institution, April 2017, p. 3, https://www.brookings.edu/wp-content/uploads/2017/04/chinas-emerging-institutional-statecraft.pdf.

③ Nancy Lee, “Toward Better Multilateral Development Banks: Can the United States and China Lead Together?” CGD Note, Center for Global Development, November 21, 2017, https://www.cgdev.org/sites/default/files/toward-better-multilateral-development-banks-can-united-states-and-china.pdf.

欧盟仍坚持多边主义。英国、德国、法国等欧洲国家不顾美国的阻挠，选择加入亚投行，就显示出其对华战略的独立性，体现了欧美对于中国新的国际角色抱持不同看法。欧洲不仅是处理诸多国际热点问题的直接参与者，也在国际发展援助、贸易规则制定、反恐、气候变化等领域发挥着举足轻重的作用。中国与欧洲在完善国际发展多边机制方面拥有很多的共同利益，2019 年中国同欧盟举行了国际发展合作司局级政策磋商。可通过进一步加强中欧合作，促使美国反思其针对中国的成见，推动美国以更加开放的心态、更具建设性的举措来回应亚投行以及“一带一路”倡议。①

---

① Mikko Huotari, “What Went Wrong with US Strategy on China’s New Bank,” ChinaFile Conversation, March 24, 2015, https://www.chinafile.com/conversation/what-went-wrong-us-strategy-chinas-new-bank-and-what-should-washington-do-now.